网络营销实务

主　编◎黄耿生
副主编◎杨　莉　王　圆
　　　　廖慧薇　朱琳燕

清华大学出版社
北　京

内 容 简 介

本书围绕网络营销及其营销工具进行编写,共十二章,分别为网络营销概论、营销型企业网站建设、搜索引擎优化、邮件营销、"微"营销、网络广告营销、多媒体营销、网络事件营销、电商平台营销、移动营销新模式、其他网络营销方式以及整合营销,每章后配有习题,方便读者练习。

本书可作为高职高专、成人高等高校和应用型本科院校电子商务及市场营销等专业网络营销课程教材,也可供电子商务从业人员参考。

图书在版编目(CIP)数据

网络营销实务 / 黄耿生主编. —北京:清华大学出版社,2022.2(2023.7重印)
ISBN 978-7-302-59989-0

Ⅰ. ①网… Ⅱ. ①黄… Ⅲ. ①网络营销 Ⅳ. ①F713.365.2

中国版本图书馆 CIP 数据核字(2022)第 016001 号

责任编辑:邓 艳
封面设计:刘 超
版式设计:文森时代
责任校对:马军令
责任印制:宋 林

出版发行:清华大学出版社
   网 址:http://www.tup.com.cn,http://www.wqbook.com
   地 址:北京清华大学学研大厦 A 座   邮 编:100084
   社 总 机:010-83470000   邮 购:010-62786544
   投稿与读者服务:010-62776969,c-service@tup.tsinghua.edu.cn
   质量反馈:010-62772015,zhiliang@tup.tsinghua.edu.cn
印 装 者:北京嘉实印刷有限公司
经 销:全国新华书店
开 本:185mm×260mm 印 张:16.25 字 数:384 千字
版 次:2022 年 3 月第 1 版   印 次:2023 年 7 月第 2 次印刷
定 价:59.00 元

产品编号:092260-01

前　言

全书围绕网络营销的营销工具进行编写，每个营销工具都由企业或者行业的案例进行说明，通俗易懂。本书共分十二章，分别为：第一章"网络营销概论"；第二章"营销型企业网站建设"；第三章"搜索引擎优化"；第四章"邮件营销"；第五章"'微'营销"；第六章"网络广告营销"；第七章"多媒体营销"；第八章"网络事件营销"；第九章"电商平台营销"；第十章"移动营销新模式"；第十一章"其他网络营销方式"及第十二章"整合营销"，涉及网络营销及其营销手段的基础知识、营销型企业网站的建设、搜索引擎优化方法、网络营销邮件的制作、微博营销的步骤、微信营销的个人微信号营销和微信公众号平台营销、网络广告营销的注意点、多媒体营销的实施、网络事件营销的实施、电商平台营销的实施、移动营销的实施、其他营销方式的实施以及整合营销的技巧与效果监测等相关内容。

本书由黄耿生担任主编，杨莉、王圆、廖慧薇、朱琳燕担任副主编，全书由黄耿生设计和统稿。具体编写分工如下：杨莉负责第一章、第十二章；黄耿生负责第二章；王圆负责第三章；朱琳燕负责第四章、第六章、第十章、第十一章；廖慧薇负责第五章、第七章、第八章、第九章。

感谢书中涉及的企业为本书提供了众多鲜活的案例，感谢本书所有参考文献的作者。编者已尽力确保本书内容的正确性，但由于水平所限，书中难免存在疏漏和不足之处，竭诚希望广大读者不吝批评、指正，非常感谢！

编　者

目　　录

第一章　网络营销概论 1

第一节　网络营销的概念 2

一、网络营销的定义 2

二、网络营销的职能 5

三、网络营销的产生与发展 11

第二节　网络营销的理论基础 15

一、营销组合理论 15

二、直复营销理论 16

三、关系营销理论 17

四、定制营销理论 17

五、软营销理论 19

六、整合营销理论 19

习题 20

第二章　营销型企业网站建设 22

第一节　营销型企业网站概述 23

一、营销型企业网站的概念 23

二、营销型企业网站的功能 24

第二节　营销型企业网站相关知识 26

一、域名 26

二、虚拟主机 27

三、静态/动态网站 28

四、网站测试及维护 29

五、网站流量 29

第三节　案例分析 31

一、支持企业 31

二、企业背景 31

三、案例详解 31

习题 39

第三章　搜索引擎优化 41

第一节　搜索引擎概述 42

一、搜索引擎的概念 42

二、搜索引擎的发展历程 42

三、搜索引擎的工作原理 43

　　四、搜索引擎的搜索方式 45

　　五、搜索引擎的主要特点 46

　　六、搜索引擎的体系结构与功能模块 46

　　七、搜索引擎的关键技术 47

　第二节　搜索引擎优化概述 48

　　一、搜索引擎优化的概念 48

　　二、搜索引擎优化方法分类 49

　　三、搜索引擎优化策略 49

　　四、搜索引擎优化的优势 51

　　五、搜索引擎优化的发展问题 51

　　六、搜索引擎优化的意义 52

　第三节　案例分析一 52

　　一、网站基本情况分析 52

　　二、优化策略 57

　　三、总结 58

　第四节　案例分析二 58

　　一、网站内部优化 59

　　二、网站外部优化 63

　习题 64

第四章　邮件营销 66

　第一节　邮件营销概述 67

　　一、邮件营销的定义 67

　　二、邮件营销的特点 68

　　三、邮件营销的分类 68

　第二节　邮件营销的实施 69

　　一、邮件营销的开展条件 69

　　二、邮件地址获取 70

　　三、邮件营销的效果评价 71

　　四、邮件营销的一些注意事项 72

　　五、电子邮件营销示例 74

　习题 77

第五章　"微"营销 81

　第一节　微博营销 85

　　一、微博概述 85

　　二、微博营销概述 87

　　三、微博营销的实施 90

　　四、微博营销的步骤 94

　第二节　微信营销 97

一、微信概述 98

二、微信营销概述 99

三、个人微信号营销 104

四、微信公众平台营销 106

习题 112

第六章　网络广告营销 116

第一节　网络广告营销概述 117

一、网络广告营销的定义 117

二、网络广告营销的优势与局限性 117

三、网络广告营销的分类 119

第二节　网购广告营销的计费方式及效果评价 121

一、网络广告营销的计费方式 121

二、网络广告营销的效果评价 123

第三节　网络广告营销效果现象分析 124

一、时代感下的品牌亲近 124

二、新兴品牌的广告战略崛起 126

三、直播带货，激发出新消费渠道 127

四、消费者广告包容度提高 128

五、明星代言，形象要契合，风险要防范 128

六、平台聚拢成趋势 128

习题 129

第七章　多媒体营销 131

第一节　网络图片营销 134

一、网络图片营销概述 136

二、网络图片营销的实施 136

第二节　网络视频营销 139

一、网络视频营销概述 142

二、网络视频营销的实施 146

第三节　网络直播营销 149

一、网络直播营销概述 153

二、网络直播营销的实施 157

习题 159

第八章　网络事件营销 163

第一节　网络事件营销概述 165

一、网络事件营销的含义和特征 167

二、网络事件营销的事件类型和模式 168

三、网络事件营销的策划要点 170

第二节　网络事件营销的实施 171

　　一、网络事件营销的步骤 174

　　二、网络事件营销的效果测评及风险控制 176

　习题 177

第九章　电商平台营销 182

　第一节　电商平台营销概述 185

　　一、电商平台营销的含义和优势 185

　　二、电商平台营销的策略 186

　　三、电商平台营销的平台类型 188

　第二节　电商平台营销的实施 192

　　一、电商平台营销前的准备 194

　　二、电商平台营销的网店推广 200

　　三、淘宝网平台的营销活动 203

　习题 204

第十章　移动营销新模式 207

　第一节　二维码营销 208

　　一、二维码营销概述 208

　　二、二维码营销的线上渠道 209

　　三、二维码营销的线下渠道 210

　第二节　App 营销 211

　　一、App 营销概述 211

　　二、App 的推广优化 212

　　三、App 的推广方法 213

　　四、以 App 为载体的营销模式 214

　　五、App 营销与顾客 215

　第三节　移动新闻客户端营销 218

　　一、移动新闻客户端的发展 218

　　二、移动新闻客户端的分类 218

　　三、广告投放方式 218

　习题 220

第十一章　其他网络营销方式 222

　第一节　博客营销 224

　　一、博客营销概述 224

　　二、博客营销的策略 226

　第二节　IM 营销 227

　　一、IM 营销的定义和方式 227

　　二、IM 的类别 228

　　　三、IM 营销的特点与优势 ·· 228

　　第三节　论坛营销 ·· 230

　　　一、论坛营销概述 ·· 230

　　　二、论坛营销的操作步骤 ·· 231

　　　三、论坛营销的注意事项 ·· 233

　　第四节　电子杂志营销 ·· 234

　　　一、电子杂志营销的定义与发展 ······································ 234

　　　二、电子杂志营销的优势 ·· 235

　　习题 ··· 236

第十二章　整合营销 ·· 238

　　第一节　整合营销策划 ·· 239

　　　一、整合营销概述 ·· 239

　　　二、整合营销的目标 ·· 239

　　　三、整合营销的 4I 原则 ··· 240

　　　四、整合营销的策划思路 ·· 242

　　第二节　整合营销的技巧与注意事项 ···································· 243

　　　一、整合营销的技巧 ·· 243

　　　二、整合营销的注意事项 ·· 246

　　习题 ··· 247

参考文献 ··· 249

第一章 网络营销概论

本章知识点

（1）了解网络营销的产生与在我国的发展。

（2）理解网络营销的含义。

（3）掌握网络营销的职能。

（4）理解网络营销的几种理论基础。

本章技能点

（1）能够区分网络营销与电子商务、网上销售、网站营销，并清楚网络营销与传统营销之间的关系。

（2）能够结合实际情况理解营销组合、直复营销、关系营销、定制营销、软营销与整合营销理论在网络营销中的应用。

职业核心能力

自主学习、创新思维、与人沟通、团队合作、深度思考

知识导图

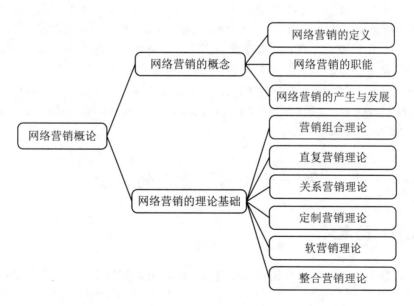

 引例

三只松鼠股份有限公司由"松鼠老爹"章燎原创立于 2012 年，总部位于安徽芜湖，并于南京成立研发与创新中心。公司已发展成为拥有 4000 余名正式员工、年销售额破百亿元

的上市公司（股票代码：300783），正加速向数字化供应链平台企业转型。

依托品牌、产品、物流及服务优势，自 2014 年起，公司连续五年位列天猫商城"零食/坚果/特产"类目成交额第一，并先后被新华社和《人民日报》誉为新时代的"改革名片""下一个国货领头羊"，上市当天获誉"国民零食第一股"。2019 年双十一，公司以 10.49亿元销售额刷新中国食品行业交易记录，被《华尔街日报》《路透社》《彭博社》等外媒称为"美国公司遭遇的强劲对手""中国品牌崛起的典范"。

肩负"让天下主人爽起来"和"以数字化推动食品产业进步，以 IP 化促进品牌多元发展"的企业使命，公司不断致力于产品的创新，强化"造货+造体验"的核心能力，通过"风味""鲜味""趣味"构建起独特的"松鼠味"，构建起一主两翼三侧的立体化渠道布局，全方位贴近消费者。

三只松鼠利用技术和数据库手段，设计客户体验功能，建设以客户主导的信息和商务服务网站，对客户反馈的信息进行分析，确定主要营销战术，满足客户需求。例如，三只松鼠根据大数据调查结果——品牌动漫拟人化有利于让新媒体与客户进行更具互动化的沟通，设计三只不同属性的萌系松鼠"鼠小酷""鼠小贱""鼠小妹"作为吉祥物，又根据数据库内的信息抓取、大众喜好分析设立松鼠的不同性格。松鼠称客户为主人，表明是以宠物和主人之间的甜蜜的关系相处，替代了商家和消费者之间的关系，令人感觉更有温情、更有个性、更有喜好、更萌、更被尊重。而让客户与松鼠进行互动、沟通和倾诉，既满足了客户心理上的需求，提高了客户忠诚度，又利于优化品牌形象。

三只松鼠利用官方网站、新浪微博、微信公众号、贴吧、QQ 群等网络工具，建设商家与客户的交互功能，建立客户之间的交流平台，引导客户产生兴趣和需求并提高其忠诚度。例如，三只松鼠开通了多个微信公众号——松鼠小美、松鼠小酷、松鼠小贱、三只松鼠、松鼠主人服务中心和会员服务号——松鼠星球。其中，松鼠小美的功能是"松鼠树洞"，鼓励粉丝和客户用语言倾诉自己的心事或秘密并与小美进行交流沟通；松鼠小酷主要是鼓励客户贡献美文并分享；松鼠主人服务中心主要负责解答客户咨询、解决客户问题。

资料来源：三只松鼠官网．关于我们[EB/OL]．http://www.3songshu.com/about-us.html 个人图书馆．5年 50 亿三只松鼠狂赚背后的营销策略分析[EB/OL]．（2017-11-25）http://www.360doc.com/content/17/1125/20/49131610_707091127.shtml．

第一节　网络营销的概念

一、网络营销的定义

作为一门新兴学科，网络营销目前没有统一的、公认的定义，网络营销的概念仍在快速发展。

网络营销一词在国外有多种提法，如 cyber marketing、Internet marketing、network marketing、E-marketing 等。这些提法都有网络营销的含义，但是其内涵、侧重点和应用场合有一定的区别。cyber marketing，即虚拟营销或计算机数字营销，主要指在虚拟计算机空间上开展的营销活动；Internet marketing，即互联网营销，指在国际互联网上开展的营销活动；network marketing，指在网络上开展的营销活动，这里的网络不仅指互联网，还可以是一些其他类型的网络，如电话网络、增值网络等；E-marketing，即电子营销，是目前比较流行的译法，指电子化、信息化、网络化的营销活动。

综合来看，我们认为网络营销是指利用信息技术去创造、宣传、传递客户价值，并进行客户关系管理的营销活动，目的是为企业与各种利益相关者创造收益。

为了更好地理解网络营销的含义，下面从四个方面做出必要的说明。

（一）网络营销不等同于电子商务

网络营销与电子商务是一对紧密相关而又互相区别的概念，这两个概念很容易混淆。例如，一个企业建立官方网站，并利用网站进行网上销售，认为该企业是开展电子商务或进行网络营销等的说法都是不确切的。

电子商务的内涵很广，其核心是电子化交易，强调的是交易方式和交易过程的各个环节。无论是传统企业还是基于互联网开展业务的企业，无论是否具有电子化交易的发生，都需要网络营销，但网络营销本身并不是一个完整的商业交易过程，而是为促成交易提供支持。因此，它是电子商务中的一个重要环节，尤其在交易发生之前，网络营销发挥着主要的信息传递作用。发生在电子交易过程中的网上支付和交易之后的商品配送等问题不属于网络营销的内容。另外，电子商务体系中所涉及的安全、法律等问题也不适合全部包括在网络营销中。

（二）网络营销不仅仅是网上销售和网站营销

实现网上销售是网络营销的重要目标之一，但不是唯一的目标。网络营销的最终目标还包括提供客户服务、加强与客户之间的沟通、改善顾客服务、拓展对外信息发布的渠道、促进线下销售、提升品牌形象等。

网站营销是网络营销的重要方式，大多数企业都建立了官方网站（见图1-1），并以其为中心开展营销活动，实现线上销售产品、发布产品信息、宣传企业形象等目的。然而，随着Web 2.0的兴起，企业还可以利用网络社区、微博（见图1-2和图1-3）、微信、社交网络等来开展网络营销，也能够取得显著效果，这些无网站的营销方式逐渐成为网络营销的重要部分。

图1-1　海尔智家官网

图 1-2 海尔智家微博

图 1-3 海尔智家社区微博

（三）网络营销与传统营销的关系

网络营销是企业整体营销战略的一个组成部分，网络营销活动不可能脱离一般营销环境而独立存在。在很多情况下，网络营销是传统营销理论在互联网环境中的应用和发展，它提高了传统营销工作的效率。对于不同的企业，网络营销所处的地位有所不同。以经营网络服务产品为主的网络公司，更加注重网络营销策略，而在传统的工商企业中，网络营销通常只处于辅助地位。因此，网络营销与传统营销策略之间没有冲突，但由于网络营销依赖互联网应用环境而具有自身的特点，所以有相对独立的理论和方法体系。在企业营销实践中，传统营销和网络营销往往是并存的。

（四）网络营销的主体不局限于企业

与传统的市场营销一样，网络营销在企业之外也有着极其成功的应用，包括地方或城市网络营销（见图 1-4）、人物网络营销、理念网络营销、事件网络营销、非营利组织网络营销等。

随着网络营销环境的不断发展变化，各种新兴网络营销模式也层出不穷，如何在大数据、社交媒体、移动终端等环境下去丰富和拓展网络营销的内涵与外延，将是营销研究人员持续面临的问题。

图1-4　广州市文化广电旅游局·旅游资讯网站

二、网络营销的职能

理解网络营销的职能，有助于认识网络营销手段的实施。网络营销的职能主要包括建设网络品牌、网站推广、信息发布、销售促进、网上销售、提供顾客服务、维护与增进客户关系、网上调研八个方面。这些职能不仅体现了网络营销的主要内容和作用，也代表了网络营销所要实现的效果与目标。

（一）建设网络品牌

建设网络品牌是指企业、个人或组织在网络上建立产品或服务，以在人们心目中树立独特的形象。一般来说，企业通过网站或多媒体的形式，运用适当的推广措施，达到让受众对品牌认知和认可的目的，从而提升企业的品牌形象。网络品牌包括多种类型，有在网络上提供信息、资源、体验、购物、娱乐、沟通等效用的纯粹网站品牌，如雅虎、百度（见图1-5）等；有普通产品品牌的"上网"，即传统线下企业建立网站，进行网络推广；有依托线上网络渠道诞生的产品品牌，如百草味（见图1-6）等。

图1-5　百度网站首页

图 1-6　百草味品牌

（二）网站推广

企业网站是企业的主要网络门户，一般的网站推广以企业网站推广为主，目的是让更多的用户对企业网站产生兴趣并通过访问企业网站、使用网站的服务来达到提升品牌形象、促进销售、维护客户关系、降低客户服务成本等目的。企业所有网络营销功能的实现都需要建立在规模访问量的基础之上，大量的有效访问成为评价网络营销成功的标志之一，这样网站推广就显得尤为重要。例如，可借助百度搜索引擎推广企业网站（见图 1-7）。

图 1-7　借助百度搜索引擎推广海尔智家官网

（三）信息发布

信息发布是指通过各种互联网方式，将企业的营销信息高效、快速地传递给目标受众（见图 1-8），是网络营销的基本职能之一。因为互联网具有跨时空性，所以信息可以随时覆盖到世界有网络的任何地点，形成更具规模的传播效果。同时，互联网的交互性使信息发布后的跟踪回复变得容易，使发布效果的评定变得简单。

图 1-8　天猫 3.8 节主会场 PC 端促销信息

（四）销售促进

销售促进是网络营销的基本目的。网络营销是在互联网上开展营销活动的，对网上的销售有直接的影响，同时，网络营销的措施也间接地对线下促销产生巨大的影响。

（五）网上销售

网络营销在电子交易前，通过信息传播把消费者引导到企业网站购买产品，以实现网上销售的职能。企业的网站能实现网上交易，是传统销售渠道的延伸，除此之外，企业的网上销售场所还包括与其他电子商务网站的合作经营。

（六）提供顾客服务

互联网为网络营销提供了传统营销所不具有的互动性，使得企业可以非常方便地为顾客提供服务，从而实现更好的网络营销效果。一般途径包括 FAQ（常见问题解答，见图 1-9）、即时通信工具、电子邮件等。

（七）维护与增进客户关系

客户关系的维护是企业长久开发客户价值的良策，也是获取市场竞争优势的关键。企业可通过互联网实现建立客户关系、维护客户忠诚度、提升客户满意度等营销目的。例如，京东网站提供多种客户服务，如图 1-10 所示。

图 1-9　京东客服界面

图 1-10　京东客户服务内容

（八）网上调研

　　企业可以利用互联网技术进行网上调研，有目的地、系统地收集、整理并分析市场营销信息，为相关营销决策提供依据。相对传统调研，网上调研具有成本低、更便捷、受众广泛等诸多优势。网上调研已成为许多企业与咨询调研公司收集信息的主要方式。

　　网络营销的八个职能之间并非相互独立的，而是相互融合、相互联系的，八个职能之间的共同作用促成了网络营销的良好效果。

案例拓展

艾 瑞 咨 询[①]

　　艾瑞咨询（上海艾瑞市场咨询股份有限公司，集团页面如图 1-11 所示）成立于 2002

---

① 资料来源：艾瑞网. 艾瑞咨询介绍[EB/OL]. https://www.iresearch.cn/about/about_system.shtml.

年，是最早涉及互联网研究的第三方机构，累计发布数千份互联网行业研究报告，为上千家企业提供定制化的研究咨询服务，成为中国互联网企业IPO（initial public offering，首次公开募股）首选的第三方研究机构。2015年，艾瑞咨询在海外建立研究中心，研究范围扩展至全球高成长领域，建立中国与世界优秀企业的链接。

图1-11　艾瑞官网

艾瑞咨询长期致力于大数据平台建设，为研究洞察和企业服务提供分析基础，致力于打造中国最有效的大数据商业分析平台。

- ❑　2003年发布网络广告监测分析平台。
- ❑　2006年推出PC用户行为数据平台。
- ❑　2012年推出移动用户行为数据平台。
- ❑　2013年推出用户行为大数据平台。

艾瑞咨询的服务体系如图1-12所示。

图1-12　艾瑞咨询服务体系

1．行业方案

艾瑞咨询迄今为200多家客户提供服务，涵盖政府以及互联网、电信、广告、投资等各类企业，能够让客户充分了解目标人群的互联网行为，在网络营销、网络公关、电子商务等各个方面，协助客户进行重要商业决策。

2．数据服务

作为国内最早进行网民行为研究和网络广告监测的市场研究机构，艾瑞咨询通过自主开发，建立并拥有国内数据累积时间最长、规模最大、最为稳定的各类数据库，推动产业对互联网的量化认知，通过多种指标研究帮助行业建立评估和衡量的标准。

（1）用户行为产品。自 2006 年起，艾瑞咨询推出了艾瑞用户行为系列产品，帮助企业及时了解瞬息万变的市场发展趋势，了解与竞争对手之间的用户差异。艾瑞用户行为产品是由艾瑞咨询自主研发，基于中国 PC 终端和移动智能终端的用户行为研究产品。通过深入分析多维度 PC 和移动网民的行为特征，以及竞争对手的数据情况，为互联网、移动互联网、广告公司、广告主及电信等行业客户量化呈现 PC 及移动互联网需求，是真实反映中国互联网及移动互联网市场发展状况的数据产品。

（2）广告营销产品。专业的第三方网络流量审计与用户行为监测工具 iWebTracker 是通过网站加码形式，实现对网站全流量、用户结构、访问路径、访问内容以及接入地点等关键指标进行深度追踪的监测工具，真实地反映网站实际流量情况和网络用户访问体验状况。

（3）企业数据产品。在大数据时代，如果能够将企业数据有效地收集及分析，将是企业实现价值的重要因素。艾瑞咨询依托技术及市场的优势，为客户提供基于海量数据的数据管理、数据交换、数据分析、流量审计等服务，帮助企业充分发挥数据的价值，在大数据时代释放动力。

3. 研究服务

艾瑞研究服务以客户需求为出发点，通过设计标准服务流程，提供媒体价值研究、广告效果研究、用户体验研究、品牌研究、满意度研究和投资价值研究等各种研究项目，解决企业所关心的特定问题。依托于艾瑞监测数据的深入数据挖掘和针对用户的问卷调查的研究，艾瑞咨询为网络媒体、电子商务企业、移动互联网、消费品、电信及无线服务、广告营销、金融和政府机构等不同行业客户推出针对性的行业解决方案，深入洞察行业和消费者。

4. 咨询服务

艾瑞咨询是 ICT（information and communications technology，信息与通信技术）领域中最有实力的咨询公司之一，专注于 ICT 领域的深度咨询服务是其核心竞争力所在。艾瑞咨询服务具有强大的咨询实力，拥有卓越的咨询团队，具备丰富的咨询经验；拥有 70 万份监测样本和研究报告，为遍布全球的咨询项目组提供支持；拥有上千个涉及互联网、电信、金融行业的大型咨询项目积累；团队人员中 80% 为国内外知名学府的 MBA、硕士和博士。

5. 观点报告

艾瑞咨询研究院于 2009 年年初成立，拥有多名互联网行业资深分析师和研究人员，每年发布中国网络经济、电信增值等新经济领域数十个行业的研究报告，其观点和数据报告被广泛应用于各大主流媒体和上市公司财报，对推动中国新经济行业的发展起到重要作用，目前已发展成为国内最具权威的互联网经济研究团队。

6. 会议活动

艾瑞咨询引领行业发展，自 2006 年起，成功举办多个行业论坛和高峰会议，数十万人参与。由艾瑞主办的"艾瑞年度高峰会议"已经是中国知名度最高和影响力最大的行业会议。每届艾瑞年度高峰会议都将在北京、广州（深圳）、上海三地分别举办，结合华北、华东、华南三地情况，分享艾瑞最新的研究成果以及业内最新观点、理念和模式。艾瑞希望通过这一跨时间、跨地域的行业盛会，为企业搭建沟通平台，共同推动新经济、新营销行业健康、持续地发展。

三、网络营销的产生与发展

（一）网络营销的产生

互联网技术日新月异，消费者的价值观念不断转向追求个性、便利性、娱乐性，市场竞争也日趋激烈……在这些综合因素的共同推动下，网络营销得到了广泛的应用，其价值也越来越明显。

Email 早在 1971 年就已经诞生，但在互联网普及应用之前，并没有被应用于营销领域；到了 1993 年，出现互联网搜索引擎；1994 年 10 月，网络广告诞生；1995 年 7 月，全球最大的网上商店亚马逊成立。

1994 年可被认为是网络营销的诞生年，因为这一年对网络营销的发展来说是极其重要的年份，在网络广告诞生的同时，基于互联网的知名搜索引擎 Yahoo!、WebCrawler、Infoseek 等也相继于 1994 年诞生。另外，1994 年 4 月，在美国发生了第一起利用互联网赚钱的"律师事件"，这次事件产生的深远影响促使人们开始深入思考 Email 的应用价值，也直接促进了网络营销概念的形成。

此后，随着互联网技术的发展、企业网站数量和上网人数的日益增加，各种网络营销方法也开始陆续出现，很多企业开始尝试利用网络营销方式来开拓市场，促进了网络营销进入快速发展时期。

案例拓展

第一起利用互联网赚钱的"律师事件"[①]

互联网上最早的赚钱方式既不是网上销售，也不是网上拍卖，当然更不是网络广告，最早赚钱的也不是著名的网络公司，而是两名美国律师。在 Email 和 WWW（互联网）得到普遍应用之前，新闻组（newsgroup）是人们获取信息和互相交流的主要方式之一，也是早期网络营销的主要场所，是 Email 营销得以诞生的摇篮。1994 年 4 月 12 日，美国亚利桑那州一对从事移民签证咨询服务的律师夫妇劳伦斯·坎特（Laurence Canter）和玛撒·西格尔（Martha Siegel）把一封"绿卡抽奖"的广告信发到他们可以发现的每个新闻组，这在当时引起了轩然大波，他们的"邮件炸弹"让许多服务商的服务处于瘫痪状态。

有趣的是，两位律师在 1996 年还合作写了一本书——《网络赚钱术》（*How to Make a Fortune on the Internet Superhighway*）。书中介绍了他们的这次辉煌经历：通过互联网发布广告信息，只花费了 20 美元的上网通信费用，就吸引来 25 000 个客户，赚了 10 万美元。他们认为，通过互联网进行 Email 营销是前所未有而且几乎无须任何成本的营销方式。当然他们并没有考虑别人的感受，也没有计算别人因此而遭受的损失。

1995 年之后，Canter 事实上已经不再从事律师工作，而是从事计算机软件开发。1997

---

① 资料来源：冯英健. Email 营销[M]. 北京：机械工业出版社，2003.

年 7 月，Canter 被吊销律师执照一年，其中部分原因为发送垃圾邮件。直到现在，很多垃圾邮件发送者还在声称通过定向收集的电子邮件地址开展 Email 营销可以让产品一夜之间家喻户晓，竟然还和两个律师在几年前的腔调一模一样，但现在的网络营销环境已经发生了很大变化，无论发送多少垃圾邮件，也无法产生任何神奇效果了。

（二）网络营销在我国的发展

相对于互联网发达国家，我国的网络营销起步较晚，到目前为止，我国的网络营销大致经历了神秘阶段、萌芽阶段、应用和发展阶段。

1．神秘阶段（1997 年之前）

我国于 1994 年 4 月 20 日实现与国际互联网的全功能连接。在 1997 年之前，互联网还是一种新生事物，很多人根本不知道上网是怎么回事，认为上网是非常神秘的，也很少有企业将网络营销作为主要的营销手段。在此阶段，我国的网络营销并没有清晰的概念和方法。

目前尚无从考证中国企业最早利用互联网开展营销活动的历史资料，只能从部分文章中看到一些无法证实的细枝末节。据现在可查到的资料记载，山东陵县西李村党支部书记李敬峰于 1996 年 5 月注册了自己的域名，把西李村的大蒜、菠菜、胡萝卜等产品信息搬上互联网，发布到世界各地，该事件被称为网络营销的神话——"山东农民网上卖大蒜"。

此阶段的主要特征是网络营销的概念和方法不明确，能否产生营销效果基本取决于偶然因素，多数企业对网络营销还相当陌生，更不用说把它应用到企业经营中了，但已为后续网络营销的发展播下了良种。

2．萌芽阶段（1997—2000 年）

根据中国互联网络信息中心（CNNIC）发布的《中国互联网络发展状况调查统计报告（1997/10）》数据显示，到 1997 年 10 月 31 日，我国上网用户数为 62 万，WWW 站点数约 1500 个。虽然上网人数和网站数量都比较少，但发生于 1997 年前后的部分事件标志着我国网络营销进入萌芽阶段，如网络广告和 Email 营销在我国诞生、电子商务网站推动网络营销发展、域名注册与搜索引擎服务涌现等。到 2000 年年底，多种形式的网络营销被应用，网络营销呈现出快速发展的势头并显示出逐步走向实用的趋势。

在此阶段，与我国网络营销密切相关的事件包括以下几个。

1997 年 2 月，专业 IT 资讯网站 ChinaByte（www.chinabyte.com）正式开通免费新闻邮件服务，到同年 12 月，新闻邮件订户数接近 3 万。

1997 年 3 月，在 ChinaByte 网站上出现第一个商业性网络广告。

1997 年 11 月，国内首家专业的网络杂志发行商索易开始提供第一份免费网络杂志。到 1998 年 12 月，索易获得第一个邮件赞助商，这标志着我国专业 Email 营销服务诞生。

1997 年前后，中国频道、新网、万网等一批域名注册和虚拟主机服务商的诞生及其销售服务体系的建立，使企业建站的域名注册和空间租用问题变得简单，基于企业网站的网络营销逐渐成为网络营销的基本策略。

1997 年前后，一批影响力比较大的中文搜索引擎（如中文雅虎、搜狐、网易、常青藤、搜索客、北极星、若比邻等）的出现，为企业利用搜索引擎开展网络营销提供了最初的试验园地。2000年，Google中文网站的开通以及百度的出现，对网络营销启蒙发挥了举足轻重的作用。

1999年，以阿里巴巴为代表的一批B2B（business-to-business，企业对企业）网站不仅让企业电子商务概念热火朝天，也为中小企业开展网络营销提供了广阔的空间。随着以8848、当当网等为代表的一批电子商务网站诞生，风险投资大量投向B2C（business-to-cosumer，企业对消费者）网站。1999年之后，中国电子商务开始迅速发展，对网络营销概念的传播发挥了一定的作用。

3. 应用和发展阶段（2001年至今）

2001年之后，网络营销已不再是空洞的概念，而是进入了实质性的应用和发展时期，主要特征表现在网络营销服务市场初步形成，域名注册、虚拟主机和企业网站建设已比较成熟，成为网络营销服务的基本内容，包括关键词广告、供求信息发布、电子商务平台、Email营销在内的其他网络营销服务也取得了明显的发展；企业网站建设发展迅速，如根据中国互联网络信息中心的统计报告，至2001年6月30日、2002年6月30日、2003年6月30日，我国的WWW网站数量分别为242 739个、293 213个、473 900个，其中大部分是企业网站；网络广告形式和应用不断发展，进入2002年之后，新浪和搜狐两家网络广告媒体公司均取得了非常好的业绩；Email营销市场环境有待改善，大量的垃圾邮件破坏了Email营销的声誉和网络环境；搜索引擎营销向深层次发展，从2001年下半年起，国内的搜索引擎服务商陆续开始了收费登录服务，搜狐分类目录开创了收费的先河，引领国内搜索引擎服务营销进入收费阶段；网上销售环境日趋完善，如由于加强电子商务功能的需要，网上支付、网络安全、商品配送等诸多复杂问题都在不断地完善。

2004—2008年，我国网络营销呈现高速发展的状态，主要特点之一是第三方网络营销服务市场蓬勃兴起，包括网站建设、网站推广、网络营销顾问等付费网络营销服务都获得了快速发展。这不仅体现在网络营销服务市场规模的扩大，也体现在企业网络营销的专业水平提高、企业对网络营销的认识程度和需求层次提升，以及更多的网络营销资源和网络营销方法不断出现等方面。

2009—2013年，我国网络营销进入社会化阶段，其主要特点有全员网络营销兴起，博客营销形式多样，人人皆可参与，每个人都成为网络营销的组成部分；Web 2.0营销思想进一步深化，出现了Wiki平台营销、问答式社区营销等更多的新型网络营销平台；社会化媒体（如微博、QQ等网络工具，以人人网、开心网为代表的SNS网站等）网络营销蓬勃兴起；移动网络营销的重要性不断增强。

2013年之后，我国网络营销进一步快速发展，主要表现在网民规模、手机使用规模增长迅猛，如图1-13～图1-15数据所示；大数据营销时代到来，要求企业从大量数据中寻求对客户新的洞察和对市场新的分析，开拓新的营销模式，实现精准营销；视频营销越来越成熟，如腾讯、优酷等各类视频网站开始布局移动终端；微营销使得品牌不再是活在广告牌上，而是活在忠实客户中，因为消费者通过微渠道将口碑与体验充分释放，品牌被弱化与碎片化，体验式营销和口碑营销越来越重要。

图 1-13　网民规模和互联网普及率

（资料来源：中国互联网络信息中心《第 47 次中国互联网络发展状况统计报告》）

图 1-14　手机网民规模及其占网民比例

（资料来源：中国互联网络信息中心《第 47 次中国互联网络发展状况统计报告》）

应用	2020.3		2020.12		增长率
	用户规模 （万）	手机网民 使用率	用户规模 （万）	手机网民 使用率	
手机即时通信	89012	99.2%	97844	99.3%	9.9%
手机搜索引擎	74535	83.1%	76836	77.9%	3.1%
手机网络新闻	72642	81.0%	74108	75.2%	2.0%
手机网络购物	70749	78.9%	78058	79.2%	10.3%
手机网上外卖	39653	44.2%	41758	42.4%	5.3%
手机网络支付	76508	85.3%	85252	86.5%	11.4%
手机网络游戏	52893	59.0%	51637	52.4%	-2.4%
手机网络音乐	63274	70.5%	65653	66.6%	3.8%
手机网络文学	45255	50.5%	45878	46.5%	1.4%
手机在线教育	42023	46.9%	34073	34.6%	-18.9%

图 1-15　手机网民各类手机互联网应用用户规模和使用率

（资料来源：中国互联网络信息中心《第 47 次中国互联网络发展状况统计报告》）

第二节　网络营销的理论基础

随着互联网技术的快速发展，网络营销手段在不断更新变化，使得传统营销理论需要进一步发展和完善，需要对网络的特性和新型消费者的需求、购买行为进行重新思考，形成具有网络特色的营销理论。当前的网络营销理论基础主要包括营销组合、直复营销、关系营销、定制营销、软营销、整合营销等。

一、营销组合理论

随着营销理论和移动互联网技术的发展，网络营销组合以 4P 营销组合理论为基础，以 4C、4R 和 4D 营销组合理论为导向。4P 理论、4C 理论、4R 理论与 4D 理论的内容如表 1-1 所示。

表 1-1　四种营销理论的内容

4P 理论	4C 理论	4R 理论	4D 理论
产品（product）	顾客（customer）	关联（relevancy）	需求（demand）
价格（price）	成本（cost）	反应（respond）	数据（data）
渠道（place）	便利（convenience）	关系（relation）	传递（deliver）
促销（promotion）	沟通（communication）	回报（return）	动态（dynamic）

杰罗姆·麦卡锡（Jerome McCarthy）教授于 1960 年最早提出了 4P 理论，包括产品、价格、渠道与促销四个策略。产品策略指企业以向目标用户提供各种适合消费者需求的有形和无形产品的方式来实现其营销目标，主要包括质量、品类、规格、样式、品牌、商标、包装、特色以及各种服务措施等因素的组合与运用。价格策略指企业通过制定价格和变动价格等方式来实现其营销目标，主要包括成本导向、需求导向、竞争导向等定价方法以及折扣定价、地区定价、心理定价、差别定价等定价策略等因素的组合与运用。渠道策略指企业合理地选择分销渠道，并组织商品实体流通的方式，以实现其营销目标，主要包括渠道覆盖面、商品流转环节、中间商选择、网点设置、商品存储、物流运输等因素的组合和运用。促销策略指企业利用各种信息传播手段刺激消费者购买欲望，促进产品销售，从而实现其营销目标，主要包括人员推销、营业推广、广告、公共关系等因素的组合和运用。

4C 理论是 4P 理论的发展，并一一对应，即由顾客、成本、便利、沟通四个要素组成。该理论的基本观点是先不急于制定产品策略，而是以研究顾客的需求和欲望为出发点；先不急于制定定价策略，而是重点研究顾客为满足其需求所愿付出的成本；先不急于制定渠道策略，而是着重考虑如何使顾客方便地购买到商品；先不急于制定促销策略，而是着重思考如何加强与消费者的沟通和交流。

4R 理论是在 4P 理论和 4C 理论基础上的进一步创新，包括关联、反应、关系和回报四个要素。关联是指通过某些有效的方式在业务、需求等方面与顾客建立关联，形成一种互助、互求、互需的关系，把顾客与企业联系在一起，形成稳定、持久和牢固的关系，减少因网络的便利而带来的顾客流失。反应是指提高网络时代的市场反应速度，站在顾客的角度，及时倾听顾客的希望、渴望和需求，并及时答复和迅速做出反应，满足顾客的需要，以体现网络方便、快捷的特点。关系是指抢占市场的关键已转变为与顾客建立长期而稳固的关系，从交易变成责任，从顾客变成拥趸，营销管理和顾客之间逐渐形成一种互动、伙伴关系。回报是营销的动力源泉，既包括为顾客带去的回报，也包括为企业带来短期或长期的收入和利润。

4D 理论包括需求、数据、传递和动态四个要素。需求指聚焦消费者需求；数据指精准定位个性化营销；传递指直接把产品价值传递给消费者；动态指企业与消费者的动态立体式沟通。

4P 理论是营销的基础，4P 理论、4C 理论、4R 理论与 4D 理论之间不是取代关系，而是完善、发展的关系。

二、直复营销理论

直复营销（direct marketing）是 20 世纪 90 年代中期出现的新的营销理论。"直"是指企业不通过中间商，而直接通过媒体与顾客连接；"复"是指企业与顾客之间的交互，顾客对这种营销可作出一个明确的回复，企业可以通过统计明确回复的数据，对相关的营销效果进行评价。根据美国直复营销协会（America Direct Marketing Association，ADMA）对直复营销下的定义，直复营销是一种为了在任何地方产生可度量的反应或达成交易而使用一种或多种广告媒体的相互作用的市场营销体系。

直复营销包括直接邮购营销、目录营销、电话营销、电视营销、网络营销、其他媒体（如报纸、杂志、广播）营销。

新兴的网络信息技术对直复营销的发展起了很大的作用。网络可以很方便地为企业与顾客架设起桥梁，顾客可以直接通过网络订货和付款，企业可以通过网络接收订单、安排生产，直接将产品送到顾客手上。基于网络的直复营销将更加符合直复营销的理念，其特点具体表现在四个方面：直复营销具有非常好的互动性；直复营销可实现跨时空营销；直复营销能方便地提供一对一服务；直复营销的效果可测定。

案例拓展

麦考林的直复营销[①]

麦考林（MecoxLane）是一家以会员营销方式为主，专注于为用户提供与健康美丽相关的产品和服务的多渠道、多品牌零售和服务企业。麦考林的前身为成立于 1996 年的上海麦考林国际邮购有限公司，主要经营服装、首饰、家居用品、健康用品、宠物用品等多种商品，公司业务覆盖全国，是中国第一家获得政府批准的从事邮购业务的三资企业。2010 年 10 月，

[①] 资料来源：麦考林官网．企业介绍[EB/OL]．http://www.wm18.com/article/306.html．

麦考林作为"中国 B2C 第一股"在美国纳斯达克上市，以"目录邮购+线下门店+线上销售"多渠道向消费者提供物有所值的快时尚产品。2014 年 5 月加入三胞集团后，麦考林重新定位，以满足消费者对健康美丽生活的高品质需求为核心，通过严选产品、专业服务、高效沟通、良好互动体验等方式，构建消费者、分享者、经营者三位一体的生活家会员体系，致力于成为互联网时代中国领先的健康美丽产品、服务、解决方案社交营销新平台。

麦考林的发展历程如下：

1996 年，麦考林公司成立，是中国第一批获得政府批准的从事邮购业务的中外合资企业。

2001 年，麦考林将顾客群定位为都市白领女性，以城市邮购模式迅速扩大市场份额，成为中国白领女性和大学生群体最受欢迎的购物公司之一。

2002 年，麦考林在业界首推送货上门及 30 天无条件退换货服务，引领邮购与电子商务服务的服务新方式。

2004 年，麦考林成立健康事业部，引入健康美丽产品线。

2006 年，麦考林在上海开设了第一家实体店，正式开启网络、电话、店铺及邮购等多渠道服务及分销模式，成为中国女性直复式营销行业的领导者。

2010 年，麦考林在美国纳斯达克上市，成为中国电子商务 B2C 企业上市第一股。

2014 年，中国民营 500 强企业三胞集团入股麦考林，麦考林转型全力发展健康美丽事业。

2016 年，麦考林设立并打造生活家及会员制度，构建消费者、分享者、经营者三位一体的生活家会员体系。

2017 年，麦考林开启分享式营销模式，建立微商城平台，打造以全新健康美丽生活方式为核心的全方位的营销体系。

三、关系营销理论

关系营销是 20 世纪 90 年代以来受到重视的营销理论，是指企业与消费者、分销商、供应商、竞争者、政府机构以及其他公众之间建立、保持并加强良好关系，通过相互交换及共同履行诺言，实现各方的目的。由于争取一个新顾客的营销费用是维系老顾客费用的 5 倍，所以关系营销的核心是保持顾客，为顾客提供高度满意的产品和服务价值。通过加强与顾客的联系，提供有效的顾客服务，保持与顾客的长期关系，从而开展营销活动，实现企业的营销目标。关系营销包括亲缘、地缘、业缘、文化习俗、偶发性五种形态。

互联网是关系营销的保障，它作为一种有效的双向沟通渠道，使得企业与顾客之间可以实现低成本的沟通和交流，进而满足个性消费需求，与消费者保持密切联系，这样就为企业与顾客建立长期、稳定和持久的关系提供了有效的保障。

四、定制营销理论

定制营销（customization marketing）是指企业在大规模生产的基础上，将每一位顾客都视为一个单独的细分市场，根据其个性需求，单独设计、生产产品并快速交货的营销模式。

定制营销是在简单的大规模生产不能满足消费者多样化、个性化需求的情况下提出来的，其核心价值在于最大化地创造、满足顾客需求，并获得比规模化产品更高的利润作为回报。

信息化是定制营销的基础。没有畅通的信息渠道，企业无法及时了解顾客的需求，顾客也无法确切地表达自己需要什么产品，定制营销也就无从谈起。互联网的发展为这一问题提供了很好的解决途径，互联网改善了企业与顾客的关系，一方面，网络沟通渠道的便利使得企业了解客户的个性化需求成为可能；另一方面，企业越来越多地将生产与管理过程数据化、网络化，也使得针对客户的个性化需求进行生产得以实现。因此，企业实施网络定制营销，通过建设网上定制营销系统，让消费者参与到产品的设计、生产与流通的全过程中来。传统上，个性定制服务仅限于"个别高贵市场"，目标市场受众少；而随着互联网的普及，对企业而言，网络定制营销的目标市场已经走向了碎片化的大众长尾市场。

 案例拓展

戴尔公司的定制化营销[①]

根据戴尔公司的前期网络营销机会和网络营销任务分析，戴尔公司利用现代信息技术支持企业生产的便利条件，开展了以顾客定制为主的定制化营销，实现了顾客导向的快速运筹，具体体现在生产环节上就是戴尔公司通过国际互联网和企业间内联网等技术，以电子速度对顾客订单做出反应。当订单传至该公司信息中心时，由公司控制中心将订单分解为子任务，并通过国际互联网和企业间内联网分派给各个独立制造商，各制造商按照收到的电子订单进行配件生产组装，最终按照戴尔公司控制中心的时间表来供货。一旦获得由世界各地发来的源源不断的订单，这个过程就会循环不停、往复周转，形成规模化、产业化生产。定制营销重建了企业的价值流，能快速、准确地把握顾客需求的特点，并以最快的速度生产出产品和提供服务，相对于大规模生产企业制造出的有限产品组合，确实物有所值，真正实现了用"平民的价格"享受到了"贵族的服务"。戴尔的 Premier 个性化产品定制方案（见图 1-16）吸引了更多的网络消费者，受到了广大消费者的好评。

图 1-16　戴尔的 Premier 个性化产品定制方案

① 资料来源：田玲. 网络营销理论与实践[M]. 3 版. 北京：北京交通大学出版社，2019.

五、软营销理论

网络软营销理论实际上是针对工业经济时代以大规模生产为主要特征的"强势营销"而提出的新理论。该理论强调企业在进行市场营销活动时，必须尊重消费者的感受和体验，让消费者乐意主动接受企业的营销活动。

强势营销的主动方是企业，如传统广告经常试图以一种信息灌输的"轰炸式"方式进行传播，以期在消费者心目中留下深刻印象，而不考虑消费者是否愿意接受、是否需要。软营销的主动方是消费者，消费者心理上渴望成为主动方，而网络的互动性使其成为可能，因为互联网上的信息交流是平等、自由、开放、交互的，强调相互尊重与沟通，用户也注重个人体验的隐私。

实施网络软营销的两个基本出发点是网络社区（network community）和网络礼仪（netiquette）。

网络社区指由互联网上具有相同兴趣和目的、经常相互交流和互利互惠、能给每个成员以安全感和身份意识等特征的单位或个人所组成的团体。例如，在互联网上，人们利用Email、网络论坛等网络工具，就共同感兴趣的话题展开讨论，形成摄影爱好者、健身爱好者、园艺爱好者、茶艺爱好者等社区。网络服务商会对其服务范围内的社区进行维护，由专职工作人员、志愿者、批评者组织讨论，安排文章发布，阻止不合乎网络礼仪的商业性广告发送等。网络社区逐渐成为不少敏锐的营销者获得企业利益的途径之一。

网络礼仪是互联网自诞生以来所逐步形成与不断完善的一套良好、不成文的网络行为规范，也是网络营销必须遵守的准则，如不使用电子公告牌（BBS）张贴私人的电子邮件，不进行喧哗的销售活动，不在网上随意传递带有欺骗性质的邮件，等等。网络营销的经营者应该树立起遵守良好网络礼仪的意识，能提供易于导航、易于搜索有效信息的服务或工具，静候网上消费者的访问，提供方便、快捷、高效的网络服务，以满足顾客的需求，从而赢得更多的顾客。

六、整合营销理论

整合营销理论产生于20世纪90年代，最早由美国西北大学市场营销学教授唐·舒尔茨（Don Schultz）提出。整合营销是一种对各种营销工具和手段进行系统化结合，根据环境进行即时性的动态修正，以使交易双方在交互中实现价值增值的营销理念与方法。建立在互联网基础上的整合营销称为网络整合营销。

网络整合营销是在深入研究互联网资源、熟悉网络营销方法的基础上，从企业的实际情况出发，根据不同网络营销产品的优缺利弊，整合多种网络营销方法，为企业提供网络营销解决方案。

网络整合营销的内涵主要体现在以下三个方面。

（1）传播资讯的统一性。从企业的角度，向消费者传播的是统一的形象；从消费者的角度，从各种媒体所获得的该企业信息都是统一的、一致的。

（2）互动性。企业与消费者之间展开富有意义的交流，能够迅速、准确、个性化地获得信息和反馈信息。

（3）目标营销。企业的一切营销活动都应围绕企业目标来进行，以实现全程营销。

网络整合营销从理论上脱离了在传统营销理论中占中心地位的 4P（产品、价格、渠道、促销）策略理论，而逐渐转向以 4C（消费者、成本、便利、沟通）策略理论为基础和前提。网络整合营销把消费者的需求放到了首位，强调企业利润和产品定价应符合消费者的意愿，产品的分销应考虑消费者的便利性，促销形式应使企业和消费者真诚、有效地进行双向沟通。

习　题

一、选择题

1．除了网络品牌、信息发布、网上销售、客户关系、网上调研，网络营销的职能不包括（　　）。

    A．网站推广　　　　B．销售促进　　　　C．顾客服务　　　　D．传统营销

2．（　　）年是网络营销的诞生年，这一年，（　　）直接促进了网络营销的发展。

    A．1993；互联网搜索引擎的诞生

    B．1993；全球最大的网上商店亚马逊成立

    C．1994；第一起利用互联网赚钱的"律师事件"

    D．1994；Email 的出现

3．整合营销理论最早是（　　）提出来的。

    A．舒尔茨　　　　B．科特勒　　　　C．德鲁克　　　　D．赫茨伯格

4．营销组合理论中，4C 指的是（　　）。

    A．产品、价格、渠道、促销

    B．顾客、成本、便利、沟通

    C．关联、反应、关系、回报

    D．需求、数据、传递、动态

5．"山东农民网上卖大蒜"被称为网络营销的神话，该事件发生在我国网络营销发展的（　　）阶段。

    A．神秘　　　　B．萌芽　　　　C．应用　　　　D．发展

6．关于网络营销的含义，以下说明不恰当的是（　　）。

    A．网络营销等同于电子商务

    B．网络营销不仅仅是网上销售、网站营销

    C．在企业营销实践中，传统营销和网络营销往往是并存的

    D．网络营销的主体不局限于企业

7．网络整合营销的内涵主要体现在三个方面，不包括（　　）。

    A．传播资讯的统一性　　　　　　　　B．互动性

    C．目标营销　　　　　　　　　　　　D．沟通性

8．网络礼仪是网络营销必须遵守的准则，（　　　）是网络礼仪的表现。

    A．使用电子公告牌（BBS）张贴私人的电子邮件

    B．进行喧哗的销售活动

    C．提供有效搜索信息的服务

    D．在网上随意传递带有欺骗性质的邮件

9．（　　　）是定制营销的基础。

    A．信息化　　　　　B．标准化　　　　　C．规范化　　　　　D．统一化

10．（　　　）包括直接邮购营销、目录营销、电话营销、电视营销、网络营销、其他媒体（如报纸、杂志、广播）营销。

    A．软营销　　　　　B．直复营销　　　　C．关系营销　　　　　D．组合营销

二、思考题

1．简述直复营销、关系营销、定制营销、软营销、整合营销理论的主要思想。

2．结合实际经历，说明网络营销与传统营销 ww 之间的关系。

3．登录中国互联网络信息中心网站（http://www.cnnic.net.cn），查阅中国互联网络发展状况统计报告，就中国互联网发展趋势提出自己的看法。

第二章　营销型企业网站建设

本章知识点

（1）了解营销型企业网站的相关知识。

（2）了解营销型企业网站建设的相关工具。

（3）掌握营销型企业网站的评价元素。

（4）了解营销型企业网站的建设方法。

（5）掌握营销型企业网站推广与运营的方法。

本章技能点

（1）能够撰写营销型企业网站策划方案。

（2）能够撰写营销型企业网站推广与运营方案。

（3）能够掌握营销型企业网站的全流程。

（4）能够进行营销型企业网站一般性的建设、运营与推广。

职业核心能力

自我学习、信息处理、数字应用、与人交流、与人合作、解决问题、革新创新

知识导图

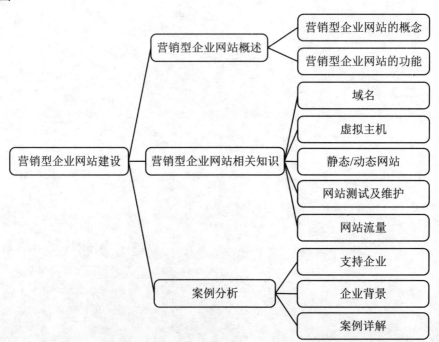

引例

网络营销日新月异，越来越多的传统企业开始涉足网络。在线教育即 E-Learning，或称远程教育、在线学习，现行概念中一般指一种基于网络的学习行为，与网络培训概念相似。在线教育是通过应用信息科技和互联网技术进行内容传播和快速学习的方法。毫无疑问，在线教育必将对传统的线下教育有所影响，几乎所有的互联网巨头都看到了在线教育的大好前景，纷纷进军这一领域，一时间风起云涌，这也充分折射出当前教育信息化市场的巨大潜力。

i博导是全国专注于泛商科类专业的在线教育和教学管理平台，隶属于北京博导前程信息技术股份有限公司。对电商专业的在校学生或对电商怀有兴趣的人员来说，i博导能够帮助用户发现自己的电商职业兴趣，建立职业发展规划，提升电商技能，不断突破、成长，直至步入相关企业。对电商专业的老师而言，i博导能够通过强大的线上班级与多样化教学资源，改善教学组织与管理，提升教学效果。对电商企业来说，这里有全国的电商人才，等着企业去发现。

作为i博导项目主管，面对竞争如此激烈的市场环境，需要借助网络平台对i博导项目进行推广，使得项目网站能够很快地被搜索引擎收录，吸引用户进驻。

【引例分析】

互联网高速发展的当下，网络营销方法不计其数，对于企业而言，并不是所有的网络营销方法都可以为己所用，常见的网络营销方法有搜索引擎营销、社会化媒体营销、线上活动营销、事件营销、整合营销及比较火热的移动互联网营销等，企业需要选择适合自身经营特点的营销方法，并面对用户群体去筛选与定位，并不是所有的网络营销方法都可以成功。

随着互联网技术的不断完善，企业对于网站的要求也越来越高，普通网站已经远远不能满足其需求，于是营销型网站便应运而生。顾名思义，营销型网站就是能够为企业带来营销效益的网站，这对于广大中小企业来说，是不可多得的制胜法宝。

一个好的营销型网站就像一个业务员一样，了解客户；善于说服之道；具有非常强的说服力；能抓住访客的注意力；能洞察用户的需求；能有效地传达自身的优势；能一一解除用户在决策时的心理障碍，并顺利促使目标客户留下销售线索或者直接下订单。更重要的是，它24小时不知疲惫。

营销型网站是对普通网站的发展，整合了各种网络营销理念和网站运营管理方法，不仅注重网站建设的专业性，更加注重网站运营管理的整个过程，是企业网站建设与运营维护一体化的全程网络营销模式。

第一节 营销型企业网站概述

一、营销型企业网站的概念

顾名思义，营销型网站就是指具备营销推广功能的网站，建站之初便以日后的营销推广为目的和出发点，并贯彻到网站制作的全过程，每一个环节、每一个步骤都考虑到营销功能的需求，网站一上线即具备营销功能或具有有利于优化推广的特征。

企业网站在国内的发展从技术角度经历了两大发展阶段。第一阶段是以静态 HTML 为代表的企业网站建设，这个阶段 ASP 技术尚未发展到全面普及应用的程度，更多的企业网站建设是为满足企业信息和产品信息的简单展示需求，当年常称网站是企业的网络名片，意思也仅仅是将企业信息在网络上展示而已。这个阶段企业网站主要存在以下问题：网站维护困难，表现在程序员要懂 HTML 代码，或会使用 FrontPage 等简单的编写网页的软件，网站的更新每次都需要使用 FTP 等软件，最初还需要使用 DOS 下的 FTP 命令；网站无法承受大量产品，因为这个阶段没有采用数据库技术，每增加一个产品或一个信息页面均需要改动所有有关联的页面的超链接；网站建设目的简单等。第二个阶段是基于 ASP 动态网页技术的迅速普及企业网站建设的发展阶段，这一阶段企业网站的发展主要表现在技术革新的发展，大量企业网站采用动态数据库技术，实现了企业快速建站，满足了日常维护方便的需要，而在这一阶段也涌现出更多的企业建站系统和模板建站业务模式等。

从企业网站的发展与企业对网站营销的需求来看，企业网站的发展是以技术为导向，而企业的需求是以市场、业务的需求为导向，企业网站的以上两个发展阶段都没有从帮助企业改善经营的角度来规划企业网站。不管是网络标榜的第一代企业建站系统还是第二代、第三代，乃至第四代建站系统都仍旧以技术为发展的核心，基于这样技术的企业网站发展现状为企业网站建站技术和服务与企业对网站营销的需求的矛盾日益突出并加剧。如何从网站建设的角度解决这样的矛盾？营销型企业网站及其解决方案破茧而出，指出网站必须具备一定的营销性才能够满足企业对网站营销的需求。

在企业网站建设的大环境下，营销型网站从概念和理论上一举打破以技术为导向的企业网站发展历程。营销型网站与国内网络营销专家冯英健先生提出来的网络营销导向的企业网站在网络营销理论上是一致的，网络营销导向的企业网站概念的提出早于营销型网站，但在实践与企业应用的角度来说，营销型网站更易于实践，同时网络营销为导向的企业网站并没有一套解决方案，传统企业与网络服务机构都处于无从下手的情况。

二、营销型企业网站的功能

营销型企业网站的核心要素有以下五方面内容。

（一）以帮助企业实现经营目标为网站的建设目标

营销型企业网站是为了实现企业某些方面的网络营销功能，如以面向客户服务为主的企业网站营销功能、以建立品牌文化为主的企业网站营销功能、以销售为主的企业网站营销功能、以国际市场开发为主的企业网站营销功能等。营销型企业网站要以实现企业的经营目标为核心，从而通过网站这样的工具来实现其网站营销的价值。

（二）良好的搜索引擎表现

企业网站的另一个重要功能是推广功能，而搜索引擎是网民获取信息最重要的渠道之一。如果企业网站无法通过搜索引擎进行有效推广，那么企业网站的营销功能会大打折扣。在营销型企业网站解决方案中，搜索引擎优化工作是比较基础的、长期的工作，从企业网站的策划阶段甚至从企业网络营销的战略规划阶段就已经开始，而且贯穿于企业网站的整个运营过程。搜索引擎优化主要是长期效果，短期是看不到效果的。

（三）良好的客户体验

如何提升网站的客户体验是营销型企业网站必须考虑的重点。客户体验在现代营销中无处不在，如在电话营销中，必须重视客户体验，需要感受到客户的情绪，如果客户在开车，那就要提醒客户注意安全，并挂断电话。企业网站是一个直接面对客户的窗口，更需要重视客户体验性。

一般从以下几方面来判断一个网站是否具备良好的客户体验：易用性（网站的基础标准：速度、安全、兼容性以及站内导航等）、沟通性（对于特殊用户群体的定制，企业网站应该具备交互与沟通功能）、可信度（与传统信息的一致以及站内信息的一致，信赖程度等）、易于传播（分享是网络营销中价值转换率最高的一种模式）等。

（四）重视细节

成功往往来源于细节，在营销型网站的流程制定、内容维护、网站管理等方面，都需要体现细节，以下是一些常见的细节要点。

1. 良好的网站结构

良好的网站结构可以让用户在访问网站时，更清楚网站的排版和分类，有助于缩短用户查找信息的时间，从而使用户体验效果倍增，令用户更加信任该网站。

2. 畅快的加载速度

对于用户来说，最不能容忍的便是在需要访问和使用网站时，却发现网站根本打不开或打开速度非常慢，一旦用户遇到这样的情况，几乎就会彻底地放弃这个网站。所以，作为营销型网站，必须直视加载速度这个非常影响客户体验的问题，保证用户无论在何时何地打开网站，速度都是非常快且稳定的，只有这样的网站才能获得用户信任，对用户成功实现营销。

3. 精美的页面效果

爱美之心人皆有之，用户对于精美的网站必然会更加偏爱，而网站只有获得用户的偏爱之后，才有可能实现营销。

4. 丰富的网站内容

营销型网站若要实现营销，前提是网站能够满足用户的需求，而满足用户需求的前提是要有丰富的内容。不论什么样的用户，打开网站必然都是为了浏览内容，也只有内容才能真正帮助用户解决问题，而丰富的内容则能满足更多用户多样化的需求，使更多用户能够认可网站，使网站能够实现营销。所以，不断为用户提供丰富和有价值的内容是实现营销的基础。

5. 完善的客服体系

当用户在营销型网站中遇到网站内容无法解答的疑惑时，通常都会想到向企业进行咨询。在这样的情况下，作为营销型网站，必须要具备完善的客服体系，确保用户能够通过多种渠道及时与企业进行沟通。

（五）网站监控与管理

营销型网站需要有后台监控与管理功能，如网站后台加一段流量监测的代码。

以上便是营销型网站所必须具备的五大要点，不论是什么样的营销型网站，只有在完全具备以上要点后，才能称为真正的营销型网站，才能帮助企业积累用户，成功实现营销。

资料来源：百度百科. 营销型网站[EB/OL]. https://baike.baidu.com/item/%E8%90% A5%E9%94%80%E5%9E%8B%E7%BD%91%E7%AB%99/10700542?fr=aladdin

第二节 营销型企业网站相关知识

一、域名

（一）域名的概念

域名是企业、政府、非政府组织等机构或者个人在域名注册商处注册的名称，是互联网上企业或机构间相互联络的网络地址。域名由若干部分组成，包括数字和字母。一个公司如果希望在网络上建立自己的主页，就必须取得一个域名。域名是上网单位和个人在网络上的重要标识，具有识别作用，便于他人识别和检索某一企业、组织或个人的信息资源，从而更好地实现网络上的资源共享。在虚拟环境下，域名除了具有识别功能，还可以起到引导、宣传、代表等作用。

（二）域名的层次

域名分为顶层（top-level）、第二层（second-level）、子域（sub-domain）等。通常格式为"四级域名.三级域名.二级域名.顶级域名"。域名级别越低，所代表的指向越具体；级别越高，则越通用。顶级域名决定一个完整域名的类别归属和所属管理机构，分为.com（商业性的机构或公司），.org（非营利的组织、团体），.gov（政府部门），.mil（军事部门），.net（从事 Internet 相关的网络服务的机构或公司），.edu（学校等教育机构）等类型。

由于国际资源有限，各个国家、地区在域名后加上国家标识段（又称国家代码），如中国为.cn、日本为.jp、英国为.uk 等。一般来说，大型的或有国际业务的公司或机构的域名中不使用国家代码。这种不带国家代码的域名也叫国际域名。国际域名的第二层就是代

表一个机构或公司的特征的部分，如 IBM.com 中的 IBM。对于具有国家代码的域名来说，代表一个机构或公司的特征的部分则是第三层，如 ABC.com.jp 中的 ABC。

（三）域名的一般命名规则

由于 Internet 上的各级域名是分别由不同机构管理的，所以各个机构管理域名的方式和命名域名的规则也有所不同。但域名的命名也有一些共同的规则，如下所述。

1．.com 域名命名规则

.com 域名命名规则主要有以下几点。

（1）域名中只能包含以下字符。

❑　26 个英文字母。

❑　0，1，2，3，4，5，6，7，8，9 十个数字。

❑　-（英文中的连词号）。

（2）在域名中，不区分英文字母的大小写。

（3）对于一个域名的长度是有一定限制的。

2．.cn 域名命名规则

自 2012 年 5 月 29 日起，.cn 域名向自然人开放注册。.cn 域名遵照域名命名的全部共同规则，此外不得使用或限制使用以下名称。

（1）注册含有 CHINA、CHINESE、CN、NATIONAL 等单词的域名须经国家有关部门（指部级以上单位）正式批准。

（2）不得使用公众知晓的其他国家或者地区名称、外国地名、国际组织名称。

（3）县级以上（含县级）行政区划名称的全称或者缩写，注册时需获得相关县级以上（含县级）人民政府正式批准。

（4）不得使用行业名称或者商品的通用名称。

（5）不得使用他人已在中国注册过的企业名称或者商标名称。

（6）不得使用对国家、社会或者公共利益有损害的名称。

二、虚拟主机

（一）虚拟主机的定义

虚拟主机是在网络服务器上划分出一定的磁盘空间供用户放置站点、应用组件等，并提供必要的站点、数据存放和传输功能。虚拟主机也称为网站空间，是把一台运行在互联网上的服务器划分成多个"虚拟"的服务器，每一台虚拟主机都具有独立的域名和完整的 Internet 服务器（支持 WWW、FTP、Email 等）功能。虚拟主机极大地促进了网络技术的应用和普及。同时，虚拟主机的租用服务也成了网络时代新的经济形式。目前虚拟主机已经发展成为云计算模式之一的 IaaS（基础设施即服务）。

（二）虚拟主机的优势

虚拟主机具有以下优势。

（1）相对于购买独立服务器，使用虚拟主机可大大降低网站建设的费用，为普及中小型网站提供了极大便利。

（2）利用虚拟主机技术，可以把一台真正的主机分成许多"虚拟"的主机，每一台虚拟主机都具有独立的域名和 IP 地址，具有完整的 Internet 服务器功能。

（3）网站建设效率高。如果自己购买服务器，从购买到安装操作系统和应用软件需要较长的时间，而租用虚拟主机通常只需要几分钟就可以开通。

（4）使用虚拟主机，用户不必担心在使用和维护服务器时出现的技术问题无法解决，更不必聘用专门的服务器管理人员。

（5）虚拟主机的低成本、高利用率迅速吸引了中小企业。

（三）虚拟主机的缺点

虚拟主机具有以下缺点。

（1）某些功能因受到服务商的限制而不能使用，如可能耗用系统资源的论坛程序、流量统计功能等。

（2）网站设计需要考虑服务商提供的功能支持，如数据库类型、操作系统等。

（3）某些虚拟主机的网站访问速度过慢，对于网站的正常访问会产生不利影响。这可能是由虚拟主机提供商将一台主机出租给数量众多的网站，或者服务器配置等方面的原因造成的，这个问题用户自己无法解决。

（4）有些服务商对网站流量有一定限制，这样当网站访问量较大时将无法正常访问。

（5）一般虚拟主机为了降低成本不给用户的网站注册独立的 IP 地址，这样就无法用 IP 地址直接访问网站（因为同一个 IP 地址有多个网站）。

三、静态/动态网站

（一）静态网站

静态网站是指全部由 HTML 代码格式页面组成的网站，所有的内容包含在网页文件中。网页上也可以出现各种视觉动态效果，如 GIF 动画、Flash 动画和滚动字幕等。静态网站的特点如下。

（1）每个静态网页都有一个固定的网址，文件名均以.htm、.html、.shtml 等为后缀。

（2）静态网页一经发布到服务器上，无论是否被访问，都是一个独立存在的文件。

（3）静态网页的内容相对稳定，不含特殊代码，因此容易被搜索引擎检索到，尤其是以.html 为后缀的网页更加适合搜索引擎优化。

（4）由于不需通过数据库工作，所以静态网页的访问速度比较快。

（5）静态网站没有数据库的支持，在网站制作和维护方面工作量较大。

现在流行的网站都支持静态网页，虽然静态网页容易被搜索引擎收录并且能够提高访问速度，但需要占用较大的服务器空间，因为程序在生成.html 类型的网页时占用的服务器资源特别多，建议在服务器空闲时进行此类操作。

（二）动态网站

动态网站是指通过数据库和编写程序架构的网站。网页一般以.asp、.jsp、.php、.aspx 等为后缀。动态网站的特点如下。

1. 交互性

网页会根据用户的要求和选择进行动态响应。例如，访问者在网页登录界面填写信息并提交时，服务器经过处理，将填写的信息与后台数据库进行比对，并打开相应提示页面。

2. 自动更新

无须手动操作页面，便会自动生成新的页面，可以节省工作量。例如，在论坛中发布信息，网页前端将会自动生成新的内容。

3. 随机性

即当不同时间、不同人访问同一网址时会产生不同的页面效果。例如，淘宝登录界面可实现千人千面的效果。

四、网站测试及维护

（一）网站测试

网站测试是指当一个网站制作完成之后，针对网站的各项性能情况做检测工作。它与软件测试有一定的区别，除了要求外观的一致性，还要求网站在各个浏览器下的兼容性、用户体验以及在不同环境下的显示差异，主要通过功能测试、性能测试、可用性测试和安全测试来完成。

（二）网站维护

网站维护是为了让网站能够长期稳定地运行在 Internet 上，及时地调整和更新网站内容，在瞬息万变的信息社会中抓住更多的网络商机。网站维护的主要内容包括服务器及相关软硬件的维护、网站安全管理、网站内容更新和调整等。

五、网站流量

通常说的网站流量（traffic）是指网站的访问量，是用来描述访问一个网站的用户数量、用户所浏览的网页数量等的指标。对于虚拟空间商来说，流量是指用户在访问网站过程中产生的数据量大小，有的虚拟空间商限制了流量的大小，当超过这个量后该网站就不能再被访问。网站流量统计主要指标包括独立访问者数量（unique visitors）、重复访问者数量（repeat visitors）、页面浏览量（page views）、每个访问者的页面浏览量（page views per user），还有某些具体文件/页面的统计指标，如页面显示次数、文件下载次数等。

（一）网站流量指标

1．用户行为指标

用户行为指标主要反映用户是如何来到网站的、在网站上停留了多长时间、访问了哪些页面等，主要的统计指标包括用户在网站的停留时间、用户来源网站（也叫引导网站）、用户所使用的搜索引擎及关键词、不同时段的用户访问量情况等。

2．浏览网站方式

用户浏览网站的方式相关统计指标主要包括用户上网设备类型、用户浏览器的名称和版本、用户计算机的分辨率显示模式、用户所使用的操作系统名称和版本、用户所在地理区域分布状况等。

（二）网站流量分析

网站流量分析是指在获得网站访问量基本数据的情况下，对有关数据进行统计、分析，从中发现用户访问网站的规律，并将这些规律与网络营销策略相结合，从而发现网络营销活动中可能存在的问题，并为进一步修正或为重新制定网络营销策略提供依据。当然这样的定义是站在网络营销管理的角度来考虑的，如果出于其他方面的目的，对网站流量分析会有其他相应的解释。

进行网站流量分析，需要定期分析网站统计数据，查看主要的网站访客来自哪里。百度是国内最大的搜索引擎，大部分的访客都是通过百度搜索到网页的，这也就说明网页推广的重点需要放在百度。然后查看这些访客是通过什么关键字找到网页的，哪个关键字带来的独立访客是最多的，也就可以偏向重点推广这个关键字。最后查看网站上哪个页面被访问得最多，入口页面是哪些，又是从哪些页面退出的。

（三）网站流量分析统计工具

网站的管理人员最关心的便是流量了，不仅仅因为想了解网站的用户、访客有多少，更重要的是从访客信息中分析出更多相关数据，如访客的地域分布、时间分布、流量来路等，以此作为网站设计、内容更新、功能开发、搜索引擎优化（search engine optimize，SEO）的重要依据。

常用的网站流量数据统计分析工具有 CNZZ 统计、谷歌分析、百度统计等，而其中最常用的是百度统计。使用百度索引量查询功能，能看到百度收录的真实数量。通过百度统计可以了解网站的流量相关情况，其页面结构简单清晰，一目了然，没有 CNZZ 统计和谷歌分析那么复杂。

第三节　案例分析①

一、支持企业

北京博导前程信息技术股份有限公司。

二、企业背景

北京博导前程信息技术股份有限公司（以下简称北京博导前程）成立于 2006 年，其前身为 1999 年成立的西安博星科技有限公司，是中国电子商务教育综合服务的开创者和领导者。公司面向全国各类院校及教育机构的电子商务专业建设提供整体解决方案，包括专业建设策划、课程与配套数字化资源开发、师资力量提升、联合授课、实训软件与实战平台研发、知识向技能在线转化、实战技能专项培训、创新能力培养、创业项目孵化以及实习与就业对接等服务。

三、案例详解

i 博导是推广北京博导前程旗下资源的主要站点，在网络营销导向网站的建设过程中，全面涵盖前期分析、前期策划、实施计划和效果监控等层面，如图 2-1 所示。

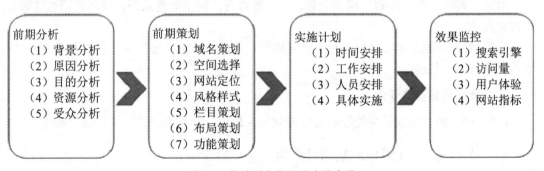

图 2-1　营销型企业网站建设步骤

（一）任务一：i 博导网站需求分析

1. i 博导网站实施背景

步入 21 世纪，互联网已经延伸至生活的方方面面，其影响力也逐渐扩大到整个世界。而现代企业也敏锐地认识到了这种状况，纷纷选择用网站来衍生服务。随着网站建设与运

---

① 资料来源：商玮，段建．网络营销[M]．北京，清华大学出版社，2020.7．北京博导前程信息技术股份有限公司．I 博导[EB/OL]．http://www.ibodao.com．

营的不断深化与发展，网络营销导向的企业网站逐渐成为推广企业产品的一大阵地。

i博导经过分析发现同类竞争对手在营销型网站方面完善程度不够，遂抓住机会，以市场需求为导向，建设网站，从而让更多的用户了解并购买 i 博导网站的教学产品，更好地服务于更多的学校与学生。

2．i 博导网站实施原因

企业以利润最大化为目标，希望能够快速、高效地促进产品销售和扩大品牌知名度，同时有效地加强与客户的联系，帮助企业成长。建设 i 博导网站可以帮助企业推广和销售产品，实现企业的经营目标。

3．i 博导网站实施目的

i 博导网站具有以下实施目的。

（1）全面展现企业实力与产品，促进产品销售，扩大企业影响力。

（2）提升企业形象。

（3）增强企业网络沟通能力。

（4）加强客户联系。

4．i 博导网站实施资源

北京博导前程经历二十余年的发展和积累，已获得了多重资源。

（1）系统资源。北京博导前程拥有高性能配置服务器、虚拟主机空间、邮件群发推广系统、短信群发推广系统、QQ 群营销推广系统、博客论坛营销推广系统等。

（2）技术资源。北京博导前程拥有众多专业的软件开发工程师、网站开发工程师、美工、SEO 工程师、网站编辑、网站策划、系统管理员、网站运营经理、网络营销总监等高级技术人才。

（3）营销资源。北京博导前程下辖网络营销部，能够充分运用网络营销手段实现对 i 博导网站的提升与推广。

5．i 博导网站实施受众

i 博导网站的受众包括高校经济管理专业相关教师、行业服务商、渠道商及媒体等。

（二）任务二：i 博导网站项目策划

策划是任何一个网站在动手开发之前必经的重要阶段。没有良好的策划，就无法形成系统的流程，不论开发还是美工、编辑，都会丧失目标、无所适从，最终延误进度。i 博导网站的主要策划步骤如图 2-2 所示。

1．域名的选择

i 博导网站的域名为 ibodao.com，分为两个部分：ibodao 为域名的主体，.com 为域名的后缀。

（1）域名主体 ibodao。i 既代表 Internet，又表示"爱"；bodao 是博导的全拼，即博采众长、引导前程，既象征教学科研人员的高大身份，又是一家企业的核心名称。i 博导为广大教师提供互联网教育教学支撑服务，希望每一位教师都像博导一样业务精进、水平突出、能力出众、桃李满天下。

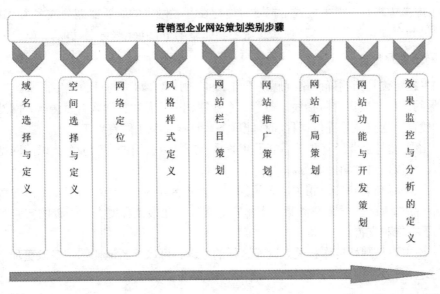

图 2-2 i 博导网站主要策划步骤

（2）域名后缀.com。i 博导网站选择.com 的原因有：.com 从互联网进入中国以来一直深入人心，便于记忆；.com 能够代表企业，若选择.gov 或.org 则与企业的身份严重不符。

确定好域名之后，便可以查询并购买。企业需要的是性能稳定、服务好的域名供应商，着重考虑性价比、价格等因素。

2．空间的选择

这里所说的空间是一个广义的概念，网站是一个个页面，是文件，它们要放在一个地方。如果域名是名字，是地址，那么存放网站页面的空间就是"家"。广义的空间可通过独立服务器、合租服务器和虚拟主机等多种途径获得。

（1）独立服务器。独立服务器可以简单地理解为一个用户拥有并享用服务器的全部服务。i 博导网站存放在公司自己的服务器上，公司部署的网站越来越多，需要更大的空间来放置网站文件和数据库文件，进行文件的上传/下载、FTP 文件系统的部署等。因为 i 博导是软件开发产品，许多开发环境及组件是虚拟主机不能提供的，如使用 Java 开发的教学软件产品需要 Tomcat 环境；使用 ASP.NET 开发的软件产品需要.NET 环境；用到的数据库包括 MySQL、SQL Server、Oracle 等。i 博导还承担着中国互联网协会网络营销的教学和培训工作，需要部署邮件服务供学员和高校师生进行 Email 营销实训使用等。独立服务器独享所有资源，在网站的访问速度、同时在线人数、带宽、应用等方面远超过虚拟主机，在网站数据的完整、安全方面也是虚拟主机不能相比的。

购买独立服务器后，还需要找到相应的网络运营商，如电信、网通、铁通、移动等，一般这些网络运营商下面都有网络带宽资源合作代理，它们可以提供服务器的托管、租用服务。i 博导网站因为有独立的服务器，选用了托管的合作方式，把服务器托管在电信机房里，费用合适，维护和管理方便、安全、放心。

（2）合租服务器。顾名思义，合租服务器就是和别人共同享有服务器的使用权限。

（3）虚拟主机。虚拟主机就是把一台运行在互联网上的服务器划分成多个"虚拟"的服务器，每一台虚拟主机都具有独立的域名和完整的 Internet 服务器功能。

3. 网站主题定位

网站主题定位是指明确网站到底是干什么的，由建立网站的目的衍生而来。

i 博导网站的主要内容包括线上教学、企业案例、各专业教学教育资源等，网站主题重点是线上教育，次重点是提供课程和技能服务。这样定位主题有以下原因。

（1）该主题与企业经营相关。电子商务系列产品为公司的主营业务，以此网站来宣传公司产品，可以促进公司的业务。

（2）该主题与客户需求相关。公司的主要客户为学校、老师、学生，i 博导教学实验网站提供产品知识、教学案例资源、实验室方案等，在很大程度上为学校的实验室建设和教育提供了指导和支持。

（3）该主题与网站运作相关。设置这样的主题，可以不断地使网站资源更加全面，内容更加充实，可以集中更多的网络营销资源，共享更多的信息。

4. 网站视觉风格策划

人眼对色彩和图片的认知度优先于文字，因此需要把握视觉元素的传达。网站视觉方面包含 logo、色彩、文字、分辨率等多个元素。

（1）logo。logo 就是一个标识，对用户而言，当他们看到这个标识后，能够第一时间识别出该 logo 所代表的企业；对企业而言，logo 需要体现出企业的经营理念、文化特色等。

（2）色彩。i 博导网站的主色调是橙色，代表充满活力与健康、快乐与时尚，也容易引起食欲和购买欲。当然，任何一个物体若没有色彩搭配，都会显得非常单调。橙色优势明显，缺憾也明显，色彩相对艳丽易对视觉产生刺激，从而引发视觉疲劳，降低用户浏览网站的时间，故而需要在主色调外增加辅助色彩。

（3）文字。文字需要考虑以下几方面，i 博导在设计中验证了其可行性。

① 字体：中文字体多样，对于绝大多数的段落文本来说，宋体是最为保守和稳固的字体，且不会因为用户计算机没有预装特定字体而造成页面变形。

② 字号：需根据页面效果图进行调配，段落文字采用 12～14px 便于阅读，标题则选择 16px 较为适宜。

③ 粗细：对于需要重点阅读的标题或文字可选择性地进行加粗处理，一般文字则不用。

④ 普通文本颜色：由于站点的文字是内容的核心，是用户阅读和理解的关键，需要用户将视觉进行聚焦，因此不能选择特别明亮和刺激的颜色，黑色、深灰色是普通文本的首选。

⑤ 链接悬停文本颜色：超链接文字需要吸引用户的点击行为，悬停的文字颜色既要能够在用户随意滑动鼠标时吸引用户注意，又不能影响用户的阅读，因此选择与普通文本颜色对比不强烈的蓝色最为稳妥。

⑥ 单击链接后文本颜色：使用合适的文字颜色告知用户曾经单击过，便于用户有迹可循，默认为紫色。不应选择与普通文本对比强烈的颜色，否则会引发用户阅读不畅。

（4）分辨率。800×600 分辨率的使用量在逐年递减，而 1024×768 分辨率的使用量在逐年递增。随着液晶屏幕覆盖范围的扩大，越来越多的用户接受了更大的分辨率，所以 i 博导在分辨率上倾向于 1024×768。

5. 网站栏目策划

网站栏目是网站传递内容的核心。一般而言，在建立任何一个网站前都会形成一定的认知，即网站上要放什么，要给用户展示什么，但对于哪些内容是重点、哪些内容是次重点、哪些内容不重要可能并不明确。这时，就要形成栏目，通过栏目来完善内容构思和策略。具体的栏目设计可以参考 www.ibodao.com，目前栏目分为 8 块，如图 2-3 所示。

 首页　课程　技能　班级　新网课　1+X　社区　📱 下载

图 2-3　i 博导网站栏目

6. 网站布局策划

如果说栏目还有些宽泛，那么布局就是实在的部署了。根据网站栏目定义首页以及每个栏目页、列表页和内容页的页面布局是一门很有讲究的学问。布局好，用户浏览舒适，用户体验好，则网站整体效果好；反之，则效果不佳。同时，布局设置详细也能帮助美工更好地完成页面的设计与制作。

首页是网站的门面，绝大多数的访问者都会从这里开始浏览网站。首页布局的原则是从用户出发，一切以用户为中心，多问 4 个 W——What（放什么）、Why（为什么这样布局）、Whom（这样布局给谁看）、What effect（这样布局能达到什么效果）。

网站布局策划要注意几个方面：最核心内容（主题）、最能吸引用户（内容）、最能引导用户（链接）为主要内容；不要放置太多促销广告；设计引导性标志；不同板块之间要有明显界限；重点内容或核心内容以加粗或链接形式导入；明确用户浏览网站习惯，布局呈现出 Z 字型（头部、左侧为重，右侧略弱）。

7. 网站功能与开发策划

网站功能与开发策划包含两个层面：一方面是功能实现的规划；另一方面是网站开发的选择。

8. 网站推广策划

网站推广，即让更多用户知晓和了解 i 博导网站，继而选择 i 博导网站。那么在策划阶段，就需要了解目前所拥有的技术与渠道，从而定出推广方式的大框架。i 博导网站主要采用 SEO、Email 营销、即时通信营销、论坛/问答推广、软文营销、病毒式营销等手段进行推广。

9. 网站效果监控与分析策划

网站效果监控与分析策划着重于选择合适的效果监测工具。市面上有多种免费的流量分析工具，包括 51la、量子横道、CNZZ、百度统计等。i 博导网站选择 51la 作为流量统计

工具。使用这种工具，经过简单的注册，便可以设置管理密码、查看密码及使用共同统计、隐藏统计数据的功能。51la 有个特别的技巧，即在查看关键字时，可以通过单击关键字后面的 go 直接转到网站的链接，节省运营人员的时间，提高工作效率。

10．i 博导网站实施计划

把所有的技术环节都厘清后，就可以按照策划的细节合理安排人员了，以保证在最短的时间内保质保量地完成营销型 i 博导网站的建设。

（三）任务三：i 博导网站的开发实施

1．URL 定义

URL 定义要注意以下几点。

（1）关键词与 URL：把关键词融入 URL，除了给搜索引擎授予权重，也为访客直接认清站点的 URL 提供了一种方式。

（2）网址的分层不要超过三层：即 http://主页/产品大类/具体产品页，这样的分层很适合搜索引擎抓取。

（3）使用静态的 URL：可以减少站点运行资源，从而提高访问速度，得到搜索引擎的抓取。

2．页面设计与制作

策划阶段结束后，美工组就可以按照策划方案的要求进行页面设计与制作了。页面设计与制作阶段需要进行以下几项具体工作。

（1）选用橙色、浅黄色与白色制作相关页面。

（2）采用 DIV+CSS 编写网页页面。

（3）加入 JavaScript 脚本及相关特效、焦点图、Banner、Flash 等。

（4）使用 IE、火狐等浏览器测试页面的兼容性。

（5）与程序员配合，确认前台相关页面。

3．网站功能开发

网站功能开发是指根据策划方案，完成网站功能模块（前台、后台）的开发，并与页面进行合并。一般来说，动态网站均由前、后台组合而成。前台，即普通用户可见层；后台，则为网站管理层所用，在此模块发布资讯、产品信息等。

i 博导网站采用 ASP+Access 数据库进行开发，这就要求网站开发工程师按照功能模块的需求列表实现每个功能。功能开发完成，类似于一座大楼已经建设完毕，已经具备雏形和基本功能，具体开发实施也就相应完成。

4．内容筹划

当美工设计好页面、程序实现功能时，编辑人员需要进行资料的搜集与整理，并按照栏目设置开始规划相应页面的具体内容。一个网站决不允许上线后出现页面空白，没有内容的情况。

（四）任务四：i 博导网站的测试

网站开发完成后不能草率上线，还需要经过严格的测试，以确保网站运作正常，没有影响功能的漏洞。而另外一些内容，则需要网站运行在服务器后才能进行测试，如图 2-4 和图 2-5 所示。

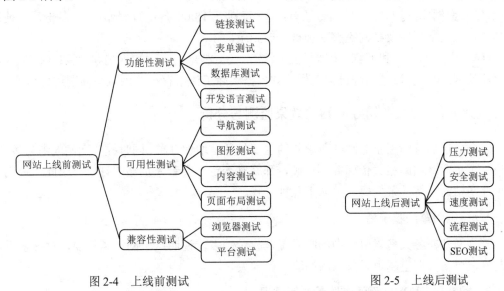

图 2-4　上线前测试　　　　　　　　　　图 2-5　上线后测试

仅仅测试网页漏洞是不够的，还需要边测试边记录，不论是业务流程、逻辑关系还是用户体验，都需要完整记录下 URL、截图及给出的修改意见，方便开发人员按照测试报告表单完成漏洞修复。

（五）任务五：i 博导网站的运营

i 博导网站正式上线后，还有如下问题需进一步解决。

1．网站推广

网站推广是网络营销更加通俗的说法，其手段多种多样。使用哪些方法才能更好地达成效果，需要做一个细致的分析。在分析中，要广泛考虑市场环境、企业目前所掌控的资源、人员能力、配给以及主营业务所适应的方式。

首先，i 博导网站具备传统营销渠道，经过多年发展已积累了广泛的客户资源，包括成交与潜在客户的联系方式，可以充分利用其中的手机号码、Email 等。其次，i 博导网站下辖网络营销部的人员熟悉网络营销应用方式，具备实施推广的能力。最后，i 博导网站的教学软件产品能够通过所有的网络营销手段进行推广，但考虑到企业资金投入与人员配给，最终规划出 SEO、短信营销、Email 营销、即时通信营销、博客/微博推广、微信推广等多种方式。

2．网站维护

如何保障用户享受到最稳定的服务？为了让网站能够长期稳定地运行在 Internet 上，在瞬息万变的信息社会中抓住更多的网络商机，要及时地调整、更新、优化网站（含内容）。

i博导网站从如下几个方面实施维护。

（1）服务器及相关软硬件的维护。对可能出现的问题进行评估，制定响应时间。① FTP定时关闭，防止被利用；② 密码控制，确保只有1～2人知晓服务器远程密码；③ 权限控制，确保管理员1人拥有全部权限，其他访问者仅有浏览权。

（2）数据库维护。i博导的做法有：① 每周五18:00备份数据库；② 备份后，使用工具软件查询数据库及结构完整性和被修改记录。

（3）内容的更新和调整。i博导的做法有：① 制定内容添加规则和模板；② 形成内容更新计划；③ 按计划推进日常工作，并根据实际工作中存在的困难与问题进行调整。

（六）任务六：i博导网站的效果监测与分析

一个成功的营销型企业网站所承载的主要任务是增加订单，同时提升网站的考量条件。如果一个企业网站的相关指标并不过硬，那么它一定不会带来足够的订单。因此，评判一个企业网站的运营效果主要通过如下几种方式。

1. 搜索引擎的收录量

查询网站在各大搜索引擎中的收录量，收录越多，说明这个网站越重要，对搜索引擎越友好，更新周期也越短，自然网站流量就越大。

2. 网站日IP/PV（页面浏览量）等情况

IP是指在一天之内（00:00～24:00）访问网站的独立IP数。一天内相同IP地址多次访问网站只被计算一次。

PV（page views）是指页面浏览量，此指标用于衡量网站访问量情况。用户每次打开网站页面被记录一次；用户多次打开同一页面，访问量值累计多次。

网站的IP/PV可以反映出一个网站的浏览量，了解一段时间内网站的流量状况，有助于企业有的放矢地制订网站运营推广计划。

3. 网站外链数及站内友情链接

网站外链数可以从一定程度上反映一个网站在互联网上的影响力，网站的外链数越多，说明这个网站越重要，在搜索引擎中的排名也就越好。友情链接则是与其他网站建立的互链形态，可以是主动联系寻找并完成互链，也可以是其他网站主动来联系，要求做链接，从而完成互链，这样的链接是双向的。尽管这样的链接形态从搜索引擎获得的权重值较低，但也不失为网络营销过程中的"细节"。

4. 网站排名

Alexa是一家专门发布网站世界排名的网站，每天在网上搜集超过1000GB的信息，不仅给出多达几十亿的网址链接，而且为其中的每一个网站进行了排名，可以说是当前拥有URL数量最庞大、排名信息发布最详尽的网站。

5. 网站流量在各搜索引擎的分布

通过网站流量统计工具查询网站流量在各大搜索引擎中的分布情况，可以了解网站在各大搜索引擎中的权重，权重高的继续保持；权重低的，有针对性地进行网站优化。

6. 关键词在各搜索引擎的排名

通过分析关键词在各大搜索引擎中的排名（一般以一个月的关键词排名情况作参考），可以分析出哪些关键词最近一段时间比较热门，在今后的网站优化内容上有所侧重，则可以保持此关键词的排名优势。对于排名靠后的关键词和尚未发布的关键词，则可以加大优化推广力度。

通过以上六个任务得知，i博导网站经历了分析、策划、实施、测试、推广、运营等环节，这些环节也是建设营销型企业网站的整个流程。

资料来源：商玮，段建．网络营销[M]．北京，清华大学出版社，2020.7．北京博导前程信息技术股份有限公司．I博导[EB/OL]．http://www.ibodao.com.

习　题

一、选择题

1. 域名后缀.com 代表的是（　　　）。
   A. 商业性机构 　　　　　　　　　B. 非营利组织
   C. 政府 　　　　　　　　　　　　D. 教育机构
2. 域名后缀.edu 代表的是（　　　）。
   A. 商业性机构 　　　　　　　　　B. 非营利组织
   C. 政府 　　　　　　　　　　　　D. 教育机构
3. 域名后缀.mil 代表的是（　　　）。
   A. 商业性机构 　　　　　　　　　B. 军事机构
   C. 政府 　　　　　　　　　　　　D. 教育机构
4. 静态网站常见的后缀是（　　　）。
   A. .asp 　　　　　　　　　　　　B. .jsp
   C. .php 　　　　　　　　　　　　D. .html
5. 动态网站常见的后缀是（　　　）。
   A. .asp 　　　　　　　　　　　　B. .shtml
   C. .htm 　　　　　　　　　　　　D. .html
6. 独立访问者数量即（　　　）。
   A. unique visitors 　　　　　　　B. repeat visitors
   C. page views 　　　　　　　　　D. ip
7. 重复访问者数量即（　　　）。

　　　A．unique visitors　　　　　　　B．repeat visitors

　　　C．page views　　　　　　　　　D．ip

8．页面访问者数量即（　　　）。

　　　A．unique visitors　　　　　　　B．repeat visitors

　　　C．page views　　　　　　　　　D．ip

9．在各个浏览器下测试网站是否能够正常打开，测试的是网站的（　　　）。

　　　A．兼容性　　　　　　　　　　　B．功能

　　　C．性能　　　　　　　　　　　　D．可用性

10．利用工具测试网站在百万级的访问下是否能够打开，测试的是网站的（　　　）。

　　　A．兼容性　　　　　　　　　　　B．功能

　　　C．性能　　　　　　　　　　　　D．可用性

二、简答题

1．网站流量的统计指标有哪些？

2．网站维护的内容有哪些？

3．什么是虚拟主机？

三、思考题

营销型网站的建站思路是什么？可以从哪些指标评价它的效果？

第三章　搜索引擎优化

本章知识点

（1）了解搜索引擎的概念。

（2）熟悉搜索引擎优化的概念。

（3）掌握关键词优化的概念和优化方法。

（4）掌握搜索引擎优化的常用方法。

本章技能点

（1）能够进行简单的网站搜索引擎优化分析。

（2）能够确定网站/页面关键词并进行优化。

（3）能够实施提升关键词排名的常见措施。

（4）能够监控网站搜索引擎优化的效果。

职业核心能力

自我学习、与人交流、与人合作、解决问题、革新创新

知识导图

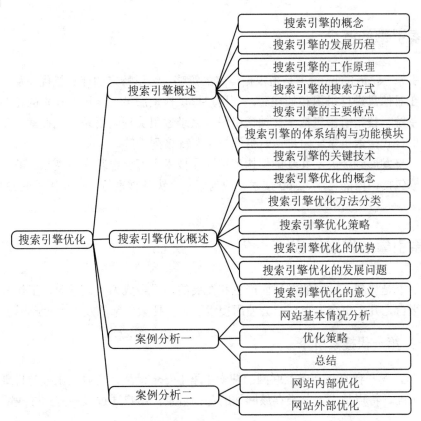

引 例

随着网络的快速发展，互联网已经成为了一个崭新的集商务、沟通、信息发布、信息交换、获得商机等于一体的综合平台。如何有效地获取和抓住网络信息，赢得商机，已经成为当代企业必须要解决的问题。同类型的网站在互联网上可能有成千上万个，如何能够让目标用户搜索到公司的网站，让自己的网站脱颖而出？

【引例分析】

在分析搜索引擎优化的相关工作之前，需要对搜索引擎进行了解。目前有众多搜索引擎，如搜狗搜索、谷歌、百度、360搜索、搜搜、必应等，在互联网用户中，"百度一下"已经深入人心，百度搜索引擎占据了绝大多数的市场份额。

那什么是搜索引擎优化？例如百度搜索引擎，它有自己的搜索规则。当一个用户在搜索框中输入关键词后，搜索引擎就会用它的规则释放出从上到下排列的搜索结果（即网站）。这时，想让用户在搜索结果中能第一时间看到公司网站，就要根据百度搜索引擎的大量规则，对公司网站进行优化，来提高公司网站在搜索结果中的自然排名，这个过程就叫做搜索引擎优化。

第一节　搜索引擎概述

一、搜索引擎的概念

搜索引擎（search engine）是指根据一定的策略、运用特定的计算机程序从互联网上搜集信息，在对信息进行组织和处理后，为用户提供检索服务，将用户检索的相关信息展示给用户的系统。搜索引擎包括全文搜索引擎、目录索引类搜索引擎、元搜索引擎、垂直搜索引擎、集合式搜索引擎、门户搜索引擎与免费链接列表等。

搜索引擎发展到今天，其基础架构和算法在技术上都已经基本成型和成熟。比较有名的搜索引擎包括国内的百度、360搜索、搜狗搜索、头条搜索等，以及国外的谷歌、雅虎、必应等。

二、搜索引擎的发展历程

搜索引擎是伴随互联网的发展而产生和发展的，已经成为人们学习、工作和生活中不可缺少的平台，几乎每个人上网都会使用搜索引擎。搜索引擎的发展大致经历了四代。

（一）第一代搜索引擎

1994年，第一代真正基于互联网的搜索引擎Lycos诞生，它以人工分类目录为主，代表厂商是雅虎，特点是人工分类存放网站的各种目录，用户通过多种方式寻找网站，现在也还有这种方式存在。

（二）第二代搜索引擎

随着网络应用技术的发展，用户开始希望对内容进行查找，也就是利用关键字来查询，由此出现了第二代搜索引擎，最具代表性、最成功的是谷歌，它建立在网页链接分析技术的基础上，使用关键字对网页进行搜索，能够覆盖互联网的大量网页内容，该技术可以分析网页的重要性并将重要的结果呈现给用户。

（三）第三代搜索引擎

随着网络信息的迅速膨胀，用户希望能够快速并且准确地查找到自己所要的信息，因此出现了第三代搜索引擎。相比前两代搜索引擎，第三代搜索引擎更加注重个性化、专业化、智能化，使用自动聚类、分类等人工智能技术，采用区域智能识别及内容分析技术，利用人工介入，实现技术和人工的完美结合，增强了搜索引擎的查询能力。第三代搜索引擎的代表是谷歌，它以宽广的信息覆盖率和优秀的搜索性能为发展搜索引擎技术开创了崭新的局面。

（四）第四代搜索引擎

随着信息多元化的快速发展，通用搜索引擎在目前的硬件条件下要得到互联网上比较全面的信息是不太可能的，这时，用户就需要数据全面、更新及时、分类细致的面向主题搜索引擎，这种搜索引擎采用特征提取和文本智能化等策略，相比前三代搜索引擎更准确有效，被称为第四代搜索引擎。

三、搜索引擎的工作原理

搜索引擎的整个工作过程可分为三个部分：一是引擎蜘蛛（spider）在互联网上爬行和抓取网页信息，并存入原始网页数据库；二是对原始网页数据库中的信息进行提取和组织，并建立索引库；三是根据用户输入的关键词，快速找到相关文档，并对找到的结果进行排序，然后将查询结果返回给用户。下面对其工作原理做进一步分析。

（一）网页抓取

引擎蜘蛛每遇到一个新文档，都要搜索其页面的链接网页。引擎蜘蛛访问 Web 页面的过程类似于普通用户使用浏览器访问 Web 页面，即浏览器/服务器（B/S）模式。引擎蜘蛛先向页面提出访问请求，服务器接受其访问请求并返回 HTML 代码后，把获取的 HTML 代码存入原始页面数据库。搜索引擎使用多个蜘蛛分布爬行以提高爬行速度。搜索引擎的服务器遍布世界各地，每一台服务器都会派出多只蜘蛛同时去抓取网页。在抓取网页时，搜索引擎会建立两张不同的表，一张表记录已经访问过的网站，一张表记录没有访问过的网站。当蜘蛛抓取某个外部链接页面的 URL 时，需下载该网站的 URL 并进行分析，当全部分析完后，将该 URL 存入相应的表中。这时，当另外的蜘蛛从其他的网站或页面又发现了该 URL 时，它会查看已访问列表中是否有该 URL，如果有，便自动丢弃该 URL，不再访问。这样便做到了一个页面只访问一次，从而提高搜索引擎的效率。

（二）预处理，建立索引

为了便于用户在数万亿级别以上的原始网页数据库中快速便捷地找到搜索结果，搜索引擎必须将蜘蛛抓取的原始 Web 页面做预处理。网页预处理最主要的过程是为网页建立全文索引，之后开始分析网页，最后建立倒排文件（也称反向索引）。Web 页面分析分为以下步骤：判断网页类型，衡量其重要程度、丰富程度，对超链接进行分析、分词，把重复网页删除。经过搜索引擎分析处理后，Web 网页已经不再是原始的网页页面，而是浓缩成能反映页面主题内容的、以词为单位的文档。数据索引中结构最复杂的是建立索引库，索引又分为文档索引和关键词索引。每个网页唯一的 docID 是由文档索引分配的，每个 wordID 出现的次数、位置、大小格式都可以根据 docID 在网页中检索出来，最终形成 wordID 的数据列表。倒排索引形成的过程为：搜索引擎用分词系统将文档自动切分成单词序列，再对每个单词赋予唯一的单词编号，然后记录包含这个单词的文档。倒排索引是最简单的，实用的倒排索引还需记载更多的信息。在单词对应的倒排列表中，除了记录文档编号，还要记录单词频率信息，便于以后计算查询和文档的相似度。

（三）查询服务

在搜索引擎界面输入搜索词并单击"搜索"按钮后，搜索引擎程序开始对搜索词进行以下处理：分词处理、根据情况对是否需要启动整合搜索进行判断、找出错别字和拼写中出现的错误、删除停止词。接着，搜索引擎程序把包含搜索词的相关网页从索引数据库中找出，而且对网页进行排序，并按照一定格式返回到搜索页面。查询服务最核心的部分是搜索结果排序，其决定了搜索引擎的质量和用户满意度。影响搜索结果排序的因素很多，但最主要的因素之一是网页内容的相关性。影响相关性的主要因素包括如下五个方面。

1．关键词常用程度

经过分词后的多个关键词对整个搜索词的意义贡献并不相同。越常用的词对搜索词的意义贡献越小，越不常用的词对搜索词的意义贡献越大。常用词发展到一定极限就是停止词，对页面不产生任何影响。所以，搜索引擎用词的加权系数高，常用词的加权系数低，排名算法更多关注的是不常用的词。

2．词频和密度

通常情况下，搜索词的密度和其在页面中出现的次数呈正相关关系，次数越多，说明密度越大，页面与搜索词关系越密切。

3．关键词的位置和形式

关键词出现在比较重要的位置，如标题标签、H1 标签等，或者关键词的格式如黑体等，说明页面与关键词越相关。在索引库的建立中曾提到，页面关键词出现的格式和位置都被记录在索引库中。

4．关键词的距离

关键词被切分之后，如果匹配地出现，说明其与搜索词相关程度越大。例如，当"搜索引擎"在页面上连续完整的出现或者"搜索"和"引擎"出现时距离比较近，都被认为其与搜索词相关。

5．链接分析和页面权重

页面之间的链接和权重关系也影响关键词的相关性，其中最重要的是锚文字。页面有越多以搜索词为锚文字的导入链接，说明页面的相关性越强。链接分析还包括链接源页面本身的主题、锚文字周围的文字等。

四、搜索引擎的搜索方式

搜索方式是搜索引擎的一个关键环节，大致可分为四种：全文搜索、元搜索、垂直搜索和目录搜索，它们各有特点并适用于不同的搜索环境。所以，灵活选用搜索方式是提高搜索引擎性能的重要途径。全文搜索是利用爬虫程序抓取互联网上所有相关文章并予以索引的搜索方式；元搜索是基于多个搜索引擎结果并对之整合处理的二次搜索方式；垂直搜索是对某一特定行业内数据进行快速检索的一种专业搜索方式；目录搜索是依赖人工收集处理数据并置于分类目录链接下的搜索方式。

（一）全文搜索

一般网络用户适合使用全文搜索。全文搜索方式方便、简捷，并容易获得所有相关信息。但搜索到的信息过于庞杂，因此用户需要逐一浏览并甄别出所需信息。在用户没有明确检索意图情况下，全文搜索方式非常有效。

（二）元搜索

元搜索适用于广泛、准确地收集信息。不同的全文搜索引擎的性能和信息反馈能力存在差异，导致其各有利弊，元搜索引擎的出现恰恰解决了这个问题。元搜索有利于各基本搜索引擎间的优势互补，且有利于对基本搜索方式进行全局控制，引导全文搜索的持续改善。

（三）垂直搜索

垂直搜索适用于在有明确搜索意图的情况下进行检索。例如，用户购买机票、火车票、汽车票时，或想要浏览网络视频资源时，都可以直接选用行业内专用的搜索引擎，以准确、迅速地获得相关信息。

（四）目录搜索

目录搜索是网站内部常用的检索方式。目录搜索方式是对网站内信息进行整合处理并分目录呈现给用户，其缺点在于用户需预先了解本网站的内容，并熟悉其主要模块构成。总之，目录搜索方式的适用范围非常有限，且需要较高的人工成本来支持和维护。

五、搜索引擎的主要特点

搜索引擎主要具有以下特点。

（一）信息抓取迅速

在大数据时代，网络产生的信息浩如烟海，往往令人无所适从，难以得到自己需要的信息资源。在搜索引擎技术的帮助下，利用关键词、高级语法等检索方式就可以快速捕捉到相关度极高的匹配信息。

（二）深入开展信息挖掘

搜索引擎在捕获用户需求信息的同时，还能对检索的信息加以一定维度的分析，以引导用户对信息的使用与认识。例如，用户可以根据检索到的信息条目判断检索对象的热度，根据检索到的信息分布找到高相关性的同类对象，或者利用检索到的信息得到解决方案，等等。

（三）检索内容多样化

搜索引擎技术日益成熟，当代搜索引擎技术几乎可以支持各种数据类型的检索，例如自然语言、智能语言、机器语言等各种语言。目前，不仅视频、音频、图像可以被检索，而且人类面部特征、指纹、特定动作等也可以被检索到。可以想象，在未来几乎一切数据类型都可能成为搜索引擎的检索对象。

六、搜索引擎的体系结构与功能模块

（一）搜索引擎的基本结构

搜索引擎一般包括搜索器、索引器、检索器和用户接口四部分。

1. 搜索器

搜索器也叫网络蜘蛛，是搜索引擎用来爬行和抓取网页的一个自动程序，在系统后台不停歇地在互联网各个节点爬行，在爬行过程中尽可能快地发现和抓取网页。

2. 索引器

索引器的主要功能是理解搜索器所采集的网页信息，并从中抽取索引项。

3. 检索器

检索器的功能是快速查找文档，进行文档与查询的相关度评价，对要输出的结果进行排序。

4．用户接口

用户接口为用户提供可视化的查询输入和结果输出的界面。

（二）搜索引擎的功能模块

搜索引擎中各关键功能模块的功能简介如下。

（1）爬虫：从互联网爬取原始网页数据，存储于文档知识库服务器。

（2）文档知识库服务器：存储原始网页数据，通常是分布式Key-Value（键-值）数据库，能根据URL/UID（统一资源定位器/用户身份证明）快速获取网页内容。

（3）索引：读取原始网页数据，解析网页，抽取有效字段，生成索引数据。索引数据的生成方式通常是增量的、分块/分片的，并会进行索引合并、优化和删除。生成的索引数据通常包括字典数据、倒排表、正排表、文档属性等。生成的索引存储于索引服务器。

（4）索引服务器：存储索引数据，主要是倒排表，通常是分块、分片存储，并支持增量更新和删除。数据内容量非常大时，还根据类别、主题、时间、网页质量划分数据分区和分布，更好地服务在线查询。

（5）检索：读取倒排表索引，响应前端查询请求，返回相关文档列表数据。

（6）排序：对检索器返回的文档列表进行排序，基于文档和查询的相关性、文档的链接权重等属性。

（7）链接分析：收集各网页的链接数据和锚文本（anchor text），以此计算各网页链接评分，最终作为网页属性参与返回结果排序。

（8）网页去重：提取各网页的相关特征属性，计算相似网页组，提供离线索引和在线查询的去重服务。

（9）网页反垃圾：收集各网页和网站历史信息，提取垃圾网页特征，从而对在线索引中的网页进行判定，去除垃圾网页。

（10）查询分析：分析用户查询，生成结构化查询请求，指派到相应的类别、主题数据服务器进行查询。

（11）页面描述/摘要：为检索和排序完成的网页列表提供相应的描述和摘要。

（12）前端：接受用户请求，分发至相应服务器，返回查询结果。

七、搜索引擎的关键技术

搜索引擎的工作流程主要分为数据采集、数据预处理、数据处理、结果展示等阶段。在各工作阶段分别使用了网络爬虫、中文分词、大数据处理、数据挖掘等技术。

（一）网络爬虫

网络爬虫也称为网络蜘蛛或者网络机器人，是搜索引擎抓取系统的重要组成部分。网络爬虫根据相应的规则，以某些站点作为起始站点，通过各页面上的超链接遍历整个互联网，利用 URL 引用，根据广度优先遍历策略，从一个 HTML 文档爬行到另一个 HTML 文档来抓取信息。

（二）中文分词

中文分词是中文搜索引擎中一个相当关键的技术，在创建索引之前，需要将中文内容合理地进行分词。中文分词是文本挖掘的基础，对于输入的一段中文，成功地进行中文分词，可以达到计算机自动识别语句含义的效果。

（三）大数据处理

大数据处理是指通过运用大数据处理计算框架，对数据进行分布式计算。由于互联网数据量相当庞大，需要利用大数据处理技术来提高数据处理的效率。在搜索引擎中，大数据处理技术主要用来执行对网页重要度进行打分等数据计算。

（四）数据挖掘

数据挖掘是指采用自动或半自动的建模算法，在海量的数据中寻找隐藏的信息，是从数据库中发现知识的过程。数据挖掘一般与计算机科学相关，并通过机器学习、模式识别、统计学等方法来实现知识挖掘。在搜索引擎中主要是进行文本挖掘，搜索文本信息需要理解人类的自然语言，文本挖掘是指从大量文本数据中抽取隐含的、未知的、可能有用的信息。

资料来源：百度百科. 营销型网站[EB/OL]. https://baike.baidu.com/ item/%E6%90%9C%E7%B4%A2%E5%BC%95%E6%93%8E/104812?fr=aladdin.

第二节　搜索引擎优化概述

一、搜索引擎优化的概念

搜索引擎优化（search engine optimization，SEO）是一种通过分析搜索引擎的排名规律，了解各种搜索引擎怎样进行搜索、怎样抓取互联网页面、怎样确定特定关键词的搜索结果排名的技术。

网站搜索引擎优化的任务主要是认识与了解搜索引擎怎样抓取网页、怎样索引、怎样确定搜索关键词等相关技术，并以此有针对性地优化本网站内容，确保其能够与用户浏览习惯相符合，并且在不影响网民体验的前提下使其搜索引擎排名得以提升，吸引更多的用户访问网站，进而使该网站的访问量得以提升，最终提高本网站的宣传能力或者销售能力，从而提升网站的品牌效应。基于搜索引擎优化处理，其实就是让搜索引擎更易接受本网站。搜索引擎往往会比对不同网站的内容，再通过浏览器把内容以最完整、直接及最快的速度提供给网络用户。

二、搜索引擎优化方法分类

搜索引擎优化的技术手段主要有白帽（white hat）和黑帽（black hat）两大类。

（一）白帽方法

搜索引擎优化的白帽方法遵循搜索引擎的接受原则。它们的建议一般是为用户创造内容，让这些内容易于被搜索引擎机器人索引，并且不会对搜寻引擎系统"耍花招"。由于网站开发人员在设计或构建网站时出现失误而导致该网站排名靠后时，白帽方法可以发现并纠正错误，如机器无法读取的选单、无效链接、临时改变导向、效率低下的索引结构等。

（二）黑帽方法

黑帽方法通过欺骗技术和滥用搜索算法来推销毫不相关、主要以商业为着眼的网页。黑帽搜索引擎优化的主要目的是让网站得到它们所希望的排名，进而获得更高的曝光率，这可能产生令普通用户不满的搜索结果。因此搜索引擎一旦发现使用黑帽技术的网站，轻则降低其排名，重则将其从搜索结果中永远剔除。选择黑帽搜索引擎优化服务的商家，一部分是因为不懂技术，在没有明白搜索引擎优化价值所在的情况下被服务商欺骗；另一部分则只注重短期利益，存在"赚一笔就走人"的心态。

三、搜索引擎优化策略

搜索引擎优化策略简单介绍如下。

（一）主题要明确，内容要丰富

在设计制作网站之前，要清晰设定网站的主题、用途和内容。根据不同的用途来定位网站特性，可以是销售平台，也可以是宣传网站。网站主题必须明确突出，内容丰富饱满，以符合用户体验为原则。对于一个网站来说，优化网站的主题与实际内容才是最重要的。专注于某些领域变化的网站，应及时更新。

（二）引出链接要人气化

搜索引擎判断网站好坏的一个标准是外部链接的多少以及所链接的网站质量。创建有人气化的、有意义的引出链接，提高链接广泛度，既能提高网站在搜索引擎的排名，也可以起到互相宣传的作用。研究表明，当一个网站的链接 PR（PageRank，网页级别）值达到 4~6 时，说明该网站比较受欢迎；当链接 PR 值达到 7 以上时，说明该网站的质量与知名度都很高。一个网页被其他网页链接得越多，那么该网页越有可能是最新和最有价值的高质量网页。尽可能增加与行业网站、地区商务平台和合作伙伴网站之间的链接，被 PR 高的网站引用能更快地提高本网站的 PR，同时开发人员可以在访问量较大、PR 值较高的网站上发表与网站主题以及业务相关的信息，吸引浏览其他网站的用户访问自己的网站，即通过外部链接来提高网站的访问量。

（三）关键词设定要突出

网站的关键词非常重要，它决定网站是否能被用户搜索到，因此在关键词的选择上要特别注意。选择关键词时要遵循一定的原则，如关键词要突出；关键词要与网站主题相关，不要一味地追求热门词汇；避免使用含义很广的一般性词汇；根据产品的种类及特性，尽可能选取具体的词；选取人们在使用搜索引擎时常用的与网站所需推广的产品及服务相关的词等。5～10 个关键词是比较适中的，密度可为 2%～8%。要重视在页面标题（page title）、段落标题（heading）这两个网页中最重要、最显眼的位置体现关键词，还可在网页内容、图片的 alt 属性、META 标签等网页描述上设置关键词。

（四）网站架构层次要清晰

网站结构要尽量避免采用框架结构，导航条尽量不使用 Flash 按钮。对于网站架构设计，有以下几点建议。首先，要重视网站首页的设计，因为网站的首页被搜索引擎检测到的概率要比其他网页大得多。通常要将网站的首页文件放在网站的根目录下，因为根目录下的检索速度最快。其次，要注意网站的层次（即子目录）不宜太多，一级目录不超过两个层次，详细目录不超过四个层次。最后，网站的导航尽量使用纯文字，因为文本要比图片表达的信息更多。

（五）页面容量要合理化

网页分为动态网页与静态网页两种，动态网页即具有交互功能的网页，也就是通过数据库搜索返回数据，这样搜索引擎在搜索时所费的时间较长，而且一旦数据库中的内容更新，搜索引擎抓取的数据便不再准确，所以搜索引擎很少收录动态网页，动态网页的排名结果也不好。静态网页不具备交互功能，即单纯的信息介绍，搜索引擎在搜索时所费时间短，而且准确，所以愿意收录，静态网页的排名结果比较好。所以网站要尽量使用静态网页，减少使用动态网页。网页容量越小，显示速度越快，对搜索引擎蜘蛛程序的友好度越高，因而在制作网页时要尽量精简 HTML 代码，通常网页容量不超过 15KB。动态网页中的 JavaScript 和 CSS 尽可能与网页分离。应该鼓励遵循 W3C（万维网联盟）的规范，使用更规范的 XHTML 和 XML 作为显示格式。

（六）网站导航要清晰化

搜索引擎是通过专有的蜘蛛程序来查找出每一个网页上的 HTML 代码，当网页上有链接时就逐个搜索，直到没有指向任何页面的链接。蜘蛛程序访问完所有的页面需要花费很长的时间，所以网站的导航应便于蜘蛛程序进行索引收录。可根据自己的网站结构，制作网站地图 sitemap.html，在网站地图中列出网站所有子栏目的链接，并将网站中所有的文件放在网站的根目录下。网站地图可增加搜索引擎的友好度，让蜘蛛程序快速访问整个站点上的所有网页和栏目。

（七）网站发布要更新

为了更好地实现与搜索引擎对话，应将经过优化的企业网站主动提交到各搜索引擎，让其免费收录，争取较好的自然排名。一个网站如果能够进行有规律的更新，那么搜索引擎更容易收录。因而合理地更新网站也是搜索引擎优化的一个重要方法。

四、搜索引擎优化的优势

搜索引擎优化的优势主要体现在以下方面。

（一）价格优势

长期看来，相比于关键词推广来说，搜索引擎优化需要做的只是维护网站，保证网站具有关键词优势，并不需要为用户的每一次点击付费，因此关键词要便宜许多。另外，搜索引擎优化可以忽略搜索引擎之间的独立性，即使只针对某一个搜索引擎进行优化，网站在其他搜索引擎中的排名也会相应提高，达到了企业在关键词推广中需要重复付费才能达到的效果。

（二）管理简单

如果企业将网站搜索引擎优化的任务交给专业服务商，那么企业在网站管理上基本不需要再投入人力，只需不定期地观察企业在搜索引擎中的排名是否稳定即可。而且，这种通过修改自身达到的自然排名效果，让企业无须担心恶意点击的问题。

（三）稳定性强

进行搜索引擎优化之后，只要网站维护得当，那么在搜索引擎中排名的稳定性会非常强，很长时间都不会变动。

五、搜索引擎优化的发展问题

搜索引擎优化在国外发展迅速，国内也有众多的优化爱好者。他们通过各种方式进行优化工作与学习，不断进步。国内的网站建设运营者对于搜索引擎优化也越来越重视，相信会有越来越多的人加入这个领域。

搜索引擎优化技术随着互联网的发展迅速崛起，在我国的搜索引擎优化技术发展道路上，尚存在着诸多的盲点，具体如下。

（一）关键词排名乱收费

搜索引擎优化行业尚不成熟，竞价关键词没有统一的标准，于是就会出现乱收费的现象，从而导致恶意竞争，行业收费标准混乱。

（二）搜索引擎优化效果不稳定

搜索引擎优化排名上下浮动是很正常的。搜索引擎在不断地变换自身的排名算法，这样也相对增加了搜索引擎优化的难度。

（三）首页排名具有局限性

搜索引擎首页的自然排名个数有限，通常只有十几个，竞争激烈。

（四）面临遭受惩罚的风险

网站优化稍有不慎就会被搜索引擎惩罚，所以还需要加强搜索引擎优化技术，避免使用不当的手段，而导致不必要的后果。

六、搜索引擎优化的意义

随着网络的发展，网站的数量已经数以亿计，互联网上的信息量呈爆炸式增长，加大了人们寻找目标信息的难度，而搜索引擎的出现给人们寻找信息带来极大的便利，已经成为不可或缺的上网工具。

根据人们的使用习惯和心理，在搜索引擎中排名越靠前的网站，被点击的概率就越大，相反，排名越靠后，得到的搜索流量就越少。据统计，全球 500 强的公司中，有 90%以上在公司网站中导入了 SEO 技术。

一般的网络公司因缺乏专业的营销知识和理念，仅从技术的角度出发为客户建造网站，美工只管设计美观的网站，程序员只管实现客户要求的功能模块，这样做出来的网站是有缺陷的，不符合搜索引擎的收录要求，所以必须对网站进行全面的、有针对性的优化。

百度百科. 搜索引擎优化[EB/OL]. https://baike.baidu.com/item/%E6%90%9C%E7%B4%A2%E5%BC%95%E6%93%8E%E4%BC%98%E5%8C%96/3132.

第三节　案例分析一[①]

一、网站基本情况分析

（一）背景介绍

名创优品（MINISO）于 2013 年由湖北籍企业家叶国富与日本青年设计师三宅顺也（Miyake Junya）合作创办，是全球"生活优品消费"领域的开拓者和领导者。2013 年，

---

① 资料来源：名创优品[EB/OL]. https://www.miniso.cn/.

名创优品由中国广州财团引进，开始正式全面入驻中国，首探最有活力的广东生活消费市场。2013 年 9 月，名创优品的"中国一号店"在广州开业，随后，在短短的时间内，相继在广州、深圳、上海、北京、沈阳等城市落地开花，成功打开中国市场的大门。

名创优品奉行简约、自然、富有质感的生活哲学，设计制造"货真价实"的商品，在商品开发的同时兼顾有关地球资源、环境、回收等问题，真正做到回归自然，还原产品本质。

2020 年，名创优品全新出发，品牌被赋予更丰富的含义。5 月 16 日，名创优品推出全新的品牌口号：只管撒野，名创优品。名创优品相信，如果每个人都能撒点野，世界会更美好。畅想未来，名创优品的愿景是成为更懂年轻人，有态度、有温度的日用消费品牌。

（二）关键词分析

通过头脑风暴、群体决策等工具，根据名创优品的网站名称、网站的产品线、业务线、网站经营特点，网站运营人员和产品经理等预先设想出近 20 个可能搜到该网站主页的关键词，如名创优品、创意家居、优品、名创、时尚配饰、IP 授权、MINISO 等。结果在实际搜索操作中，绝大部分关键词无法链接到有效的主页，仅有"名创优品""优品""名创"等几个关联度很高的关键词可以在百度、搜狗搜索引擎中找到。网站建设中，主页代码中有效关键词过少，影响了网站被公众搜索的概率，不利于网站的网络营销，影响了网站的效益。因此，对名创优品网站的优化非常必要。

（三）网站数据分析

本例主要从网站排名、综合权重和关键词排名、网站子域名权重、友情链接、竞争网站五方面对网站数据进行分析，分析的主要工具是站长工具（网址为 https://tool.chinaz.com/）。

1．网站的 Alexa 排名

通过图 3-1～图 3-3，可以清楚地了解名创优品网站在 Alexa 的排名情况、miniso.cn 的关联网站和同类网站以及 Alexa 排名走势。

图 3-1　Alexa 排名

图 3-2　miniso.com 的关联网站和同类网站

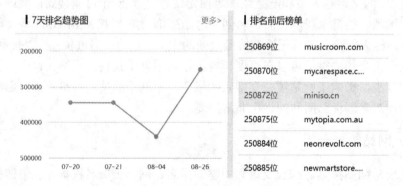

图 3-3　Alexa 排名走势

2. 综合权直和关键词排名

通过图 3-4 和图 3-5 可以得知 www.miniso.cn 的综合权重以及百度关键词排名情况。

综合	权重	关键词数	第一页	第二页	第三页	第四页	第五页
百度PC	2	52 (+1)	19 (0)	3 (0)	15 (0)	5 (0)	10 (+1)
百度移动	2	39 (0)	0 (-1)	8 (-2)	10 (+5)	11 (-2)	10 (0)
360PC	1	11 (+2)	6 (-1)	2 (+2)	1 (0)	2 (+1)	0 (0)
360移动	2	50 (-41)	18 (-1)	5 (-14)	2 (-17)	11 (-8)	14 (-1)
神马	1	3 (0)	2 (0)	0 (0)	1 (+1)	0 (-1)	0 (0)
头条	1	8 (-3)	0 (-2)	5 (+2)	0 (-2)	1 (-2)	2 (+1)
搜狗PC	2	28 (-5)	8 (-2)	2 (-1)	5 (0)	6 (-1)	7 (-1)
搜狗移动	2	19 (-15)	13 (+1)	0 (-6)	0 (-8)	4 (0)	2 (-2)

图 3-4　综合权重查询

百度top10关键词		查看更多>	360top10关键词		查看更多>
百度关键词	指数	排名	百度关键词	指数	排名
名创优品	390	1	名创优品	445	1
miniso	157	1	miniso	157	1
名创优品官网	83	1	名创优品官网	78	1
miniso名创优品	73	1	名创优品官网	78	2
名创	11	1	miniso名创优品	62	2
--	0	0		0	0
--	0	0		0	0
--	0	0		0	0
--	0	0		0	0
--	0	0		0	0

词库分析				
■ 百度pc 127	■ 百度移动 126	■ 360pc 15	■ 360移动 0	■ 神马 16

图 3-5 百度关键词排名

3. 网站子域名权重汇总

通过图 3-6 和图 3-7 可以得知 www.miniso.cn 的子域名权重以及权重的规则。

序号	子域名	百度PC权重	百度PC流量	百度移动权重	百度移动流量
1	miniso.cn	3	417~667 IP	4	775~1237 IP
2	www.miniso.cn	2	326~522 IP	2	199~317 IP
3	m.miniso.cn	2	90~144 IP	3	571~911 IP
4	t-pc.miniso.cn	1	1~1 IP	0	0~0 IP
5	pc.miniso.cn	0	0~0 IP	0	0~0 IP

图 3-6 子域名权重

工具简介

一键查询网站百度PC移动权重,360PC移动权重,神马权重信息 以及网站子域名权重信息汇总。
权重的规则:

权重0	无	权重1	预计流量1~99
权重2	预计流量100~499	权重3	预计流量500~999
权重4	预计流量1000~4999	权重5	预计流量5000~9999
权重6	预计流量10000~49999	权重7	预计流量50000~199999
权重8	预计流量200000~999999	权重9	预计流量1000000以上

图 3-7 权重的规则

4．友情链接查询结果

通过图 3-8 和图 3-9 可以得知 www.miniso.cn 的反向链接数以及具体的反向链接网站信息。

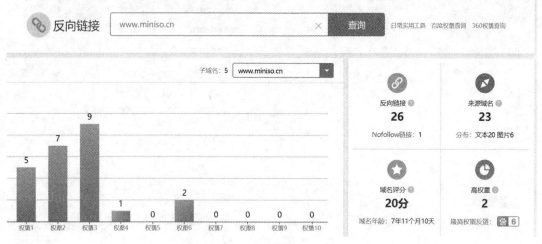

图 3-8　反向链接查询

序号	反链域名	权重	nofollow	链接名称	反链数
1	http://www.chinasspp.com/brand/166010	6	是	www.miniso.cn/chinese/inde...	2208
2	http://qy.58.com/mq/58010278384909	6	否	http://www.miniso.cn/	6307
3	https://jdjyw.jlu.edu.cn/index.php?r=fron...	4	否	http://www.miniso.com	131
4	http://ccrea.com.cn	3	否	◆◆◆◆◆◆3	0
5	http://www.cxgzchina.org	3	否	名创优品：叶国富	3
6	http://www.ccrea.com.cn	3	否	◆◆◆◆◆◆3	23
7	https://www.szcmh.cn	3	否	名创优品	2
8	https://miniso.com	3	否	简体中文	1
9	https://www.miniso.com	3	否	简体中文	52
10	http://022mt.cn	3	否	图片链接	0

图 3-9　反向链接信息

5．竞争网站分析结果

通过图 3-10 可以得知 www.miniso.cn 的竞争网站信息。相关的竞争网站有 30 个，详情可参见 https://tool.chinaz.com/vie/www.miniso.cn。

当前位置： 站长工具 > 竞争网站分析

| www.miniso.cn | ✕ | **查看分析** | 查询记录 ∨ |

分析结果 | 网站分类: 招商加盟 🖉

查询找到 30 条与 "www.miniso.cn" 相关的竞争网站，百度PC关键词数

竞争网站	PC权重	预计来路	PC词数	重合关键词数	重合率	被重合率
www.kmway.com	🐾5	4391 ~ 7015	35133	8	13%	0%
www.1637.com	🐾6	30746 ~ 49114	76782	3	5%	0%
www.jiameng.cn	🐾3	658 ~ 1050	3321	3	5%	0%
www.fhzhijiao.cn	🐾2	126 ~ 202	864	3	5%	0%
hao.kujiameng.com	🐾2	119 ~ 189	2957	3	5%	0%
www.kpzx.net.cn	🐾2	81 ~ 129	462	3	5%	0%

图 3-10 竞争网站分析

二、优化策略

根据对名创优品网站相关数据的分析，制定如下优化战略。

（一）主页网站内容优化

1．网页标题优化

在网页代码中，位于<title></title>标签之间的部分为标题，名创优品网页的标题形式为<title>MINISO</title>。网页标题是对网页的高度概括，名创优品的网页标题仅仅包括网站的名称，而没有网站核心业务或者相关描述，这对搜索排名不利。因此，为了提高网站在搜索结果中的排名，应适当对标题的内容进行补充，如<title>名创优品 MINISO</title>，优化后的标题会大大提高网站的搜索排名。优化前，只能通过 MINISO 搜索到官网主页，而优化后，搜索名创优品和 MINISO 都会在搜索结果中出现名创优品的官网链接。

2．META 标签优化

在网页源代码中，< META></ META>标签中的 keywords 和 description 的 content=""中的内容是可以出现在搜索结果中的。相比淘宝网，名创优品官网中 keywords 的描述都相当简单，这正是它很难出现在百度排名中的重要原因。因此，把"名创中国""加盟名创""加盟名创优品""名创官网""名创优品""名创优品官网"等关键字加到 description 中，再利用以上关键字进行搜索时，就会在搜索结果中显示名创优品网站，效果要比 description 仅用"名创优品商品信息店铺信息"好得多。

（二）利用搜索引擎广告

1．利用百度竞价排名

根据名创优品的公司战略需要，可以适当地利用百度竞价排名的搜索引擎广告形式，

加大搜索引擎广告的营销力度。利用付费的百度搜索引擎竞价排名，在用户检索信息时，投放的广告信息会优先于自然搜索结果显示。

2．利用 Google 关键词广告

Google 关键词广告出现在搜索结果的右侧，标有"赞助商链接"。Google AdSense 是基于内容定位的关键词广告，Google AdSense 的会员可在搜索结果中展示自己的广告，名创优品投放关键词广告，有助于进一步提高 Google 排名。

三、总结

名创优品网站的设计在风格上呼应了"简约、自然、富质感"的品牌理念，色彩种类很少但又不单调，因为品牌所追求的就是随心所欲。网站的排版很清晰，采用了复合式网页结构，包含信息量大而不乱，分类简单齐全，用户能够很快捷地找到目标页。网站功能与内容较全面，但有一些细节（如网站的语言）没有照顾到所有的浏览者，需要改进。

名创优品网站做出了属于自己的风格和创意，但随着时代的进步，需要不断地修缮并加以改进。

第四节　案例分析二[①]

搜索引擎优化有什么作用？试想一下，假如你开了一家手机维修店，但由于各种原因，不得不关门歇业，若此时顾客的手机坏了，就没办法线下找人维修，该怎么办？顾客可能会在网上搜索"手机维修"，或者在相关 App 上寻找维修业务。假如你在几年前就发现顾客有这个行为，从而意识到这个市场需求，并早已让专业建网站的公司做了一个服务网站。顾客在搜索引擎中搜索时，网页列出很多个手机维修网站，你的网站刚好排在第一位，因为你的网站优化符合搜索引擎的规则，所以搜索排名靠前，容易被顾客看到。这就是搜索引擎优化的作用。

下面以百度搜索引擎优化为例进行介绍。

用户在网上寻找手机维修服务的流程一般为：打开百度网页→输入"手机维修"并搜索→从上到下浏览搜索结果的标题与描述→选择最符合预期的链接→进入手机维修网站→了解所关心的一切→确认专业靠谱→找到联系电话→预约上门服务→成功交易。

根据上述流程，以下因素可使交易最终成功。

（1）网站需要有一个好的搜索排名，让用户能第一时间找到。最好在搜索结果的前三页，因为只有不到 1% 的人会翻到第四页。

（2）需要一个好标题，展现到排名上，吸引用户选择。

（3）需要一个好的内容页面，满足用户需求，快速引导下单。

[①] 资料来源：微信. 川农松二 SEO 搜索引擎优化之：网站如何做排名？[EB/OL]. https://mp.weixin.qq.com/s/MZ8sbUt2h-se8324iS47gQ.

以上三点，运营人员能优化的只有后面两点，因为搜索排名由搜索引擎决定。

怎样才能写出好的标题与内容，并让更多的用户看到你的网站呢？下面分为网站内部（内容与标题）优化与网站外部（外部链接）优化两部分进行介绍。

一、网站内部优化

网站最简单的基本结构如图 3-11 所示。

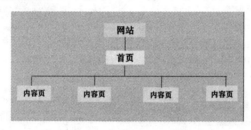

图 3-11　网站基本结构

（一）内容优化

网站是由多个网页组成的，每个网页（首页和内容页）都由多篇内容组成，内容又由文字、图片、视频、音频组成，而用户最终是通过内容来了解公司及其业务。

如何创造出用户喜欢的内容？有以下方法。

方法一，换位思考。站在用户的角度思考，用户想购买这个产品或服务，会问哪些问题？想得到哪些关键信息？还是以手机维修为例。假如用户的手机坏了，想要在网上找人上门维修，或者寄到维修方进行维修，用户大概会想到下面三个要求。

❑　能马上维修。

❑　价格优惠。

❑　专业靠谱。

方法二，通过互联网上的一些工具来发现用户需求。例如，在百度中搜索"手机维修"，会出现用户近期搜索的相关热词，如图 3-12 所示。

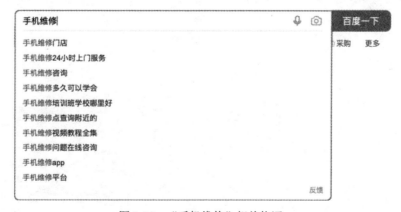

图 3-12　"手机维修"相关热词

- ❑ 手机维修门店。
- ❑ 手机维修 24 小时上门服务。
- ❑ 手机维修咨询。
- ❑ 手机维修多久可以学会。

方法三，百度搜索"手机维修"，了解搜索结果前几名，以此推断，百度搜索引擎认为用户搜索这个词时最想了解的结果，如图 3-13 所示。

图 3-13　百度搜索"手机维修"结果截图

方法四，在百度指数（网址为 https://index.baidu.com）搜索"手机维修"，查看图谱需求，如图 3-14 所示。这是百度给站长们提供的一个了解行业趋势的工具，可提取出近一年的相关需求词，根据关联强度排序。

图 3-14　百度指数查询"手机维修"图谱需求截图

❑ 苹果手机维修。

❑ 深圳手机维修。

❑ 三星手机维修。

❑ 三星维修。

通过以上四种方法，从不同角度发现了各种新词，如果只挖掘一种渠道的需求，会对用户少很多了解。当然，还有其他平台（如知乎、微博、360 搜索、头条搜索、微信搜索等）可以让我们更好地挖掘用户需求。

把上面得出的几个结论综合整理一下，便会发现用户需求主要集中在以下几点（按重要程度排序）。

❑ 附近维修。

❑ 维修价钱公道。

❑ 维修电话。

❑ 免费维修视频。

❑ 免费咨询问题。

❑ 各大品牌手机相关维修信息。

按照这样的需求顺序，从上到下来设计网站首页与内容页。

1．附近维修

如果业务范围是覆盖全城的，以北京为例，可以在网站首页上方最显眼的位置，用文字或图片的形式表明"20 分钟北京全城闪速到家维修，迟到一分钟免费服务，全天 24 小时不打烊"。以此让用户放心，保证会尽快上门服务，让用户手机尽快恢复正常。

其次，在口号下方公示相关资质证书，如营业执照、师傅认证、公司荣誉等，用来表明公司的信用度。此时首页如图 3-15 所示。

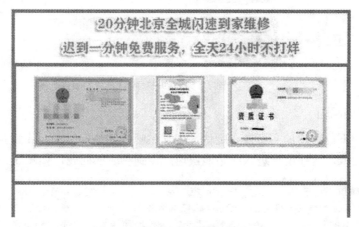

图 3-15 首页维修承诺和资质证书

2．维修价钱公道

可以制作一张价目表，根据手机型号、维修地点、维修项目明码标价，并以文字、表格或图片的形式放在网站首页的中上位置，让用户一目了然。

3．维修电话

在网站首页的中下位置，将电话标写出来，如图 3-16 所示。

24小时维修热线：023–888888　师傅咨询：13555555555

图 3-16　首页电话

4．免费维修视频

动手能力强的网民可能想搜索免费的维修视频教程，解决方案是在网站首页中间位置增加视频内容版块，用来发布手机维修讲解视频。如图 3-17 所示，在首页贴出视频画面+标题描述的视频链接。

无图纸修手机教程,国产手机维修视频教程,安卓手机维修视频教程,修手机教程
来源：好看视频　发布时间：2020-08-07

手机维修视频教程全集
来源：好看视频　发布时间：2020-09-22

手机维修视频教程百度云
来源：B站　发布时间：2020-08-15

手机维修基础视频教程
来源：爱奇艺　发布时间：2020-08-03

新手自学手机维修第四课,如何拆机,拆机的注意事项和技巧
来源：好看视频　发布时间：2019-11-22

图 3-17　首页视频

5．免费咨询问题

在网站的中下位置增加文章发布版块，把从贴吧或其他问答平台收集到的相关问题及专业答案发布出来，这样用户进入网站能快速定位到相应的问题，如图 3-18 所示。

手机摔粉碎还能找回照片吗	坏手机在哪回收	手机坏了图片
手机屏幕坏了是修还是换手机	手机屏幕坏了怎么修	手机摔黑屏怎么导出资料
手机坏了怎么恢复	手机摔稀巴烂还能导出资料吗	手机坏了长佩

图 3-18　常见问题解决

6．各大品牌手机相关的维修信息

通过百度指数探求用户需求时，出现了苹果、华为、小米等手机品牌词，说明有些用户在搜索时目标非常明确。

根据这个思路，将带有手机品牌词的问题罗列出来，如图 3-19 所示。

苹果12promax死机屏幕无反应　苹果手机格式化死机了怎么办　苹果手机死机也不能关机怎么办
苹果手机无缘无故开不了机　苹果手机突然黑屏死机怎么办　苹果11死机屏幕无反应
iphone11死机怎么办屏幕不动　苹果手机开不了机是怎么回事　苹果手机还原死机了怎么办

图 3-19　品牌手机维修信息

最后，在网页底部加上网站的基本备案信息。这就是优化网站首页与内容页的一个思路，供读者参考。

（二）首页标题优化

首页标题会呈现在用户搜索结果中，如图 3-20 所示。

图 3-20　首页标题

首页标题是大多数用户搜索网站时最先看到的内容，想要用户进入网站，需要网站标题足够吸引人。

首先，根据用户需求（附近、维修价钱公道、维修电话、免费维修视频教程、免费咨询问题、各手机品牌相关的维修信息）列出关键词。其次，用这些关键词组成不同的标题。

需要注意的是，标题尽量控制在 30 字以内，用最少的词写出最有吸引力的标题，让用户一目了然，直戳用户痛点。

二、网站外部优化

搜索引擎优化行业有一句俗话称"内容为王，外链为皇"，意思就是不仅要做好网站内容，还要把外部链接做好。

最直接有效的一种方法就是建立友情链接，即寻找相似水平的同类型网站，进行链接交换。在双方网站的首页底部加上各自的相关关键字，然后为关键字加上链接，使其能跳转到对方的网站。在对方愿意交换的前提下，与其他网站相互链接数越多越好，其他网站质量越高越好，这也是搜索引擎判断一个网站是否高质量网站的规则之一，然后给出合理排名。

资料来源：微信. 川农松二 SEO 搜索引擎优化之：网站如何做排名？[EB/OL]. https://mp.weixin.qq.com/s/MZ8sbUt2h-se8324iS47gQ.

习　　题

一、选择题

1. 以下不属于外链作用的是（　　　）。
   A. 促成交易　　　　　　　　　B. 提高排名
   C. 破坏公司形象　　　　　　　D. 提高流量
2. 下列关于外链的说法，正确的是（　　　）。
   A. 每日外链随便发，没有数量要求
   B. 外链在一个平台发布即可，不用去其他平台
   C. 外链的平台账号只注册一个就好，不用注册太多
   D. 发布的外链有网民回复，应该与其互动
3. 关键词数量为（　　　）。
   A. 5～8　　　　　　　　　　　B. 1～2
   C. 10～20　　　　　　　　　　D. 越多越好
4. 网页页面的容量大小为（　　　）。
   A. 10MB　　　　　　　　　　　B. 1MB
   C. 100KB　　　　　　　　　　　D. 不超过 15KB
5. 理解搜索器所采集的网页信息，并从中抽取索引项，是（　　　）的功能。
   A. 搜索器　　　　　　　　　　B. 索引器
   C. 检索器　　　　　　　　　　D. 用户接口
6. （　　　）的功能是快速查找文档，进行文档与查询的相关度评价，对要输出的结果进行排序。
   A. 搜索器　　　　　　　　　　B. 索引器
   C. 检索器　　　　　　　　　　D. 用户接口
7. （　　　）为用户提供可视化的查询输入和结果输出的界面。
   A. 搜索器　　　　　　　　　　B. 索引器
   C. 检索器　　　　　　　　　　D. 用户接口

8．一般网络用户适用于（　　　）。

    A．全文搜索引擎　　　　　　　　　　B．元搜索引擎

    C．垂直搜索引擎　　　　　　　　　　D．目录搜索引擎

9．（　　　）适用于有明确搜索意图情况下检索。

    A．全文搜索引擎　　　　　　　　　　B．元搜索引擎

    C．垂直搜索引擎　　　　　　　　　　D．目录搜索引擎

10．SEO 是（　　　）的简写。

    A．search engine optimization　　　　B．senior executive officer

    C．systems evaluation office　　　　　D．seasoned equity offerings

二、名词解释

1．白帽方法

2．黑帽方法

3．网络爬虫

4．数据挖掘

三、简答题

接手一个网站，应该如何开展 SEO 外部推广？请简单阐述工作思路。

第四章 邮 件 营 销

本章知识点

（1）掌握邮件营销的定义、特点和分类。

（2）了解邮件营销的开展条件、邮件列表获取方式、效果评价。

本章技能点

（1）能够利用邮箱进行 E-mail 推广。

（2）能够在编辑邮件时避开一些邮件发送禁忌。

（3）能够根据效果评价指标得出邮件营销的效果。

（4）能够掌握 WordPress 网站邮件营销设置的一些方式。

职业核心能力

自我学习、信息处理、数字应用、与人交流、解决问题

知识导图

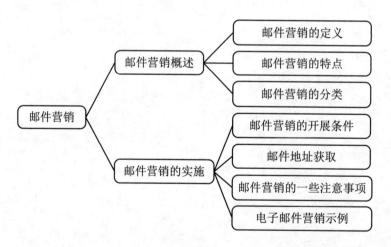

 引例

被滥用的 E-mail

追溯到互联网早期的电子邮件营销，也许在街边的某个地方，营销人员意识到他们可以给消费者的电子邮箱发广告，于是 E-mail 营销就开始被滥用了。

消费者发现他们收到了太多电子邮件，收件箱零未读邮件几乎不可能。因为受不了如

此多的电子邮件广告的"轰炸"，于是消费者开始使用垃圾邮件过滤器，拒绝接收广告邮件。由此，邮件的打开率越来越低。

【引例分析】

从历史上看，E-mail 一直是推动 ROI（投资回报率）增长的一个重要渠道。若干年前，E-mail 是营销人员使用的头号渠道。营销人员在开始时的定向很宽泛，随着经验的积累，其定向变得越来越精准。

但是随着时间的推移，E-mail 这个营销渠道变得不那么重要了。人们开始认为 E-mail 都是垃圾广告，于是取消订阅率一直居高不下。

Adknowledge 公司相信 E-mail 是一个非常有价值的营销渠道。Ben Legg（Adknowledge 的 CEO）鼓励营销人员在进行 E-mail 营销活动时坚持以下原则。

1．整合用户画像

E-mail 地址是识别用户的核心定位要点。通过这个基础的定位要点，可以广泛链接所有用户数据。营销人员可以只通过一个 E-mail 地址整理、收集到用户所有的移动网络使用数据、社交媒体和电子邮件数据，从而形成用户画像。这个整合的用户画像对广告定向非常有指导性。

2．坚持不懈

其他类型的识别（如网页 cookie）具有暂时性，但 E-mail 却是这些年来人们一直有在查看的。这意味着 E-mail 数据库比其他类型的追踪渠道相关度更持久。

3．整合消息

客户以及潜在客户的 ID 会伴随他们的网络应用，而 E-mail 是整个轨迹的核心，而且营销数据库允许营销公司方的广告主根据历史数据细分用户。因此，在正确的时间、正确的平台用正确的消息送达受众是非常容易的。例如，Instagram 的定制受众广告产品允许广告通过消费者的 E-mail 进行定向。

4．整合评估效果

长期跟踪客户群体，营销人员花费了多少财力与实践，以及获得了多少回报，都需要进行综合评估。E-mail 地址可以帮助营销人员实现跨营销平台整合相关数据。营销人员可以使用自动营销软件跨渠道统一所需要的后台数据。

资料来源：iCDO 互联网数据官.营销自动化终极指南：被忽略的电子邮件营销[EB/OL].（2018-03-05）[2018-03-05].https://cloud.tencent.com/developer/article/1050041.

第一节　邮件营销概述

一、邮件营销的定义

电子邮件营销（E-mail direct marketing，EDM），或 E-mail 营销，简称邮件营销。目前，行业内把邮件营销分为两种类型：一种是正常的邮件营销，即在用户事先许可的前提下，通过电子邮件的方式向目标用户传递价值信息的一种网络营销手段，可称之为许可式邮件营销；另一种是不被用户所允许的，如邮件群发，称之为非许可式邮件营销。

企业通过邮件营销软件和端口，向目标受众的邮箱发送营销邮件，如发送电子广告、新闻公告、产品信息、销售信息、市场调查等内容。进行邮件营销时，可以发送文本、图片、动画、音频、视频、超链接等，也可以直接发送 HTML 格式的企业网站或网店网页链接。

二、邮件营销的特点

邮件营销主要有以下四大特点。

（一）营销范围广

随着互联网的迅速发展，网民规模日益壮大，截至 2021 年 1 月，全球互联网用户数量已经超过 46.6 亿，我国网民数量达到 10.11 亿（截至 2021 年 6 月）。面对如此庞大的用户群，E-mail 营销作为现代广告宣传手段受到营销人员的重视。只要拥有足够多的 E-mail 地址，营销人员就可以在很短的时间内向数千万目标用户发送相关的电子邮件广告，营销手段的使用范围可以是中国全境甚至是全球。

（二）操作简便高效，成本低廉

E-mail 营销操作简单，只需基础的计算机知识，便可以快速制作和发送广告，一般在几个工作日内便可发送上亿封广告邮件。而且 E-mail 营销是一种低成本的营销方式，和传统的广告形式相比，其所有的费用支出更低。

（三）应用范围广，反馈率高

邮件广告的内容不受行业的限制，适用性更强。电子邮件具有信息量大、保存期长的特点，收藏和传阅简单方便。营销人员可以充分利用电子邮件本身具有的定向性，有针对性地向人群发送特定的广告邮件，从而使宣传一步到位，这样可以更有效地激发潜在消费者，明确营销目标，得到很好的效果。

（四）精准度高

电子邮件是点对点的传播，可以实现非常有针对性、高精准的传播。例如，营销人员可以针对某一特征的人群发送特定邮件，也可以根据需要按行业、地域等进行分类，然后针对目标客户进行邮件群发，使宣传更到位。

三、邮件营销的分类

邮件营销按不同的条件分为不同的类别，介绍如下。

（一）按照是否事先经过用户许可分类

按照发送信息是否事先经过用户许可划分，E-mail 营销分为许可式 E-mail 营销

（permission E-mail marketing，PEM）和未经许可式 E-mail 营销（unsolicited commercial E-mail，UCE）。未经许可式 E-mail 营销也就是通常所说的发送垃圾邮件。

（二）按照 E-mail 地址资源的所有权分类

潜在用户的 E-mail 地址是企业重要的营销资源。根据地址资源的所有权，可将 E-mail 营销分为内部 E-mail 营销和外部 E-mail 营销。内部 E-mail 营销是指企业利用一定方式获得用户自愿注册的资料来开展的 E-mail 营销；外部 E-mail 营销也称为 E-mail 广告，是指企业自身并不拥有用户的 E-mail 地址资料，无须管理和维护用户资料，通过专业服务商或可提供专业服务的机构所提供的 E-mail 来展开营销。

（三）按照营销计划分类

根据企业的营销计划，可将 E-mail 营销分为临时性的 E-mail 营销和长期的 E-mail 营销。临时性的 E-mail 营销包括不定期的产品促销、市场调研、节假日问候、新产品通知等；长期的 E-mail 营销通常以企业内部注册会员资料为基础，主要表现为新闻邮件、电子杂志、顾客服务等各种形式的邮件列表。

（四）按照 E-mail 营销的功能分类

根据 E-mail 营销的功能，可将其分为顾客关系 E-mail 营销、顾客服务 E-mail 营销、在线调查 E-mail 营销、产品促销 E-mail 营销等。

（五）按照 E-mail 营销的应用方式分类

按照是否将 E-mail 营销资源用于为其他企业提供服务划分，E-mail 营销分为经营性 E-mail 营销和非经营性 E-mail 营销两类。

第二节　邮件营销的实施

一、邮件营销的开展条件

E-mail 营销的定义中强调了三个基本因素：基于用户许可、通过 E-mail 传递信息和信息对用户有价值。三个因素缺少任意一个都不能称之为有效的 E-mail 营销。

（一）基于用户许可

基于用户许可的表现方式有很多，包含线上与线下两大类。线上收集 E-mail 地址的途径一般有网站用户在线注册、订阅等，线下收集 E-mail 地址的途径一般有参加展会、交换名片、线下活动收集、超市结账收集等。

用户线上注册时，发送确认邮件让其进行激活，可保证 E-mail 地址的准确性，同时增强用户对邮件的意识，提高许可性。

（二）通过 E-mail 传递信息

邮件营销的技术基础是通过 E-mail 传递信息。只有保证 E-mail 送达，才谈得上邮件营销。要保证群发邮件能够正确送达，最好选择专业的第三方 EDM 服务商。

（三）信息对用户有价值

许可式邮件营销的核心环节是向用户传递有价值的信息。基于用户许可的邮件群发不一定是邮件营销。只有具有良好的列相关性与数据分类，保证传递给用户有价值的信息，才称得上是真正的邮件营销。

将 E-mail 与 SNS、Mobile、Web 等进行整合，同时利用相应的分析工具和专业的 EDM 系统，获取更加详细的用户信息，然后有针对性地发送邮件。

二、邮件地址获取

实施邮件营销，保证有足够的邮件地址库是重中之重。下面讲解如何获得有效的邮件地址。

（一）在线订阅

在线订阅方法往往配合免费策略来执行。一般借助于免费赠送电子杂志、内部资料、优质资源等。通常只要提供的免费资源足够好，就能够引起目标用户的兴趣，让他们留下自己的邮箱。

（二）有奖调查

调查是获取邮箱的一个好方法，同时还能获取用户的其他信息。不过普通的调查活动已经很难引起用户的兴趣，如果想提高效率，就需要增加一些物质刺激，用户对于有奖调查还是非常有积极性的。需要注意的是，有奖调查要尽量增加奖项数量，提高参与用户的中奖率。如果能够实现百分百中奖，用户参与即有奖，就是最佳的有奖调查形式。

（三）网站注册

网站注册是获取邮箱的有效方法。如果营销人员没有网站，或是网站没有注册功能，可以考虑增加一些带注册功能的网站模块，如论坛社区、下载系统等，然后在这些模块里提供一些优质的资料，并设置成注册才可见。

（四）相互交换

如果营销人员已经获取一定量的邮件地址，可以考虑通过相互交换来获取新的地址。这是非常省时、省力，且高效、免费的好途径。

（五）网上搜集

网络上有很多免费的邮件地址库，如果有时间，营销人员可以慢慢搜集。另外，还有专门的邮件地址搜索软件，营销人员也可以尝试。

（六）软件生成

通过软件自动生成的邮件地址从质量到精准度都比较差，所以如果营销人员想进行比较精准的邮件营销，这个方法不太适合；如果营销人员是为了广泛撒网，不求精度，即可尝试。

（七）花钱购买

如果通过免费渠道搜集不到足够的邮件地址，可考虑花钱购买。现在的邮件地址库价格便宜，关键是要货比三家，尽量买精准一些的。

三、邮件营销的效果评价

通过对 E-mail 营销进行指标的监测和分析，不仅可以对 E-mail 营销的效果进行评价，还可以通过这些信息发现 E-mail 营销过程中的问题，从而对 E-mail 营销活动进行适当的控制。

（一）E-mail 营销的评价指标体系

1．用户资源评价指标

通过评价有效用户总数、用户增长率、用户退出率等指标，并统计每次发送的邮件列表，获取相关数据。

2．邮件信息传递评价指标

E-mail 营销过程中，信息传递的指标可分为送达率和退信率两种。为了保证信息正确无误地发送到用户手上，需要营销人员在每次发送邮件后，对发送的情况进行分析、跟踪，及时处理退信等问题。

3．用户接收信息过程指标

一般用用户在接收 E-mail 后的开信率、阅读率和删除率等指标来衡量用户接收信息的程度。

4．用户回应评价指标

E-mail 营销的最终结果关键在于用户的回应表现，用户的回应指标主要包含直接收益、点击率、转化率、转信率等。

（二）E-mail 营销的有效性分析

E-mail 营销效果的评价体系还不够完善，某些指标的获取还存在一些困难。对内部 E-mail 营销和外部 E-mail 营销进行效果评价的方式往往有着不相同的地方。E-mail 营销是长期性、连续性的活动，其有效性并不是通过一两次的活动就可以准确评估的，通常采取定性的分析方法。

1. 外部 E-mail 营销的有效性

外部 E-mail 营销的有效性分析主要体现在以下几个方面。

（1）E-mail 可送达尽可能多的目标用户电子邮箱。

（2）反应率指标不低于行业平均水平。

（3）以较少的投入获得较大的直接收益，或能达到期望目标。与此同时，外部 E-mail 营销还可以获取其他的效果，如网站访问量的变化、对产品或专业服务的附带宣传效果等。

2. 内部 E-mail 营销的有效性

内部 E-mail 营销的有效性分析主要体现在以下几个方面。

（1）稳定的后台技术保证。

（2）获得尽可能多的用户加入列表。

（3）保持 E-mail 营销资源稳步增长。

（4）信息送达率高，尽可能减少退信。

（5）E-mail 内容获得用户认可，有较高的阅读率。

（6）E-mail 格式获得用户认可。

（7）获得用户信任并产生高的回应率。

（8）用户资源对企业有长期营销价值。

（9）发挥多方面作用，综合应用效果好。

在实际中，E-mail 营销可能会因为企业资源、行业特征、企业经营情况等因素的差异而没有达到预期效果，并在开展了一段时间后没有改变，各种监测指标无法令人满意，而且在短时间内情况也无法改变，说明 E-mail 营销不是绝对成功的，E-mail 营销要根据实际的情况进行分析、总结和改造。

四、邮件营销的一些注意事项

进行邮件营销时需注意以下事项。

（一）选择合适的方式

发送邮件时，大概有三种方式可供选择。

1. 群发软件

使用群发软件成本较低，但成功率比较低。如果公司采取的是撒网式的推广，不要求精准率和送达率，则可以考虑用此方法。

2．自架邮件服务器

自架邮件服务器需要一定的投入，适合有实力建立自己的邮件服务器的公司操作。

3．找第三方公司

如果不需要经常发送邮件，则找第三方公司的性价比是非常高的。如果公司需要经常、大量地发送邮件，则可以考虑自架邮件服务器。

（二）保证内容质量

EDM 的目的是追求效果，而不是发送数量，所以不可以随便拼凑，乱发邮件。每一封邮件都应该经过精心策划。

（三）一个邮件地址只发一次

在发送邮件前，可以利用网络上的邮件地址去重软件过滤一遍邮件地址库，避免给同一个邮件地址发送太多的相同邮件。过多的相同邮件对于收件方来说都是垃圾邮件。

（四）只有一个收件人

收件人可以通过抄送地址得知自己收到的是群发邮件。因此，在发送邮件时，要确保收件人一栏中的名字是唯一的，不能出现很多抄送地址。

（五）注意发件人邮箱及姓名

据有关数据显示，有 60%的人是通过查看发件人邮箱及姓名决定是否打开此邮件的，所以一定要使用符合正常人用语习惯的发件人地址及姓名。随便编一个毫无意义的地址或发件人名字是非常不可取的。

（六）主题和内容要有针对性

邮件要围绕用户的需求来写，不要写不相干的内容。前三行的内容具有概括性，要确保能够吸引用户，这样用户才能将邮件看完。

（七）注意内容格式

要注意内容的排版格式，不要有错误或胡乱排版。如果阅读体验不好，用户则不会有耐心看完邮件。邮件内容也不宜过多，关键是要能激发用户的兴趣和好奇心，将用户引导到网站中去。

（八）不要在邮件中添加附件

随着广大网民安全意识的提升，收件人对于邮件中的附件常具备警惕心理。同时，增加附件后，邮件的发送速度和效率会相对降低。因此，尽量不要在邮件中添加附件。

（九）准确传达内容

在正式发送邮件前，可以测试一下在不同邮箱平台及客户端环境中，客户能否正确接收邮件，内容能否正确显示。

（十）不要频繁发送邮件

不要频繁地给事先许可的用户发邮件，否则会引起用户的反感。

五、电子邮件营销示例[①]

本节以 WordPress 网站为例，介绍开展电子邮件营销的步骤和注意事项。

（一）选择一个集成了 WordPress 的电子邮件营销平台

第一步是选择一个电子邮件营销平台。如图 4-1 所示，MailChimp 是受欢迎的选择之一。

图 4-1　WordPress 的电子邮件营销平台

（二）设置选择加入表单的位置

如果没有加入表单，那么读者将无法订阅或注册电子邮件新闻通信。电子邮件注册表单的位置很重要，可以将它们作为重定向链接放置在 Instagram 页面上的博客侧边栏、页脚、页脚下、每个博客文章下方，以及关于页面、专门为不同类型的受众创建的登录页面等，打算退出博客时，弹出意图的表单。

在选择加入的区域中，需要明确指出"读者是否要求接收博客并实时更新"，这会让受众期待电子邮件。

当访问者进入页面或访问博客已有一段时间时，可设置弹出窗口吸引访问者的注意力。

---

① 资料来源：WordPress 大学. WordPress 网站的电子邮件营销技巧[EB/OL].（2020-12-28）[2020-12-28]. https://www.wpdaxue.com/email-marketing-skills-of-wordpress.html.

（三）设置欢迎电子邮件

需要将第一封电子邮件发送给订阅者，要求他们通过回复电子邮件进行自我介绍，这是最好的方法之一。要与订阅者建立个人联系，重要的是要了解受众群体，这反过来也可以建立营销者在博客上的参与度。

（四）按兴趣和活动细分列表

电子邮件营销工具允许创建多个列表。如图 4-2 所示，可以根据受众的兴趣、性别和活动，创建不同的列表。这可以通过关注评论和对电子邮件的响应来了解。

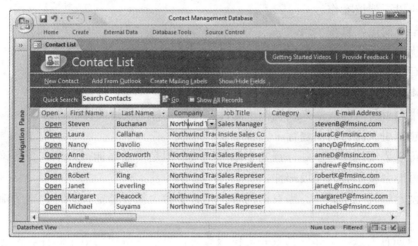

图 4-2　细分列表

（五）推广内容

为了让订阅者进入电子邮件列表，必须让他们注意到内容。如图 4-3 所示为推广内容示例。

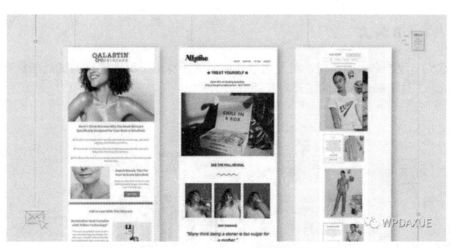

图 4-3　推广内容示例

（六）确定多久发送一次电子邮件

要决定发送电子邮件的时间和频率，如每周、每两周或每月发送一次电子邮件，确定后坚持执行。

（七）发送第一个官方电子邮件

经过以上操作后，开始发送电子邮件，吸引受众，并在发送欢迎电子邮件之后帮助销售产品和服务。

可参照以下建议操作。

- ❑　信息简短、直截了当。
- ❑　优先显示最关键的数据。
- ❑　写下个人主题行和个性化消息。
- ❑　将内容过多的文章按标题分成几部分。
- ❑　用项目符号和段落来组织电子邮件，方便收件人快速阅读和理解。
- ❑　建立引人注目的主题行。
- ❑　可以谨慎地在电子邮件正文中添加链接，但是不要添加得太多，否则该电子邮件可能会被归类为垃圾邮件。
- ❑　创建触发电子邮件。当有访问者在相关平台上执行特定任务时，电子邮件会自动发送。
- ❑　当拥有大量电子邮件列表并提供服务时，可以生成促销电子邮件。发送促销电子邮件时，可以创建强大的号召性用语以加快销售。
- ❑　将新闻通信发送给您的受众，可以获得常规流量到企业账号上，并向订阅者显示企业活跃状态。根据发布数量，可每周、每两周甚至每月发送一次。
- ❑　可以向可能错过了以前电子邮件的人发送重定向电子邮件，这有助于订阅者重新参与。

（八）A/B 测试

为避免出现不必要的错误，对发送给订阅者的所有电子邮件进行测试是很重要的，如图 4-4 所示。这将确保所做的工作对营销有效。

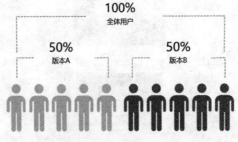

图 4-4　　A/B 订阅者测试

（九）针对移动设备进行优化

目前，移动互联网的使用量空前高，移动电子邮件占所有电子邮件打开量的 67%。忽视移动用户对营销公司来说可能是致命的。如果电子邮件不适合移动设备，大多数移动用户便不会再接受它。因此，为移动用户优化电子邮件至关重要。

要使电子邮件吸引移动用户，可执行以下步骤。

❑ 使用更大的字体。移动阅读器中使用小字体会让阅读困难。

❑ 使用较小的图像以减少加载时间。

❑ 使用号召性用语大按钮，以便于点击。

❑ 不要将两个链接彼此相邻或叠置，避免用户错误点击。

❑ 保持格式简单明了，可以采取单列的形式。

❑ 不要使用较长的主题行。移动设备屏幕较小，画面可能会被切断。

（十）掌握号召性用语

号召性用语（call-to-action，CTA）通常用作按钮，但也可以编写。这会将订阅者定向到网站上的报价页面或链接。它们是读者收件箱和博客之间的网关。

CTA 按钮归结为电子邮件的有效性，以及读者是否要点击它以产生流量和销售。因此，要注意以下几点。

❑ CTA 要引起注意，而不是愤怒。

❑ 让读者了解可点击的号召性用语。

❑ 在副本中使用简单的短语来激发行动。

❑ 为了使其与电子邮件的其余部分不同，可在 CTA 周围保留空白。

❑ 要将其与副本的其余部分区分开，可使用更大或更粗的字体和不同的颜色。

❑ 为了获得点击，CTA 需要脱颖而出。

（十一）赠送礼品

赠送礼品是引人关注的有效方法。确保免费赠品是能够吸引到受众，并且对企业的赠品运营和邮件营销具有推动作用。

诸如电子书、食谱、电子邮件课程、辅导课程、网络研讨会等内容都可以免费赠送。

资料来源：WordPress 大学. WordPress 网站的电子邮件营销技巧[EB/OL].（2020-12-28）[2020-12-28]. https://www.wpdaxue.com/email-marketing-skills-of-wordpress.html.

习　题

一、选择题

1. 电子邮件营销的首要条件是（　　　）。

    A．基于用户许可　　　　　　　　　B．通过 E-mail 传递信息

    C．信息对用户有价值　　　　　　　D．许可 E-mail 营销

2．按照营销计划分类，E-mail 营销可以分为长期的 E-mail 营销和（　　　）。

    A．外部营销　　　　　　　　　　　B．未经许可式营销

    C．许可 E-mail 营销　　　　　　　　D．临时性的 E-mail 营销

3．以下不属于电子邮件营销优势的是（　　　）。

    A．成本优势　　　　　　　　　　　B．信息多样化

    C．实时性　　　　　　　　　　　　D．反应迅速

4．收集邮件地址的方法包括（　　　）。

    A．用户注册资料　　　　　　　　　B．QQ、微博认证

    C．促销活动征集　　　　　　　　　D．有奖征集

5．发送个性化邮件指的是（　　　）。

    A．对不同的目标客户群发送定制的内容

    B．对相同的客户群发送定制的内容

    C．对不同的目标客户群发送不同的内容

    D．对相同的目标客户群发送不同的内容

6．邮件营销的好处有（　　　）。

    A．推广周期短，营销见效快

    B．用户查看不受时空限制，转发传播快

    C．通过事先经过许可的用户，针对性强

    D．以上都是

7．以下属于垃圾邮件的是（　　　）。

    A．收件人事先没有提出要求或者同意接收的广告等宣传性电子邮件

    B．收件人无法拒收的电子邮件

    C．隐藏发件人身份、地址、标题等信息的电子邮件

    D．含有虚假的信息源、发件人、路由等信息的电子邮件

8．E-mail 作为营销工具的条件是（　　　）。

    A．一定数量的 E-mail 用户

    B．企业内部拥有开展 E-mail 营销的能力

    C．有专业的 E-mail 营销服务商

    D．用户对于接收到的信息有一定的兴趣和反应

9．PEM 是指（　　　）。

    A．垃圾邮件　　　　　　　　　　　B．选择性加入

    C．许可式 E-mail 营销　　　　　　　D．选择性退出

10．邮件列表内容的基本原则是（　　　）。

    A．目标一致性　　　　　　　　　　B．内容系统性

    C．内容来源稳定性　　　　　　　　D．内容精简性及灵活性

    E．最佳邮件格式

11. E-mail 营销效果的评价指标包括（　　　）。

　　A．用户资源评价指标　　　　　　B．邮件信息传递评价指标

　　C．用户接收信息过程指标　　　　D．用户回应评价指标

二、简答题

1. 邮件营销的含义是什么？邮件营销的分类有哪些？

2. 假设你是一家花卉店的老板，七夕前夕想发布七夕促销广告，你可以通过哪些方法进行广告宣传？在你选择的方法后面画"√"（选择 2～3 项），并说明理由。

选　项	是否选择	理　由
门户网站		
电子邮件		
广播		
微信朋友圈		
微信公众号		
电视		
个人博客		
手机短信		
专业论坛		
电话		
手机新闻客户端		
报纸		
杂志		

三、案例分析题

"新江南"是一家旅游公司，为了在五一黄金周之前进行公司旅游项目促销，公司营销人员计划将网络营销作为一项主要的促销手段，其中将 E-mail 营销作为重点策略之一。由于公司在网络营销方面并没有多少经验，因此这次活动计划将上海作为试点城市，并且在营销预算方面比较谨慎，并不打算大量投入广告，仅给满足营销定位的用户发送 E-mail 广告。

目前，暂时没有条件开展网上预订活动，主要进行的是品牌宣传，并为传统渠道的销售提供支持。新江南公司的网络营销现状为：公司网站已经建立两年多，但是网站的功能比较简单，主要是公司介绍、旅游线路介绍、景点介绍等，网站上有一个会员注册区，有用户 1000 多人，但是由于疏于管理，已经有近半年没有向会员发送过信息了，最后一次是元旦前，向会员发送新增的旅游线路信息。因此，公司内部的营销资源非常有限，还需要借助于专业服务来发送 E-mail 广告。在服务的选择上，公司花费了比较多的时间，因为首先要对服务的邮件列表定位程度、报价和提供的服务等方面进行比较和分析，在多家可提供 E-mail 营销服务的网站中，新江南公司最终选择了新浪上海站，该网站有一份关于上海

市白领生活的电子周刊，订户数量超过 300 000，这份电子刊物将作为本次 E-mail 营销的主要信息传递载体。

为了确保此次活动取得理想的效果，公司计划从 3 月 26 日开始连续四周投放 E-mail 营销信息，发送时间定为每周三，前两次以宣传企业形象为主，后两次推广公司新增的旅游路线。接下来，该公司市场人员的主要任务是设计 E-mail 广告的内容，针对内部列表和外部列表分别制作，并且每个星期的内容都要有所不同。

E-mail 营销活动结束后，网络营销人员分析每个月的公司网站流量时吃惊地发现，在进行 E-mail 营销期间，公司网站的日平均访问量比上个月增加了 3 倍多，日均独立用户数量超过了 1000 人，而平时公司网站独立用户数量通常不到 300 人，尤其在发送邮件的次日和第三日，网站访问量的增加尤为明显，日独立用户数量最高达到 1500 多人。经过这次活动，公司的营销人员也发现了两个问题：一是内部列表发送后退回的邮件比例相当大；二是企业网站上的宣传没有同步进行，访问企业网站的用户的平均停留时间只有 3 分钟，比活动开始前的平均停留时间少了 2 分钟。

案例思考：

1. 新江南公司开展 E-mail 营销的主要目的是什么？
2. 新江南公司选择的是内部列表还是外部列表？分别是什么？
3. 新江南公司是如何开展邮件营销的？经历了哪些主要的步骤？
4. 本次邮件营销的效果如何？
5. 针对本次邮件营销的效果，新江南公司需要注意哪些事项？

第五章 "微"营销

本章知识点

（1）了解微博的含义、特点以及发展历程。

（2）了解微博营销的含义、特点、优缺点以及其与博客营销的区别。

（3）熟悉微博营销的法则、技巧、工具以及步骤。

（4）了解微信及其特点、功能以及其与微博的本质区别。

（5）了解微信营销的含义、特点、模式、技巧、推广方法以及效果评估。

（6）熟悉微信营销的个人微信号营销和微信公众平台营销。

本章技能点

（1）能够实施微博和微信营销的策划。

（2）能够监控与评估微博和微信营销的效果。

（3）能够熟练地使用微博和微信营销的各项功能。

职业核心能力

自主学习、综合分析、逻辑思维、数据分析、解决问题、统计总结、优化升级

知识导图

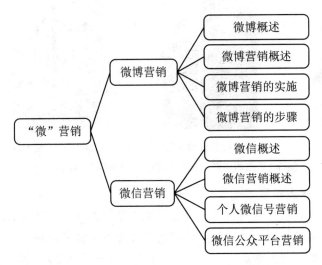

 引例

郎酒电商"520 郎相伴"的微营销

目前，酒水消费主力军仍然在线下。随着电商平台的发展和普及，线上渠道成为零售

行业不容忽视的新兴消费阵地。根据天猫大数据显示，线上渠道的酒水销售额呈现出逐年上升的趋势，各类电商平台正在不断优化购买途径、保证货源，通过价格优势和送货服务，培养消费者线上购买酒水的习惯。

伴随着年轻消费群体购买力的增强，酒水行业的营销模式开始更新换代。针对年轻婚恋消费群体的郎酒电商，从 2019 年就开始加强与年轻消费群体的沟通和互动，打造了"520郎相伴"的 IP 主题。2019 年，郎酒电商以"520 郎相伴·告白季"开启 IP 营销的初步探索；2020 年，郎酒电商给出了"520 郎相伴·故事季"的 IP 营销主题。为了加深消费者对郎酒电商"520 郎相伴"IP 的认知，郎酒电商以"故事和酒"为核心线索，以"双微一抖"为主要营销阵地，启动了一场以用户 UGC 为内容主角的营销活动。

在营销过程中，郎酒电商借助于微信渠道的"故事交换计划"H5 和微博渠道的"郎酒520 故事季"超话为消费者提供分享爱情故事的平台，并从消费者的互动故事中选择了一条优质 UGC 改编拍摄为"520 郎相伴"主题短片《爱情的滋味》，推动郎酒品牌与消费者达成情感共振，增强了消费者对"520 郎相伴"IP 的认知记忆。在"520 郎相伴"活动期间，"故事交换计划"H5 被传播 10 万余次，累计曝光超 2000 万次，郎酒电商共收到消费者投稿的爱情故事 4000 余条。

如图 5-1 所示，郎酒电商"520 郎相伴·故事季"活动的产品选取了极具市场辨识度的红花郎 558。红花郎是郎酒的战略级单品，在消费者心中留有红花郎等于婚宴用酒的印记。除红花郎 558 外，还选择了郎牌特曲系列中的窖藏 5 号及窖藏 7 号。郎牌特曲主打"为真爱干杯"，并因赞助众多相亲节目而与婚恋用酒产生了强关联。科学的选品为"520 郎相伴"IP 的传播降低了理解门槛。

　　红花郎 558　　　　　郎牌特曲窖藏 7 号　　　　郎牌特曲窖藏 5 号　　　　小郎酒

图 5-1　郎酒电商"520 郎相伴·故事季"活动的产品

1．悬念起势，赚足眼球

"故事"是本次传播内容的核心，通过对现代年轻人情感生活的洞察，郎酒电商发起了一场名为"故事交换计划"的活动。活动的倒计时海报极具电影感，并附以莎士比亚、泰戈尔和拜伦的经典诗句表达爱情中那些说不出的话（见图 5-2），加强了活动的神秘感和趣味性，借此向全民发出爱情故事交换的邀请。

2．趣味插画，激发共鸣

悬念开启，郎酒电商正式启动"520 郎相伴·故事交换计划"活动。在内容创作层面，运用"场景化+故事化"的表达方式，借助精致插画表达不同的爱情观，引起群体共鸣。

图 5-2 郎酒电商"故事交换计划"的活动海报

3. 沉浸式 H5，引发互动高潮

交换故事从一支沉浸式 H5 开始，消费者可以通过 H5 进入郎酒故事馆讲述自己的爱情故事（见图 5-3 和图 5-4），赢取郎酒的庚鼠送福纪念酒、郎牌特曲孟非纪念酒等限量美酒；也可以参与短信交换计划，接收陌生人的爱情故事，获得有趣的社交体验。"520 郎相伴·故事交换计划"活动期间，累计参与人次达到 10 万余次，共收到各类爱情故事 3000余条，有效获客 1000 余人。

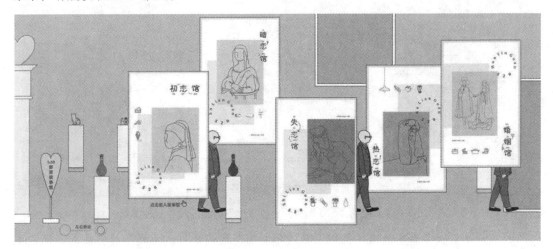

图 5-3 H5 部分内容呈现

图 5-4　郎酒故事馆

借助特殊的时间节点和此次故事交换计划的传播内容，郎酒电商充分利用自身品牌资源，将微博端的蓝 v 联盟创新地搬到微信端，联动成都欢乐谷、徽记食品、每日优鲜等多家品牌共同发声，以分享爱情故事赢好酒的方式，成功跨界圈粉。如图 5-5 所示为郎酒电商"520 郎相伴·故事季"活动的跨界宣传海报。

图 5-5　郎酒电商"520 郎相伴·故事季"活动的跨界宣传海报

此次活动从众多真实故事中选取一则改编拍摄为主题短片。主题短片上映前，郎酒电商以一组故事性海报引发广大网友对主题短片的好奇。如图 5-6 所示为郎酒电商"520 郎相伴·故事季"活动主题短片《爱情的滋味》的宣传海报。

图 5-6　主题短片《爱情的滋味》的宣传海报

2020 年 5 月 20 日，《爱情的滋味》在微信平台上映。故事讲述一对情侣从初恋、热恋到婚后相守近十年的爱情历程。初恋，小郎酒是给予主人公表白勇气的催化剂；热恋，窖藏 5 号是记录幸福高光时刻的见证品；婚姻，窖藏 7 号是惯性婚姻生活的调味剂。通过三段走心的爱情短片，郎酒见证了主人公人生中每个难忘的真爱时刻。短视频营销成功解锁了郎酒电商"重用户与内容、弱商业化"的 IP 打法，在浓郁的爱情氛围中与消费者达成情感共振，成功传递"520 郎相伴"IP 的情感温度。

白酒销售一直是极度依赖传统渠道的行业，多年以来酒类企业尤其是一线品牌大多采用"盘中盘"的营销手段，即通过优质终端以及核心消费人群去辐射开发更多销售终端以及消费人群。"520 郎相伴"营销活动的成功举办意味着品牌正式步入 IP 营销新时代，将优质的内容通过趣味形式对话目标消费者，并让消费者参与到整个传播过程中，是网络化IP 营销制胜的关键。

资料来源：橙意机构. 郎酒电商 X520 郎相伴：让用户成为内容主角，助力郎酒电商 IP 营销[EB/OL].（2020-06-23）[2020-06-23]. https://socialone.com.cn/langjiu-campaign-iorange-2020.

第一节　微博营销

一、微博概述

（一）微博的含义

微博，即微型博客（microblog）的简称，属于博客的衍生产品，是一种基于用户关系建立的关注机制，实现简短、实时信息的分享、传播与获取的广播式社交网络平台，用户可以通过 Web、WAP、Mail、IM 等方式，借助 PC、手机等移动终端接入，以文字、图片、视频等多媒体形式，实现信息的即时分享和传播互动。

微博是基于社交关系来进行信息传播的媒体平台，兼具媒体和社交属性。在传统媒体时代，信息的传播主要是大众传播，多数人从少数信息源中获得信息。当以微博为代表的社会化媒体出现之后，信息的传播是通过人与人之间的社交关系网络，实现节点式的层层传播。这种传播方式覆盖面广、速度快，同时由于信任关系的存在，信息的被接受程度较好。

（二）微博的特点

微博适合 PC、移动终端等多个平台，具有多种商业模式并存在形成多个垂直细分领域的可能，传播效果和客户体验好，其特点主要包括以下四点。

1．便捷性

微博的最大特点是发布信息和信息传播的速度快。微博为用户提供了一个既可作为观众，浏览自己感兴趣的信息，也可作为发布者，发布内容供别人浏览的平台。用户发布的文字内容虽然有字数限制（140 字内），但发布的内容可以为文字、图片、视频等多种形式。微博用户可在任何时间、任何地点即时发布信息，信息的发布速度超过传统纸媒及网络媒体，这促进了微博中大量且各式各样的原创内容爆发式地生产出来，实现即时分享。

2．背对脸

微博采取"背对脸"的交流方式，可以是一点对多点，也可以是点对点。微博用户和用户关注的博主是多对多的关系，用户可以关注自己感兴趣的微博、话题并发表自己的看法。移动终端提供的便利性和多媒体化，进一步增强了微博用户体验的黏性。

3．原创性

移动设备及互联网技术的发展促进了微博的即时通信功能的完善。用户可以不受网络限制通过 QQ 和 MSN 即时更新内容。例如，微博用户可以利用各种手段在微博上传播突发事件实况，具有超过所有媒体的实时性、现场感以及快捷性。

4．大众性

微博的大众性体现在以下两方面。

（1）微博的主要用户群体是广大群众，传播的信息内容多为用户身边的人和事，蕴含了用户的真实情感，容易引起广大受众的共鸣。

（2）微博的信息传播门槛较低，信息传播者不需要具备较高的专业素质和独特的新闻视角，对于新闻敏感性、思想深刻性没有过高的要求，传播信息大多取材于日常生活，并以口语化的语言表述。

（三）微博的发展历程

美国的 Twitter（推特）是最早且最著名的微博，其徽标如图 5-7 所示。2006 年 3 月，博客技术先驱 blogger 的创始人埃文·威廉

图 5-7　Twitter 的标识

姆斯（Evan Williams）创建了新兴公司 Obvious，推出了大微博服务。在最初阶段，这项大微博服务只是用于向好友的手机发送文本信息。

Twitter 等微博软件在国外市场的火爆引起了国内企业的关注和效仿。2007 年 5 月，以校内网起家的王兴创建了中国第一家带有微博色彩的社交网站——饭否网；同年 8 月，腾讯推出了旗下的微博产品——腾讯滔滔。2009 年 8 月，新浪推出新浪微博内测版，成为中国第一家提供微博服务的门户网站。2010 年，国内的微博行业迎来春天，中国四大门户网站（新浪、腾讯、网易、搜狐）均开设了微博业务。

随着微信、易信等即时通信类产品的诞生，微博开始衰落。2014 年的下半年，腾讯和网易先后关闭了微博业务，搜狐微博也逐渐淡出市场。2014 年 3 月 27 日晚间，新浪微博改名为"微博"，在国内微博平台独领风骚。

根据中国互联网络信息中心发布的第 46 次《中国互联网络发展状况统计报告》，截至 2020 年 6 月，微博使用率为 40.4%；经过新浪平台认证的政务机构微博约为 14.1 万个，我国 31 个省（区、市）均已开通政务机构微博。

同时，在 2020 年 10 月 19 日的 2020V 影响力峰会上，新浪微博的高级副总裁曹增辉介绍，新浪微博的月活跃用户数达 5.23 亿，同比增长 3700 万；日活跃用户数为 2.29 亿，同比增长 1800 万。在月活跃用户中，30 岁以上用户占 23%，30 岁以下用户占 77%。

由上述数据可见，微博在中国市场的主要用户群体是 30 岁以下的人群，活跃用户数量基数较大，应用区域广泛，呈现出年轻化、高渗透、多领域的发展趋势。微博的传播效果得到了客户市场和用户市场的认可，成为社交网络中最重要的营销传播平台之一。

二、微博营销概述

（一）微博营销的含义和类型

近年来，微博平台在中国市场的发展速度飞快，越来越多的用户利用碎片时间去浏览、发布或评论微博。微博营销是企业、个人等利用微博平台实现信息传播及交互目的的一种网络营销方式，是社会化网络营销的一种表现形式，也是 Web 2.0 营销的进一步发展。

微博营销（micro-blogging marketing）是指通过微博平台为商家、个人等创造价值而执行的一种营销方式，也是商家或个人通过微博平台发现并满足用户的各类需求的商业行为方式。相对于其他营销模式而言，微博营销更注重价值的传递、内容的互动、系统的布局、准确的定位。

微博营销主要可以分为个人微博营销、企业微博营销以及行业资讯微博营销三种类型。

1. 个人微博营销

个人微博是微博的重要组成部分，包括多种用户类型。个人微博不仅是个人用户日常表达自己想法的场所，还是个人或团队营销的主要阵地。一般来说，个人微博营销基于个人本身的知名度，通过发布有价值的信息来吸引粉丝的关注和了解，进一步扩大个人的影响力，从而达到营销效果。例如，部分企业高管等的个人微博通常会配合企业或团队的微博形成影响链条，扩大企业和品牌的影响力。

2. 企业微博营销

企业微博营销是指企业以盈利为目的，以微博作为营销平台，每一个粉丝都是潜在的营销对象，企业通过更新自己的企业微博向网友传播企业及其产品的信息，提高企业知名度，树立良好的企业形象和产品形象。受微博信息发布机制的限制，企业应当选择适合微博营销的宣传手段，结合微博的特点，吸引和维护自己固定的消费群体，与粉丝多交流、多互动，多做企业宣传工作，从而达到宣传企业、提高品牌影响力的目的。

如今，主流的微博平台都向用户提供了微博认证功能，个人、企业等用户通过身份认证后，其微博名称后会有一个"V"标志。通过微博认证的用户不仅可以增强权威性和提高知名度，还更容易赢得其他用户的信任，从而获得粉丝关注。此外，新浪微博还为用户提供了内容丰富的会员功能，成为新浪微博的会员后，可以享受身份、功能、安全等多项特权，可以对封面图和背景图进行个性化设置，进一步展示自己的产品或品牌。

3. 行业资讯微博营销

行业资讯微博营销是指通过发布行业资讯吸引目标用户关注和了解，类似于通过电子邮件订阅的电子刊物或者 RSS（简易信息聚合）订阅等。微博的内容成为营销的载体，订阅用户数量决定了行业资讯微博的网络营销价值。行业资讯微博的运营工作与行业资讯网站的运营工作在很大程度上是相似的，因此行业资讯微博营销需要注意内容策划及传播方面的工作。

（二）微博营销的特点

微博是社交网络平台的知名品牌之一，因为微信的出现，其用户量受到一定程度的影响，但其用户活跃度仍然呈现出增长的趋势。近年来，以新浪微博为代表的社交平台已经与即时通信类产品建立起了较为明确的类型区分，微信推广针对的是微信好友和关注用户发送信息，而微博推广的对象更广泛，每个用户都能查看微博内容。因此，微博营销具有以下特点。

1. 传播速度快

基于微博的社会化自传播特性，其信息传播速度极快。一条微博在触发微博引爆点后，通过互动性转发等方式，可在短时间内抵达微博世界的每一个角落，获得最多的目击人数，如果有名人用户参与传播的过程，微博信息的传播速度和广泛性将呈现出几何级的增长。因此，微博成为品牌话题营销和事件营销的绝佳载体。

2. 发布便捷、成本低

在微博平台只能发布 140 个字符以内的信息，经微博小秘书审查后即可发布，审查效率高。信息内容构思简单，在一定程度上节省了大量的时间和成本。与此同时，相较于传统大众媒体而言，微博营销的受众更为广泛，前期一次性投入和后期维护成本较低。

3. 互动性和针对性强

微博信息发布后，粉丝可以通过留言、私信等方式与博主进行互动，博主能够与粉丝进行及时沟通，并及时获得用户反馈，从而提高企业平台的满意度。

4. 营销内容立体化

从技术上，微博营销可以利用文字、图片、视频等多种形式展现营销内容；从人性化角度上，企业品牌的微博可以将自己拟人化，增强品牌的亲和力。同时，微博营销可以借助先进的多媒体技术手段，从多维角度的展现形式对产品进行描述，从而使潜在消费者更形象直接地接受营销信息。

（三）微博营销的优缺点

1. 微博营销的优点

（1）操作简单、信息发布便捷。基于微博自身的特点和对用户行为模式的考虑，一键转发、评论较为方便。同时，由于内容字数的限制，每一条微博的内容都比较精练。这非常符合现今互联网时代的碎片化特点，能够让用户在短时间内关注到焦点事件。

（2）应用体验好。微博营销的过程非常注重创意，并利用文字、图片、声音、视频等多种形式传递创意内容。企业、个人的营销群体可以利用多种展现形式对产品进行形象生动的描述，增强创意的吸引力和生动性，从而提高潜在消费者对信息的接受度，防止审美疲劳的出现，提高阅读兴趣和体验。

（3）用户互动性强。微博的用户群体较为广泛，营销群体通过对粉丝的积累，能够有效利用众多粉丝的关注进行"病毒式"传播，不断提高影响力。企业与企业间、企业与名人间可以进行营销合作，从而提高营销效益和增强营销效果，获取更多微博用户的关注以及更广泛的传播覆盖面。微博的关注、点赞、转发、评论等功能不仅为信息的传播提供了丰富的渠道，还使用户间的互动方式更加多样化。

（4）精准性高。微博信息获取具有极大的自主性和选择性，微博用户可以根据个人兴趣偏好，依据对方发布内容的类别与质量，决定是否关注某用户，并能对所有关注的用户群体进行分类，这为企业、个人的营销群体进行精准营销奠定了数据基础。

2. 微博营销的缺点

（1）需要有一定的粉丝基础。微博营销需要考虑企业或个人能否获得更多用户的关注，产品的促销需要拥有足够的粉丝人数才能达到预期的效果。对于知名度较低的企业或个人而言，微博营销的门槛较高，需要通过合适的方式提高微博的关注度，建立较大的粉丝群体，为营销活动的开展奠定基础。

（2）推广推文很容易被错过。由于每一个微博用户可以关注上百个不同的博主，而这些博主都会在一定的时间段内更新内容，新内容产生的速度太快，会导致内容很容易被覆盖，推广推文被错过。

（3）营销信任度较低。基于微博平台的开放性，其对于内容的要求相对较低，这导致部分微博账号在营销过程中不注重内容的原创性，产生抄袭和伪原创的现象。从长期来看，抄袭和伪原创的现象对微博生态圈的优化造成了一定的负面影响，部分用户对微博和营销手段的信赖度有所下降，降低了微博营销的可信度。因此，在微博营销过程中，是否注重原创性成为微博营销能否达到良性发展的重要基础。

（四）微博营销与博客营销的区别

微博营销与博客营销的本质区别，可以从以下三个方面进行简单的比较。

1. 信息源表现形式的差异

博客营销以博客文章（信息源）的价值为基础，并以个人观点表述为主要模式，每篇博客文章表现为独立的一个网页，因此对内容的数量和质量有一定要求，这是博客营销的瓶颈之一。微博内容则偏向于短小精练，重点在于表达现在发生了什么有趣或有价值的事情，而不是系统的、严谨的企业新闻或产品介绍。

2. 信息传播模式的差异

微博非常注重时效性，微博的信息除了相互关注的好友（即粉丝）直接浏览，还可以通过好友的转发向更多的人群传播，因此信息传播采用一种快速传播简短信息的方式。博客的文章除了用户直接进入网站或者通过 RSS 订阅浏览，往往还可以通过搜索引擎获得持续的浏览，博客对时效性要求不高的特点决定了博客可以获得多个渠道用户的长期关注，因此建立多渠道的传播对博客营销是非常有价值的，而对于未知群体进行没有目的的微博营销通常是没有任何意义的。

3. 用户获取信息及行为的差异

微博用户可以利用计算机、手机等多种终端，方便地获取兴趣群体分享的微博信息，发挥了"碎片时间资源集合"的价值；而博客用户打开博客网站后可以浏览博客文章的标题和内容摘要，同时因为博客文章信息量可大可小，所需浏览时间较长，发挥了问题解答的价值。

综上所述，博客营销以信息源的价值为核心，主要体现信息本身的价值；微博营销以信息源的发布者为核心，体现了人的核心地位，但某个具体的人在社会网络中的地位又取决于他的朋友圈子对他的言论的关注程度，以及朋友圈子的影响力（即群体网络资源）。因此，可以简单地认为微博营销与博客营销的区别在于，博客营销可以依靠个人的力量，而微博营销则要依赖社会网络资源。

三、微博营销的实施

（一）微博营销的法则

随着微博平台的广泛使用和普及，微博营销已经成为企业树立品牌与进行产品销售的重要渠道。为了更好地应用微博营销，引领行业标准，经过不断的摸索和实践，业界提出了企业微博整合营销理论——PRAC 法则。PRAC 法则涵盖了微博运营体系中的四个核心内容，分别是 platform（平台）管理、relationship（关系）管理、action（行为）管理、crisis（风险）管理。

在平台管理层面，PRAC 法则倡导"2+N 微博矩阵模式"，即以品牌微博、客户微博为主要平台，补充运营领导和员工微博、粉丝团微博、产品微博及活动微博；在关系管理层面，PRAC 法则对于微博运营的难题——用户关系处理问题，梳理出以关注者、媒体圈、意见领袖为主的"3G 关系管理"群体；在行为管理层面，PRAC 法则系统地介绍了引起注意、品牌推介等七类典型营销行为；在风险管理层面，针对企业微博的信息公关与投诉处理，PRAC 法则建立起"SC 风险预警"机制，由监测管理系统 Social CRM 和微博 Call Center 在线客服中心组成。

（二）微博营销的技巧

进行微博营销的关键是利用好微博，需要注意以下问题和技巧。

1．账号认证

企业微博账号、企业领袖或高管的账号、行业内有影响力人物的账号等都要先获得微博的认证。获得认证的好处是树立较权威的良好形象，微博信息可被外部搜索引擎收录，更易于传播，但信息的审核可能会更严格。

2．内容发布

微博的内容信息尽量多样化，最好带有图片、视频等多媒体信息，这样具有较好的浏览体验；微博内容尽量包含合适的话题或标签，以利于微博搜索；发布的内容要有价值，例如提供特价、打折或限时的优惠活动信息，可以达到不错的传播效果。

3．内容更新

微博信息每日都进行更新，要有规律，每天可发五至十条信息，一小时内不要连发，抓住高峰发帖时间更新信息。

4．积极互动

多参与转发和评论，主动搜索行业相关话题，主动与用户互动。定期举办有奖活动，提供免费奖品鼓励，能够带来快速的粉丝增长，并增加其忠诚度。

5．标签设置

合理设置标签，新浪微博会推荐有共同标签或共同兴趣的人加关注。

6．获取高质量粉丝

关注行业名人或知名机构，善用找朋友功能，提高粉丝的转发率和评论率。发布的内容主题专一，并附带关键字或网址，以利于高质量用户搜索。

（三）微博营销的营销产品

新浪微博（2014 年改名为微博）是为大众提供娱乐休闲生活服务的信息分享和交流平

台之一，现已成为中国社交媒体和微博产品的典型代表。新浪微博具有"资讯+社交"的特点，一方面，新浪微博提供的信息资讯具有传播快、来源广、多角度等特点；另一方面，新浪微博为用户提供了关注名人动向、获取商家优惠信息、打造个人品牌等社交功能。如图 5-8 所示为新浪微博的新旧标识。

图 5-8　新浪微博的新旧标识

新浪微博主要有粉丝头条、超级粉丝通和微任务三大营销产品。

1．粉丝头条

粉丝头条是新浪微博官方推出的一款轻量级的营销推广产品。如图 5-9 所示为新浪微博移动端的粉丝头条。

图 5-9　新浪微博移动端的粉丝头条

使用粉丝头条后，所选的微博将在 24 小时内出现在所有粉丝或者潜在粉丝微博页面的顶部或靠近顶部的位置，增加微博的阅读量，扩大微博的影响力。一次粉丝头条推广对同一用户只会显示一次，用户看到信息后，再次刷新时，该条微博会随正常信息流滚动。

目前粉丝头条的产品主要有博文头条和账号头条两大类型。

（1）博文头条：微博推广的利器，可以使微博置顶在粉丝的信息流首位，不仅可以展示给粉丝，而且可以通过人群定向、兴趣定向、指定账号等精准投放给除粉丝以外的更多用户。还可以使用"帮上头条"，帮助其他用户把某条微博推广到其粉丝信息流第一条。

（2）账号头条：新浪微博官方推出的账号推荐工具，通过精准的算法把某个账号推荐给最有可能关注的用户，切实有效地增加真实粉丝数。

粉丝头条具有以下三大优势。

（1）凸显头条信息内容。粉丝头条可以使博文展现在粉丝信息流首页第一位，不让粉丝错过重要信息。

（2）提高营销效率。许多微博主为了提高粉丝对其发布微博的关注度，经常重复发微博，从而引起粉丝的不满，甚至导致粉丝流失。粉丝希望接收好的信息，只要内容精彩，那么一条微博信息能传递到每一个粉丝并能引起大家的共鸣，比重复发布的效果更好。

（3）跨平台发布信息。粉丝不论是通过计算机还是手机登录微博，都能看见粉丝头条信息，解决了粉丝登录微博习惯问题，能更好地传递优质的信息。

2. 超级粉丝通

超级粉丝通，简称粉丝通，是基于新浪微博海量的用户，把推广信息广泛传递给粉丝和潜在粉丝的广告工具。广告主可以根据用户属性和社交关系将信息精准地投放给目标人群。同时，粉丝通具有普通微博的全部功能，如转发、评论、收藏、点赞等，可实现广告的二次传播，从而大幅提高广告转化率。

粉丝通可以进行博文推广、账号推广和应用推广。

（1）博文推广：将精彩创意推送到目标用户显著位置，大幅提升博文的互动量。

（2）账号推广：将账号推荐给潜在粉丝，实现关注转化，积累高质量的社交资产。

（3）应用推广：App 应用开启客户端定位推广，实现推荐应用直接下载安装。

推广步骤如下。

（1）创建新广告组。创建一条微博创意或选取已有微博。微博创意在推广前会根据相关法律和规定要求进行文案审核。

（2）设置定向条件。选择性别、年龄、地域等用户属性。使用用户兴趣或指定账号相似粉丝等功能，更加准确地锁定投放人群。设置出价和消耗日上限。

（3）出价与扣费。客户可以根据自己的心理价位进行出价，系统会根据用户实际投放情况进行扣费。粉丝通的投放和消耗是由客户控制的，客户可以设置每日消耗上限。粉丝通提供 CPM 与 CPE 两种计费模式。CPM 即按照微博在用户信息流中曝光人次进行计费；CPE 即按照微博在用户信息流中发生的有效互动（互动包括转发、点击链接、加关注、收藏、点赞）进行计费。

（4）查看效果。粉丝通是实时竞价产品，用户在开始投放后，可以密切关注数据，以便随时对广告进行调整。消耗数据实时显示，计划数据每小时更新一次，广告组数据每天更新一次。

3. 微任务

微任务[①]是新浪官方唯一自媒体 KOL（关键意见领袖）在线广告交易平台，拥有搞笑、美食、娱乐、互联网、直播等领域的微博红人，帮助提高官方微博影响力，将微博传递给广大用户。如图 5-10 所示为微任务的登录页面。

图 5-10　微任务登录页面

任何微博账号均可以授权"我的微任务"应用，在通过审核后成为微任务平台的一员，

---

① 微任务网址为 https://weirenwu.weibo.com/wrw/?c=index.home。

并将有机会接到有偿信息发布的任务。微博账号可以自由选择执行或拒绝任务，若接受任务，微任务平台将以微博账号的身份在任务指定时间发布任务微博，成功执行任务可以获得相应的报酬。

此外，新浪微博还提供抽奖平台等微博营销方式。抽奖平台可供使用方对所发微博的转发用户进行抽奖，满足使用方传播营销信息、增加粉丝的需求。对普通用户而言，新浪微博是本地生活服务类优惠信息平台，提供遍及吃喝玩乐的参考方案。

四、微博营销的步骤

（一）注册和设置账号

注册微博与注册其他社交软件的流程相同，但需要注意微博名称和个性域名的选择。对于企业微博，在填写微博名称时可以注明企业名称或需要推广的产品品牌，以在最大程度上促进品牌的传播和产品的推广。个性域名可选择品牌名称的全拼，一方面，从用户角度考虑，品牌名称一目了然；另一方面，从搜索引擎角度考虑，对搜索引擎友好，搜索品牌关键字排名靠前。

微博设置是微博营销的重要环节之一。在新浪微博中，需要设置企业资料，并进行隐私设置及个性设置。其中需要说明的是个人标签的设置，可选择描述自己的职业、兴趣爱好等方面的词语，如电子商务、互联网、团购等。在贴上标签的同时，微博会为企业推荐贴同样标签的用户，以此扩大社交圈。微博介绍会在首页显示，是帮助用户了解微博的入口，所以企业用户一定要重视。微博介绍对于产品推广可视为良好的营销点，对于内容公布可视为极佳的传播点，描述语言要简短精练，彰显重点。

从营销角度来说，无论是个人还是企业，都需要对微博进行认证，不仅能够提升权威性和知名度，还能够带来意想不到的"粉丝价值"，便于更好地与用户产生互动。新浪微博认证提供了针对个人、企业、媒体、网站等的多种认证方式，可按要求完成认证过程。如图 5-11 所示为新浪微博移动端认证界面。

图 5-11　新浪微博移动端认证界面

1. 微博认证

微博认证以"黄 V"为标识,有身份认证、兴趣认证、超话认证、视频认证、文章/问答认证五大类型。当粉丝达到 1 万以上、月微博阅读量达到 1000 万以上时,"黄 V"用户可以申请"金 V 认证",成为"金 V"用户。

(1)身份认证:主要体现账号的职业身份、专业领域等。

(2)兴趣认证:主要体现账号日常发布的 80%微博(包括博文、头条文章、视频、转发的博文等)集中的领域。

(3)超话认证:主要是超话主持人的身份认证。

(4)视频认证:主要是视频博主的身份认证,有原创认证、二次创造认证、VLOG 博主认证三大类。

(5)文章/问答认证:主要是原创文章作者的身份认证。

2. 官方认证

官方认证以"蓝 V"为标识,主要有企业认证、政府认证、媒体认证、机构认证、高校认证、公益认证六大类型。

(1)企业认证:有营业执照和公章的各类盈利型企业、公司的官方账号。

(2)政府认证:公安机关、司法、交通、旅游、医院、卫生、市政等政府机构官方账号。

(3)媒体认证:报纸、杂志、电台、电视台、栏目官方账号。

(4)机构认证:旅游景点、图书馆、博物馆、美术馆等官方账号。

(5)高校认证:校园官方、团委、院系、社团、校友会等官方账号。

(6)公益认证:公益性社会团体、公益性非营利组织的官方账号。

(二)编辑与发布内容

微博内容要求语言简短精练,高度浓缩,字数限制在 140 字以内。微博的发布形式有多种,包括纯文字型、图文结合型、视频分享以及加入热门话题等,可依照客观条件来选择。

为了进一步规范微博内容的编写,2013 年 8 月,在国家互联网信息办公室举办的"网络名人社会责任论坛"上,由网络名人达成共识,提出网友共同遵守的"七条底线",具体内容如下。

一是法律法规底线。现实生活中,每个人都应该知法、懂法、守法、护法,以事实为依据,以法律为准绳。互联网是虚拟空间,有一定的隐匿性,但也要遵守相关法律法规。如果不遵守法律法规,互联网就会乱成一锅粥,成为一团乱麻。

二是社会主义制度底线。我国是社会主义国家,这是历史和人民选择的结果。坚守社会主义制度底线,是让我们的生活有秩序、平稳运行的需求。

三是国家利益底线。国家利益高于一切是每一个公民的应为之举。互联网没有国界,但网民有国界。对于那些以民主、自由的外衣试图颠覆我国国家政权的行为,要与之作坚决的斗争。爱国是最基本的信仰,我们应当自觉地坚守。

四是公民合法权益底线。公民合法权益底线是网络世界每一个网民公平、权益必须得到保证的要求。网络为公民合法权益维护打造了一个崭新的平台，我们应该好好利用这个平台，维护好自己的合法权益，同时我们也应该警惕某些人利用这个平台维护自己的非法权益。

五是社会公共秩序底线。网络虽然给了个人很大的空间和自由度，但它并不是没有任何约束的公共场所，不能认为这里没有互相监督和道德约束，可以随心所欲。网络与现实是互动的，网上不道德问题不仅影响网络的文明建设，而且会直接影响现实社会的进步与发展。所以，营造风清气正的公共秩序，需要所有人共同努力。

六是道德风尚底线。人是社会性的群体，只要有人的活动参与，就要受到人类社会各种道德伦理的约束，决不能借口网络世界的虚拟性、匿名性、相对性而漠视或否定网络道德。我们要努力强化网络主体的道德责任，提高对网络行为和网络文化的是非鉴别力，自觉抵制不良网络文化侵蚀；要依靠网络主体的理性、信念和内心自觉来自律。

七是信息真实性底线。对于信息而言，最忌讳的就是虚假信息。虚假信息跟真实信息混在一起，鱼目混珠、鱼龙混杂，蒙蔽了人们的双眼，影响了人们对于信息真实性的判断。在一个传播多元的时代，无论是政府机构、大众媒体还是公民个人，所要做的是，共同抵制虚假有害信息、特别是恶意谣言的传播，大力倡导真实、文明的信息交换和流通，这是互联网时代的底线，也是人类文明持续健康向前发展的要求。

（三）效果监控与数据分析

微博营销的效果可通过微博的转发量、评论量以及粉丝数量的变化反映，也可以通过微博内容链接所推广网站的访问量及网站来路统计数据体现。微博数据分析可以从以下四个方面进行。

1. 粉丝数量和增长速度

粉丝是微博营销的基础，粉丝数量和增长速度都是微博营销人员必须关注的数据。一个健康的、有潜力的微博应该具有一定的粉丝数量，且能保证微博粉丝数量持续增加。

2. 粉丝活跃比

大部分拥有一定粉丝基础的微博账号，也同时拥有很多不活跃的粉丝，俗称"僵尸粉"。不活跃的粉丝没有实际意义，因此，在分析微博粉丝时，应该关注活跃粉丝，即关注会不同程度使用微博查看、转发、评论功能的粉丝。

3. 阅读量

发布微博后，在发布微博的界面可以查看该微博截至目前的阅读量。阅读量相当于被微博用户看到的次数，不仅仅局限于微博粉丝查看的次数。阅读量越大，说明该微博信息被阅读的次数越多，传播能力越强。

4. 互动情况

互动是微博非常重要的功能，微博用户的转发、评论、点赞都属于互动行为。互动情况可以直接反映微博主和微博内容受欢迎的程度，也代表着微博粉丝对微博的参与度。通常互动情况越好的微博，粉丝对微博主的接受度越高，宣传和推广效果越好。

第二节 微信营销

案例

微信搜一搜、小游戏、视频号：连接用户，实现内容生态新格局

2021年1月19日，微信公开课PRO版上线。在当天的微信公开课中，微信从不同业务板块对2020年进行了回顾。其中，微信搜一搜、小游戏以及视频号在此次公开课中主要集中于内容生态方面的讲述。

1. 微信搜一搜：月活达5亿，"用微信就能搜"

目前，微信用户数已超过12亿，微信承载着微信公众号、小程序、朋友圈、品牌官方服务等丰富的内容，如何连接用户和内容成为微信急需解决的一大问题。为此，微信提出自身愿景：希望之后，"用微信就能搜"。

根据相关数据显示，微信搜一搜的月活跃用户数已达5亿，用户已逐步养成通过微信搜索的习惯。微信方面表示，未来微信将支持边聊边搜、指尖搜索、井号（#）搜索等。同时，微信自主研发People Rank，通过大数据方式，附着在搜索结果之上，用户可以通过搜一搜找到专业领域相关人员的资讯。

2. 微信小游戏：MAU破5亿，商业化规模增长20%

《跳一跳》小游戏从2017年年末上线，至今已有三年多。时至今日，小游戏在累计注册用户超过10亿后依然稳步增长，并首次突破了5亿MAU（monthly active user，月活跃用户数）。用户数据具体分析显示，男女用户比例为5：5，女性用户占比相比传统游戏更多，这为游戏开发者提供了更多女性用户的信息；同时，30岁以上的群体占66%，三线城市的用户规模超过60%。

对于开发者来说，小游戏带来的收益更高了。小游戏2020年商业规模与2019年相比增长了20%，出现多款累积用户和流水过亿的产品。同时，微信给予开发者的支持力度亦有所增加，单款产品Android内购的分成结算为6:4，使用分成配赠或转充为7：3，广告结算为5：5，广告来源的收益为9：1。

微信方面表示，未来将逐步打破小游戏在小程序上的限制。微信小游戏团队透露，2021年小游戏将联合视频号，产生"游戏+直播"的全新玩法，并升级移动端和PC端无缝链接的接力能力、广告场景的分析工具等，让小游戏和新场景的连接体验更好，效能更高。

3. 视频号：运营规则首次解读，推出原创计划

在微信公开课PRO上，微信视频号首次解读了运营规则：视频号是一个人人可以记录和创作的平台，也是一个全开放的平台；同时，视频号链接微信生态的打通能力，能借助公众号、搜一搜、看一看、小程序等已趋成熟的产品，形成微信生态合力。

微信视频号推出了原创计划，在鼓励原创、保护原创的同时也降低了创作者的认证门槛。针对抄袭侵权内容，创作者可以通过微信视频号的自助投诉渠道，便捷地对侵权内容

发起投诉，维护自身利益。2020 年，微信平台累计打击超过 25 万条诱导骗赞、搬运仿冒等违规内容，共处理 14 614 个侵权投诉。

随着视频号不断迭代发展，同时与微信小程序、公众号等的连通，微信内容生态正在形成新格局。

资料来源：JYT. 微信搜一搜、小游戏、视频号：连接用户，实现内容生态新格局[EB/OL].（2021-01-20）[2021-01-20]. https://socialone.com.cn/weixin-daily-news-0120-2021.

一、微信概述

（一）微信简介

微信是腾讯公司于 2011 年 1 月 21 日推出的一款为智能终端提供即时通信服务的免费应用程序，是目前应用最为广泛的手机通信软件。微信提供公众平台、朋友圈、消息推送等功能，用户可以通过"摇一摇"、搜索号码、"直播和附近"、扫描二维码等方式添加好友和关注公众平台，可以将内容分享给好友或将看到的精彩内容分享到微信朋友圈。如图 5-12 所示为微信的标识。

图 5-12　微信的标识

作为一种更加快速的即时通信工具，微信具有零资费、跨平台沟通、显示实时输入状态等功能。与传统的短信沟通方式相比，微信具有灵活、智能且节省资费的特点。另外，微信在 iPhone、Android、Symbian、Windows 等手机平台上都可以使用，并提供多种语言界面。

（二）微信的基本功能

微信主要有聊天、添加好友、朋友圈互动与实时对讲机四种基本功能。

1. 聊天

微信支持发送语音、视频、图片（包括表情）和文字，还支持多人群聊，是一款便捷的聊天软件。

2. 添加好友

微信支持查找微信号添加好友、查看 QQ 好友添加好友、查看手机通讯录添加好友、分享微信号添加好友、"摇一摇"添加好友、扫描二维码添加好友等方式添加好友。

3. 朋友圈互动

微信用户可以通过朋友圈发表文字和图片，也可通过其他软件将文章或者音乐分享到朋友圈。用户可以对好友发布的文字和图片进行"评论"或点"赞"，用户只能看到共同好友的评论或赞。

4. 实时对讲机

微信用户可以在聊天室中进行多人语音对讲的群聊，聊天室中的信息是实时传递的，且不受手机屏幕关闭影响。

（三）微信与微博的本质区别

1．传播属性不同

微信是一对一的信息推送，推送率可达100%；微博是广播式传播，受众广泛，但不能保证精准推送。

2．粉丝属性不同

微信是精准的人群覆盖，关注者是高黏性用户；微博的粉丝是基于兴趣的关注，黏性一般比较低。

3．传播时间的同步性不同

微信具有实时提醒功能，因而它的传播具有同时性；微博默认的是按时间排序，可通过智能排序、热门微博、搜索等功能实现差时传播。

4．阅读信息的方式不同

微信用户关注一个账号后就可接收来自该账号的信息（除非进行屏蔽设置），自主选择的空间小；微博的阅读近似于关注订阅，用户可通过分组功能自主选择是否阅读该信息。

二、微信营销概述

（一）微信营销的含义

微信不受距离限制，用户可以通过自己的账号向其他人推送信息，也可根据自己的需求和喜好关注其他账号。微信营销主要在手机或平板电脑的移动客户端进行区域定位营销，商家通过微信平台，展示商家的微官网、微会员、微推送、微支付与微活动，形成线上线下互动营销的方式。

（二）微信营销的特点

微信点对点的交流方式具有良好的互动性。借助微信平台开展客户服务营销成为继微博之后的又一种新兴营销渠道。与其他营销方式相比，微信营销具有更高的到达率、曝光率和接受率，互动关系更加紧密，可实现精准推广。

1．到达率、曝光率和接受率高

信息发布效果的重要指标是到达、曝光率和接受率，信息发布效果在很大程度上影响营销效果。微信信息能够完整无误地发送到终端设备，并通过转发和分享得到迅速传播。微信的普及性使个人用户或企业用户能够积累庞大的粉丝群体，由于公众号的粉丝都是通过主动订阅获取信息，因此避免了信息遭抵触的情况。

2．点对点精准营销

微信拥有庞大的用户群，通过社交形成一定的交际圈，同时借助移动终端、天然的社交和位置定位等优势，对用户的兴趣爱好进行精准的分类，为商家实现点对点精准化营销奠定了基础。实现精准营销是移动互联网时代每种主流营销工具都应该具备的功能。微信拥有庞大的用户数量，垂直行业微信账号的用户群体高度集中，使得微信营销渠道的影响力不断增强。

3. 形式灵活多样

微信丰富的社交功能为企业的营销提供了多样化的营销渠道，企业可以根据自己的特点和资金状况选择适合的营销方式进行企业品牌及产品的宣传，提高营销推广效果。

（1）位置签名。商家可以利用"用户签名档"这个免费的广告位为自己做宣传，附近的微信用户就能看到商家的信息。

（2）二维码。用户可以通过扫描二维码来添加朋友、关注企业账号；企业则可以设定自己品牌的二维码，用折扣和优惠来吸引用户关注，开拓 O2O 的营销模式。

（3）开放平台。通过微信开放平台，应用开发者可以接入第三方应用，还可以将应用的标识放入微信附件栏，使用户可以方便地在会话中调用第三方应用进行内容选择与分享。

（4）公众平台。在微信公众平台上，每个人都可以用一个 QQ 号码打造自己的微信公众账号，并在微信平台上通过文字、图片、语音实现与特定群体的全方位沟通和互动。

（5）微信广告。2015 年 1 月，微信朋友圈上线了广告功能。在朋友圈等相对封闭的网络社交空间中发布与设计新潮创意的广告，能够吸引用户关注并进行互动，从而达到良好的营销效果。如图 5-13 所示为微信朋友圈的广告。

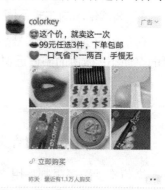

图 5-13　微信朋友圈广告

4. 互动关系更紧密

微信的点对点产品形态注定了其能够通过互动的形式将普通关系发展成强关系，从而产生更大的价值。

（三）微信营销的模式

1. 草根广告式

通过"直播和附近"功能，用户可以根据自己的地理位置查找到周围的微信用户。在附近的微信用户页面中，除了显示用户名等基本信息，还显示用户签名栏的内容。因此，企业的营销人员要善于将微信的资源转化为可利用的营销资源。在人流旺盛的地方 24 小时后台运行微信，广告效果便会随着微信用户数量的上升而有所提高，最终使得这个简单的签名栏变成移动的"黄金广告位"。

2. O2O 折扣式

O2O 折扣式模式是利用微信的"扫一扫"功能进行营销活动。现在二维码的使用越来越广泛，用户可通过扫描二维码获得会员折扣、商家优惠或新闻资讯等。随着移动应用中加入二维码扫描这种 O2O 折扣式的普及，对于拥有庞大用户群体且用户活跃度足够高的微信而言，这种营销模式背后的营销价值和营销效果将不容小觑。

3. 互动营销式

互动营销式模式是基于微信公众平台产生的。对于大众化媒体、明星以及企业而言，微信的"开放平台+朋友圈"社交分享功能的开放，已经使得微信营销成为移动互联网上不可忽视的营销渠道，微信公众平台的上线使得这种营销渠道更加细化和直接。

（四）微信营销的技巧

（1）注册微信账号，微信公众账号可以进行微信官方认证。

（2）根据自己的定位，建立所需的知识库。例如，把某个定向领域的信息通过专业的知识管理整合起来，建成几个方便用户使用的知识检索库，同时将知识与最新的社会热点相结合，提供给目标客户，变成对目标客户的增值服务内容，从而提高目标客户的满意度。

（3）加强与用户的互动，如推出竞猜游戏、抽奖活动及集赞活动等。

（4）积极吸收会员，并定制特权，开展优惠活动。

（五）微信营销的推广渠道

常用的微信营销的推广渠道有微信平台推广通道和非微信平台推广通道两种。

1. 微信平台推广通道

对于微信营销来说，最重要的是要分清楚推广的方向，例如要做什么样的平台，要以什么方式进行推广才能有好效果等。在微信平台上主要有以下两类推广渠道。

（1）草根大号直推。草根大号直推的方式最大的优点在于高到达率、高打开率。一般情况下，其到达率为 100%，打开率大于或等于 50%。只是草根大号直推的成本较高，获取一个高质量"真粉"的价格为 5~10 元，但与非微信互动营销渠道推广相比，价格相对来说比较便宜。

（2）微信导航站。微信导航站是指利用品牌号在微信上推广，要想做好微信营销，这个渠道必不可少。其主要优点是软性推送，占住入口，准确抢占更多商机。但目前微信互动营销方式还处在初级阶段，随着微信推出更多的功能，更多的营销方式也会随之出现，只有把握先机，才能创造美好的未来。

2. 非微信平台推广账号通道

（1）微博平台转化通道。最早的微信草根大号几乎均由微博草根大号发起，并在微博上不断推广自己的微信，成功收获了第一批微信粉丝。在大数量粉丝基础的帮助下，其微信快速变为推广账号。但缺点是其转化率很低，且成本相对较高，适合在自有微博且粉丝群庞大的情况下使用。

（2）网站论坛转化通道。网站论坛转化通道的主要采用者为网站媒体，其主要是充分发挥"靠山吃山、靠水吃水"的原理，将已有网站用户群转化为微信粉丝，但这种情况主要适合自有媒体的用户，并且转化率不高。

（3）二维码线下转化通道。二维码线下转化通道是品牌商最乐于使用的方式。其主要优点是转化率高，但也存在粉丝增长缓慢、消耗老用户资源等问题。

（六）微信营销的效果评估

1. 微信营销的效果评估要素

微信营销的效果评估要素包括互动频率、功能受欢迎度、粉丝数、粉丝评价和企业转换率五大部分。

（1）互动频率。微信营销的互动频率是指粉丝对企业微信公众号的使用频率，包含内容方面的访问及功能的使用。

（2）功能受欢迎度。微信公众平台的功能有基于内容的功能、营销设计功能和实用功能。基于内容的功能就是基于粉丝需求与企业对应的命令端口和内容页面的功能；营销设计功能是指企业根据自身营销需求而设的营销功能；实用功能就是一些类似天气预报查询、股票查询等功能以及企业自身个性化开发的功能。功能受欢迎程度决定了粉丝对企业的依赖程度。

（3）粉丝数。粉丝数的评估要基于企业对微信营销的要求、功能的使用情况以及企业品牌的传播力度等。

（4）粉丝评价。粉丝评价是企业能够直观地看到微信营销效果的方式之一。企业可以通过查看粉丝的评价和进行粉丝调研，了解粉丝对企业微信公众平台的内容和功能的评价，推断粉丝是否会对企业微信公众平台产生依赖，并有着较高的接受度。

（5）企业转换率。企业转换率是企业进行一切营销活动的唯一现象级标准。基于微信的闭环体系，在企业转换率方面，主要有企业品牌知晓度、企业相关类似 WAP 页访问量、企业基于微信的产品销售情况和企业产品咨询量等方面的转换。随着微信营销的不断发展，企业转换率的要求也会不断地丰富和完善。

2. 微信营销的相关指数

（1）粉丝依赖度。企业粉丝依赖度取决于企业微信公众平台的功能受欢迎度、粉丝互动频率及粉丝评价之间的关联情况。

（2）互动频率。企业微信公众平台的互动频率取决于企业微信公众平台的粉丝数和功能受欢迎度之间的关联情况。

（3）功能受欢迎度。企业微信公众平台的功能受欢迎度取决于企业微信公众平台的粉丝数和粉丝评价之间的关联情况。

（4）粉丝数。企业微信公众平台的粉丝数取决于企业微信公众平台的粉丝评价、功能受欢迎程度及企业对于微信公众平台的推广力度之间的关联情况。

（5）粉丝评价。企业微信公众平台的粉丝评价取决于企业微信公众平台的功能受欢迎度及企业自身服务之间的关联情况。

（6）企业转换率。企业对于微信营销的转换率取决于企业微信公众平台的粉丝依赖度和粉丝数。

3. 微信营销效果关键绩效指标的评估

关键绩效指标（KPI）是指通过对组织内部流程的输入端、输出端的关键参数进行设置、取样、计算和分析，衡量流程绩效的一种目标式量化管理指标，是把企业的战略目标分解为可操作的工作目标的工具，是企业绩效管理的基础。

对于微信营销来说，KPI 主要考察有效到达率、打开率、阅读率、用户活动参与率、活动期间用户复合增长率和链接点击率这六大指标。

（1）有效到达。有效到达率是指用户收到推送的信息并收到提醒的比例，达到90%为合格。影响到达率的因素有以下三个。

① 用户选择拒绝接收信息的程度。熟练使用微信并反感营销信息的用户，会在添加账号之后选择拒绝接收信息，待用户想起来或朋友圈有人推荐该账号的信息时才会再去查看。随着用户使用微信的熟练度越来越高，用户选择拒绝接收信息的量会越来越大。

② 智能手机品牌和系统版本规模庞大。不同品牌、不同系统版本的手机对微信的运行加载程度是不一样的。中国用户使用的手机品牌分散明显，分布在国际和国内的上百个手机品牌中，手机系统经过多年的发展也形成了上千个系统版本。

③ 微信用户的活跃度。根据公布的数据显示，微信的用户量已超过 12 亿，日均活跃用户量达到了 10.9 亿。部分微信用户的活跃度较低，会影响推送信息的有效到达率。

（2）打开率。打开率是指用户在接收到微信公众号推送的信息后打开查看的比例，达到 80%为合格。打开率指标有助于运营人员推断信息推送时间是否合适。不同消费频次、不同属性产品的微信用户活跃度是不一样的，这需要运营人员在账号有了一定数量的订阅用户后，对用户的可接受信息推送时间进行仔细调查，并根据调查结果对推送时间做出调整，一般在最多用户选择的时段推送。

（3）阅读率。阅读率是指用户在接收到信息后，点击进去阅读图文信息的比例，达到50%为合格。决定用户是否会阅读信息的因素有标题、概要和头条配图。在内容运营上，标题在 14 个字以内、概要在 80 个字以内为宜；概要应对正文内容做恰如其分或巧妙的提炼；配图要紧扣主题，与概要相得益彰，只有这样才能吸引用户点击阅读。阅读率指标有助于考核运营人员或代运营公司的用户维系能力、用户洞察能力和内容营销能力：在标题拟定、概要提炼和配图选择上是否参考了用户调查的统计结果，是否参考了与用户日常沟通中搜集到的反馈意见，是否策划了用户真正感兴趣的内容。

（4）用户活动参与率。用户活动参与率是指用户在接收到信息后，参与活动的比例，达到20%为合格。用户活动参与率指标有助于推断活动策划的内容是否对用户具有吸引力。统计时，运营人员可以对活动规则进行设置，如参与活动的规则是发送"活动"，在实时消息里搜索"活动"的结果数量为用户的参与数量。

（5）活动期间用户复合增长率。活动期间用户复合增长率是指用户活动参与率转变为一个较稳定的活动参与所得到的预想值，达到10%为合格。在用户基数比较小的时候，公众号的用户多数是通过微信以外的综合推广手段（如微博、自有官网、QQ 空间、百度贴吧、豆瓣等）吸引来的。活动期间用户复合增长率有助于判断运营人员推广微信号是否有效，并引导用户关注微信。比较常用的推广手段是，在社区空间放一段优质内容，在内容下方告知用户想知道更多优质内容可以关注微信号。在积累了一定数量的用户后，公众号就不再依赖于用活动来增加用户订阅量，能够激发用户分享的优质内容会使用户在既有数量基础上自然滚动增长。

（6）链接点击率。链接点击率是指链接被点击次数和出现次数的比例，达到30%以上为合格。链接点击率指标可以用来考核运营人员的内容运营能力和用户把握能力。

三、个人微信号营销

（一）设置个人微信账号

1. 头像

人与人接触的前3秒是非常重要的。微信头像代表了用户的形象，也是个人品牌的"门面"。需要注意的是，不要频繁地更换微信头像，否则不利于用户产生印象和树立个人品牌形象，也会让用户降低对你的信任感。选择头像时，可以参考以下两点建议。

（1）与专业或职业贴近。可选择与自己的专业或职业贴近的头像，体现个人的专业度和品牌形象。

（2）与产品服务或品牌贴近。可选择与产品、服务、个人品牌相关的图片，让别人一目了然。

2. 昵称

按照习惯，用户决定是否添加微信好友和使用微信聊天时，首先注意的是对方的微信头像和昵称。通常用于运营和营销的微信号，设置昵称时应遵循简洁、明确的基本原则，字数不宜太多，应符合人们的记忆习惯。营销人员的账号昵称最好使用自己的真实姓名，也可在姓名后面加上联系电话。参考微信联系人的排序方式，昵称可按照"名字+职业+电话号码"的格式设置，最好与其他媒体平台保持一致，特别是当一个人已经具有一定知名度和影响力时，其昵称相当于一个鲜明的个人品牌，设置相同的昵称可以进一步增强个人品牌的推广效果。

3. 个性签名

个性签名非常关键，可以把经营的项目写进个性签名。同时，可展示个人的个性特点、情感态度等。原则上不应直接粘贴僵硬、直白的广告，否则不仅容易影响好友申请通过率，还会给人留下不好的第一印象。

（二）个人微信账号的朋友圈营销要点

微信朋友圈是展示自身形象的常用窗口，也是个人微信账号营销的重要途径。要想利用好朋友圈，发挥其最大的营销价值，营销人员必须设计好朋友圈的内容。微信朋友圈是社交空间，并不是重复发布硬广告的地方。因此，要想取得持续、有效的营销效果，不仅需要对广告的内容进行策划设计，还需要把握广告的发布时机。同时，营销人员还可以开展营销活动，更好地与用户互动，扩大影响力。

1. 朋友圈广告发布的技巧

（1）配图。在朋友圈发布广告时，配图很重要，图文并茂的方式更容易被用户接受。但配图上最好不要有别人的水印，否则会降低用户的体验感，同时降低配图的说服力。

（2）软广告。软广告是一种委婉、真实、润物无声的广告，可用产品故事、人物生活等进行包装。营销人员可以通过讲故事的方法发布广告，好的故事能够牢牢抓住读者。

（3）短内容。广告内容不宜过长，尽量利用简短的内容达到轻松有趣的效果；也不要在一条广告中添加太多产品信息，否则不仅需要花费用户的更多精力进行阅读，还不方便用户快速做出购买决策，容易使其因为选项太多而放弃决策。

2. 朋友圈广告发布的时段

为了保证推广效果，营销人员要分析目标用户在朋友圈的活跃时间，在其查看朋友圈的高峰期进行推广。一般朋友圈广告的最佳发布时间是 8:00～9:30、11:30～13:00、17:00～18:30、20:00～24:00 这 4 个时间段，因为大多数人会在这些时间段浏览微信朋友圈来消磨时间、分享信息。营销人员要根据不同的用户群对发布的时间进行调整。

3. 朋友圈活动策划

策划朋友圈活动的目的是让微信好友参与互动，实现活动信息的快速传播，扩大活动影响力。朋友圈活动的常见形式是转发和点赞，通过转发和点赞获得奖品、优惠券、现金等福利。如果技术允许，还可以在朋友圈发布一些小游戏，吸引用户参与和转发。

在开展微信营销活动时，营销人员要为活动设定一个预热期。一般来说，活动的预热期是在活动正式开始前的 3～7 天。在营销活动的预热期，营销人员应保持每天在最佳的信息发布时段发布一次活动信息的频率，为营销活动预热。

设计朋友圈活动时，可通过配图说明活动的相关信息，如活动时间、参与条件、参与流程等。活动应具有鲜明的主题和简洁的内容，以及便捷的操作和简单的流程，以方便用户参与。如果用户需要花费太多精力去参与活动，则会大大降低用户的积极性。活动开始后，营销者可以对活动数据进行分析，关注好友的参与情况、互动情况和反馈意见，及时调整活动中的不合理之处。另外，活动结束后，需要对活动效果进行总结，以便更好地开展下一次活动。

（三）个人微信账号的好友关系管理

好友互动是个人微信账号好友关系管理的重要环节，微信好友互动主要有三个方面，分别是日常互动、朋友圈互动和微信群互动。

1. 日常互动

节日问候通常会让对方觉得十分贴心。问候信息不能使用群发模式，要带上称谓，用适当的风格和语句进行问候才能形成友好的互动。在与微信好友互动交流的过程中，一定要有礼貌，还可提供售后访问、优惠活动等相关信息。另外，要注意保护微信好友的隐私，不要将其信息私自泄露给他人。回答好友咨询问题或进行讨论时，尽量提前组织好语言，做好准备。

2. 朋友圈互动

营销人员可以多发一些互动性的文案来提高朋友圈的活跃度，多给他人点赞，经常评论他人的动态。其中，美食、搞笑、养生是目前比较受欢迎的文案类型。

3. 微信群互动

微信群互动是为了提高群成员的活跃度，营销人员可多参与社群话题讨论，以增加其他成员对账号的熟悉度。注意，不要在群里发布虚假的、毫无价值的广告，否则容易引起用户的反感。在微信群中发言时尽量使用文字和图片，慎用语音，因为部分用户很少会打开语音收听。

四、微信公众平台营销

微信公众号是指开发者或商家在微信公众平台①上申请的应用账号，该账号与 QQ 账号互通。通过公众号，商家可在微信平台上实现与特定群体的文字、图片、语音、视频的全方位沟通、互动，形成一种主流的线上线下微信互动营销模式。

从营销的角度来说，微信公众号在品牌传播、宣传推广等方面都具有非常重要的意义。利用微信公众平台，可以更好地引导用户了解品牌、参与互动，同时可扩大信息的曝光度，在降低营销成本的基础上实现更优质的营销。

（一）微信公众平台的建立与定位

1. 微信公众号的类型

微信公众号主要包括服务号、订阅号、小程序和企业微信四大类型，如图 5-14 所示。每种类型的使用方式、功能、特点均不相同。用于营销的公众号一定要选择最适合自己的类型，才能达到预期的营销推广效果。

（1）服务号。

服务号为企业和组织提供更强大的业务服务和用户管理能力，服务效率比较高，主要偏向于服务交互。银行、114 等提供服务查询的企业适合选择服务号类型，客户服务要求高的企业也可开通服务号。服务号每个月可群发 4 条消息，还可开通微信支付功能。如图 5-15 所示为中国建设银行的微信服务号。

（2）订阅号。

订阅号为媒体和个人提供一种新的信息传播方式，具有信息发布和传播能力，可以展示自己的个性、特色和理念，树立自己的品牌文化。其主要功能是为用户传达资讯，适用

---

① 微信公众平台网址为 https://mp.weixin.qq.com。

于个人、媒体、企业、政府或者其他组织。订阅号每天可以群发 1 条消息，具有较大的传播空间。如图 5-16 所示为参考消息的微信订阅号。

图 5-14　微信公众平台账号类型

图 5-15　中国建设银行的微信服务号　　　　图 5-16　参考消息的微信订阅号

服务号与订阅号的区别主要体现在以下四个方面。

① 如果想简单地发送消息，达到宣传效果，建议选择订阅号。

② 如果想进行商品销售，建议申请服务号。

③ 订阅号有一次通过微信认证资质审核升级为服务号的机会，升级成功后类型不可再变。

④ 服务号不可变更成订阅号。

（3）小程序。

小程序是一种新的开放功能，开发者可以快速地开发一个小程序。小程序可以在微信内被便捷地获取和传播,同时具有出色的使用体验,是一种不需要下载安装即可使用的应用,适合企业、政府、媒体及其他组织使用。

（4）企业微信。

企业微信①主要用于公司内部,用户需要先验证身份才可以关注成功,具有实现企业内部沟通与协同管理的作用。企业微信主要用于公司内部通信,可以高效地帮助政府、企业及组织构建自己独有的生态系统,随时随地连接员工、上下游合作伙伴及内部系统和应用,实现业务及管理互联网化。如图 5-17 所示为企业微信官网页面。

图 5-17　企业微信官网页面

2. 微信公众号的申请与认证

（1）微信公众号的申请。

① 打开微信公众平台登录页面,单击右上角的"立即注册"。选择公众账号类别。填写注册邮箱、密码及验证码,单击"注册"按钮,推荐使用企业邮箱注册。

② 进入邮箱验证。登录注册邮箱,单击链接激活。

③ 激活邮箱后进入相应界面,填写申请资料。其中需要提供企业的名称、企业邮箱、企业地址、邮编、营业执照注册号、营业执照住所地、成立日期、营业期限、经营范围、营业执照副本扫描件（支持.jpg、.jpeg、.bmp、.gif 格式,大小不超过 2M）、注册资本、组织机构代码、运营者身份证姓名、运营者身份证号码、运营者手持证件照片（照片证件号清晰,审核快）、职务（运营者在组织机构中的职务）、手机号码（需验证）、授权运营书（下载填写好后盖章上传）等资料,以上信息核对无误后按提示继续。

④ 再次确认选择账号类别,点击"选择并继续"。订阅号主要做信息推送,每天可以向用户推送一条信息（认证后可以使用自定义菜单,需要 300 元认证费,不论通过与否,均不退还）；服务号主要做功能的二次开发,可以自定义菜单,开放高级功能接口,每周推送一条信息。

⑤ 填写公众号信息,包括账号名称、功能介绍、运营区域、语言、账号类型。

（2）微信公众号的认证。

微信公众号经认证后,排名靠前,可优先被潜在客户找到；品牌效应和可信度更高,同时能够提高客户信任度。

① 非个人类型的公众账号只要信息登记审核通过即可申请微信认证。

---

① 企业微信平台网址为 https://work.weixin.qq.com/。

② 2014 年 8 月 26 号之前注册的个人类型公众账号需满足以下两个条件，即可申请微信认证：没有开通的流量主的个人类型账号；未纠错过主体信息的账号。

3. 微信公众平台的定位

一个公众号在发展前期一定要做好定位工作，选择针对的用户群体，之后策划公众号的运营内容，设计、提供用户群体喜欢的风格、特色和服务，以此建立清晰的账号形象，发展精准用户，慢慢形成品牌效应，寻找盈利点，达到营销目的。进行公众号定位时要注意以下三个要点，一是自身定位、市场导向、用户喜好决定了平台的推送内容，要注意平衡，同时兼顾以上几点。二是谨慎跨领域发展。一定要按照自身定位选取合适的内容，尽量不发与自身定位无关的信息。三是多原创、少转发。

常见的定位方法有按地域、风格、行业、产品及功能等定位。

（1）按地域定位。

不同地区的用户在文化、习俗、喜好上会有一定的差异，甚至在接受能力、吸收速度上会有很大的不同。运营具有地域特色的公众号时，要有一定的针对性，发布具有地方特色的内容，对内容的把握需要精准、深入，以让用户获得最新、最近的消息。

（2）按风格定位。

按风格定位是指根据文风是严肃的、文艺的还是幽默的对公众号进行定位，这取决于公众号面对的目标群体的属性。公众号面向年轻群体时，采用轻松诙谐的方式有很大的吸引力；如果是专业报道，则采用严肃朴实的风格较好。

（3）按行业定位。

按行业定位是指根据公众号未来营销的产品或服务属于哪个行业对公众号进行定位。营销者可以免去分析与自己的产品或服务对应的精确适用人群，只需对自己的产品或服务进行行业归类，就可以简单地为自己的公众号定位。针对行业细分的公众号需要推荐与本行业相关的消息，其专业性会更强一些。

（4）按产品定位。

按产品定位是以已有的产品或品牌为公众号的定位基础。以产品定位时，在多数情况下，产品或服务需要具备一定的知名度，这有利于公众号的前期推广。若产品或品牌知名度不高，则以产品定位的公众号的粉丝数量将受到限制。

（5）按功能定位。

以功能来定位的分类边界并不明显，一般来说，以功能定位的公众号可提供功能服务。

（二）微信公众平台的营销策略

1. 经营好个人微信号的朋友圈

近年来，越来越多的个人和企业通过各种方式吸引新用户和引导老用户关注自己的公众号，但是出现了公众号的粉丝量虽然在不断地增加，但文章阅读数却越来越少的现象。大部分的公众号流量来源于个人微信号朋友圈的转发。一篇文章如果不被个人微信号转发和推荐，就无法扩大影响力。因此，营销人员要更加重视经营好个人微信号的朋友圈。

2．内容精准发布

内容精准发布是为了实现明确的定位，如内容给谁看，谁对服务、产品或品牌感兴趣，谁有可能成为客户。要想做到内容精准发布，需要将广告推送给合适的人，更有利于产品宣传，主要表现在两方面，一是用户的风格，主要表现为根据用户的类型进行推广；二是与用户的关系，主要表现为根据与用户的关系进行推荐。此外，为了保证推广效果，运营人员还可以分析目标用户在朋友圈的活跃时间，在其查看朋友圈的高峰期进行推广。

3．巧用热点事件

在移动互联网时代，热点事件的传播速度非常快。运营人员应懂得利用热点，营造自身产品的热度，借势营销。在借助热点发布朋友圈广告时，还可以根据需要与用户保持互动。

4．营销内容有价值

只有为用户提供感兴趣、有价值的营销信息，才能让用户有阅读的兴趣，才能持续提高粉丝的忠诚度，才能让用户接受并参与营销活动。发布营销信息时还要注意发布内容的排版形式。一个有吸引力的标题能够激发用户的好奇心，图文并茂、段落清晰的内容编排则会让用户产生良好的阅读美感。

5．增强用户参与感

吸引用户只是第一步，要想持续扩大影响力，还要用好的内容和互动把用户真正留住。把粉丝当作自己的朋友来对待。对于公众号而言，关键词回复、问题搜集与反馈、评论等都是比较有效的互动形式。

（1）关键词回复。

在推送的文章中，提醒用户输入关键词进行回复，引导用户通过回复关键词了解详细内容，提高公众号的使用率，还可以在自动回复中加入一些惊喜，增强用户黏性。除维护粉丝外，关键词回复也是吸引新粉丝的有效手段。当老用户对文章进行分享，新用户阅读文章内容后，想要了解关键词的相关信息，就必须关注公众号。

（2）问题搜集与反馈。

在公众号中，可以开展一些用户感兴趣的问题收集活动，以提高用户的参与度，或者对用户反馈的问题进行解答，让用户对产品的使用情况进行反馈，以增加用户与用户、用户与公众号之间的互动。

（3）评论。

开通留言功能的公众号（开通公众号一段时间后才能开通该功能），其评论就是与用户互动的有效途径。很多用户在阅读推送内容时，还会阅读评论区的内容。公众号可以在评论区与用户进行互动，或在评论区自评，鼓励用户转发。

（三）微信公众平台的粉丝关系管理

粉丝是公众号营销的基础。要想获得更大的影响力，提高推广效果，必须增加粉丝量和提高粉丝的忠诚度。公众号的粉丝不一定是产品用户，但是粉丝可以成为分享、传播产品、服务和品牌的最大助力。获得公众号粉丝的方法有很多，不同类型的运营者通常会使用不同的手段。

1．邀请老用户关注

可通过微信、短信等方式对有过交易或互动的用户进行邀请。

2．线下用户

不管是进行线下店铺交易、参加展会还是开展其他线下活动，都可以制作一个二维码邀请潜在用户关注。为了吸引潜在用户关注，还可以附赠一些小礼品。

3．其他媒体平台引流

在各种网络平台上分享有价值的内容，吸引读者关注。可以引流的平台很多，如微博、QQ 等社交平台，论坛、知乎等社区平台，美拍、秒拍等短视频分享平台，以及文库、网盘等资源分享平台等。

要想提高粉丝的忠诚度，关键还是在于先经营好个人微信号，然后维护好公众号平台的互动。

（四）微信小程序营销

微信小程序是一种不需要下载和安装即可使用的应用，它实现了应用触手可及的梦想，用户扫一扫或者搜一下即可打开应用；也体现了用完即走的理念，用户不用关心是否安装了太多应用的问题。应用将无处不在，随时可用，但又无须安装和卸载。小程序基于微信的社交属性，依托微信庞大的活跃用户群体，可以在微信生态圈内完成裂变。

1．微信小程序的特性

微信小程序的定位为比网站体验好，比下载应用软件便捷。相比于应用软件，小程序更加适合一些中频应用服务场景，能够提高用户效率。虽然小程序以应用程序的状态存在，但有别于一般应用软件的形式，其拥有灵活的应用组织形态，具有无须安装、触手可及、用完即走和无须卸载四大特性。

（1）无须安装。小程序内嵌于微信程序中，用户无须在应用商店下载并安装外部应用即可使用。

（2）触手可及。用户通过扫码等形式可直接进入小程序，从而实现线下场景与线上应用的即时连通。

（3）用完即走。在线下场景中，用户可以根据需求直接进入小程序，无须安装及订阅，使用服务功能后无须卸载，实现用完即走。

（4）无须卸载。访问小程序后可直接关闭，无须卸载。

2．微信小程序的营销策略

小程序是社群传播的良好载体，无论是在运行速度还是稳定性上，都具有很大的优势。作为一种通过扫码即能应用的工具，对于企业来说，不仅设置极其简单，而且线下推广极为便利。

（1）通过小程序进行客户引流。

小程序拥有二维码扫描、关键词搜索、微信群分享、朋友聊天分享、附近的小程序、公众号关联等入口。利用小程序，企业可以通过多种方式展示想要传递的内容、提供的服务，甚至可以通过小程序商城进行商品售卖、服务预订等。基于微信庞大的用户流量，企业能够通过小程序的开发与运营，便捷地获得更多用户资源。

（2）小程序的即时服务。

小程序以二维码扫描为主要入口，用户通过微信"扫一扫"进入应用，享受随时随地的即时服务，省去了 App 等的下载、安装、注册等环节。因此，将会有更多用户通过不同的服务场景进入小程序，体验企业提供的线上服务和产品。利用场景化功能引导用户使用小程序，可以提高线下服务效率，优化服务体验。用完即走的便捷操作方式，也避免了用户下载、注册、卸载应用软件的烦琐操作。

（3）配合公众号实现黏性服务。

企业品牌可以通过会员系统或公众号，将系统中的消息推送功能和小程序用完即走的服务相结合，进行粉丝和会员的二次开发，在增强用户黏性的同时，创造更多商业价值。

一方面，公众号中可以加入小程序入口，与小程序关联后，公众号可以选择向关注者发送一条关联通知，通过关联的方式将公众号的粉丝引入小程序中，为其提供更多的增值服务，以此增强用户黏性并增加销售转化。另一方面，在公众号运营中，可结合用户在小程序中的行为数据，为其提供精准的个性化服务，如通过用户在小程序中的行为辨别用户价值和产品购买倾向。对于有价值的用户，可利用优惠手段在小程序中吸引其关注公众号，并利用公众号实现有针对性的服务，进行折扣券推送等。

习　　题

一、选择题

1. 微博可以一点对多点，也可以点对点，这体现了微博的（　　　）特点。
   A. 便捷性　　　　　　　　　　　　　B. 背对脸
   C. 原创性　　　　　　　　　　　　　D. 大众性
2. 下列不属于微信营销特点的是（　　　）。
   A. 信息发布到达率、曝光率和接受率高
   B. 形式灵活多样
   C. 面对点精准营销
   D. 互动关系更紧密
3. 下列不属于微博数据分析指标的是（　　　）。
   A. 粉丝数量和粉丝增长速度　　　　　B. 粉丝活跃比
   C. 互动情况　　　　　　　　　　　　D. 粉丝评价

4．O2O 模式进入移动互联网的标志是（   ）打造的微信支付全面上线，并与线下场景融合在一起。

A．小米　　　　　　　　　　　　B．阿里巴巴

C．腾讯　　　　　　　　　　　　D．百度

5．微信用户群的建立实现了商家进行（   ）针对性营销的愿望，可以使其进行精准的营销活动。

A．"多对多"　　　　　　　　　　B．"一对多"

C．"一对一"　　　　　　　　　　D．"面对面"

6．订阅号每天可以群发（   ）条消息。

A．1　　　　　B．2　　　　　C．3　　　　　D．4

7．微博账号最多能加（   ）个关注。

A．1000　　　　B．2000　　　　C．500　　　　D．300

8．微信营销的价值主要有（   ）三大部分。

A．输出个人品牌　　　　　　　　B．维护客户关系

C．刺激产品销售　　　　　　　　D．营造网上经营环境

9．微博是一个（   ）的平台，更倾向于社会化信息网络，传播范围广。

A．浅社交，泛传播　　　　　　　B．深社交，精传播

C．深社交，泛传播　　　　　　　D．浅社交，精传播

二、简答题

1．简述微博营销的优缺点。

2．简述微博营销与博客营销的区别。

3．结合所学内容，总结微信营销的推广方法。

4．结合所学内容，总结微信公众平台的营销策略。

5．请结合所学知识，为你感兴趣的企业或品牌设计一份微博/微信营销方案。

三、案例分析题

完美日记的微信私域流量运营

完美日记成立于 2017 年，是广州逸仙电子商务有限公司旗下品牌，如图 5-18 所示为完美日记的标识。作为一个成立不到 5 年的美妆品牌，完美日记成为知名的国产美妆品牌，常常占据天猫平台的彩妆榜单第 1 名。

在微信私域流量方面，完美日记建立起"微信公众号+个人号+微信群"的布局。

1. 多渠道导流

（1）门店导流。随着完美日记知名度的不断提升和市场规模的不断扩大，近年来，完

图 5-18　完美日记的标识

美日记在全国各地陆续开设了多家线下体验店（见图 5-19）。完美日记的每家线下门店都会要求导购通过优惠等方式引导用户关注完美日记的微信号。

图 5-19　完美日记的线下门店

（2）快递导流。用户通过线上电商渠道购买完美日记产品后，商家会在产品包裹内附加一张红包卡，通过小额的购物红包引导用户关注微信号。

2. 私人顾问人设

由于完美日记是一个美妆品牌，为了与用户更加自然地相处，完美日记特地打造了一个以"小完子"为人设的美妆、护肤顾问账号，而完美日记的粉丝群就叫"小完子完美研究所"。根据相关数据显示，目前以"小完子"为人设的微信个人号至少有 100 个，添加了几十万名用户为微信好友。无论是微信群还是朋友圈，都是以"小完子"的人设为用户提供服务，如群内答疑、收集意见和在朋友圈发布个人最新动态等。这不仅拉近了品牌与用户的距离，而且能更加直观地展示品牌的形象和产品。

3. 微信号矩阵

完美日记需要建立多个不同类型的微信公众号矩阵，覆盖更多的用户。有专门服务粉丝的，有针对学生的，有提供美妆护肤指导的……目前一共有近 20 个微信公众号。如图 5-20 所示为完美日记的部分微信公众号。

4. 内容营销

（1）公众号。完美日记的公众号既有新品预告、美妆教程，也有产品评测、互动活动等内容，如图 5-21 所示。

（2）微信群。完美日记通过粉丝群推荐，引导用户在"完子心选"这款小程序平台内直接下单购买，群内每天定时有新品上架、折扣优惠等提醒。

（3）个人号。品牌方设立了以"小完子"为人设的个人号，小完子的朋友圈更容易拉近品牌与用户的距离，且更新频次高，内容质量专业度高。

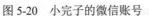

图 5-20 小完子的微信账号   图 5-21 完美日记公众号

（4）视频号。微信推出视频号功能后，完美日记建立了两个品牌视频号，用于发布品牌的宣传片和产品的测评、互动视频等，加强与用户之间的互动，以更立体化的方式展现品牌的特色，增强营销活动的趣味性和生动性。

资料来源：同进步共创业.完美日记的美妆品牌私域流量运营是怎么玩的？[EB/OL]. （2019-12-31）[2020-01-02]. https://zhuanlan.zhihu.com/p/100717637

案例思考：

1. 结合所学知识和案例，简述完美日记的微信私域流量营销的创意点。
2. 你认为完美日记的微信私域流量营销有什么优势？请提出改进建议。

第六章　网络广告营销

本章知识点

（1）掌握网络广告营销的定义、优势与局限性。

（2）掌握网络广告营销的分类。

（3）掌握网络广告营销的计费方式、效果评价指标。

本章技能点

（1）能够对网络广告营销的计费过程进行分析。

（2）能够把握新形势下的网络广告营销新模式。

职业核心能力

自我学习、信息处理、与人交流、与人合作、解决问题、革新创新

知识导图

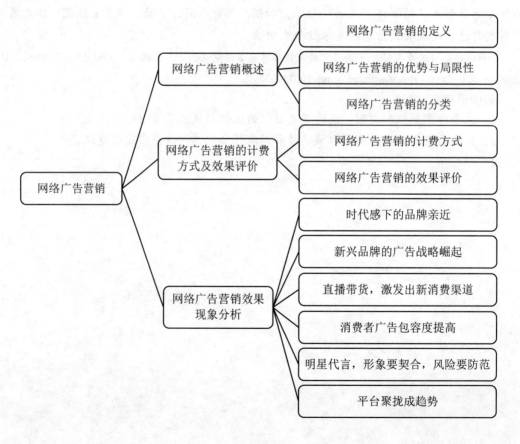

引例

在打开 B 站时，开屏广告会占据手机的整个页面，以动态或静态的形式进行持续 3～5 秒的推送，这种广告难以回避，"跳过"按钮也较小，容易误触广告自身的超链接进入广告的详细信息页面，因此，开屏广告宣传范围广、效果好。

日清拉王与 B 站新番动画《爱吃拉面的小泉同学》合作推出限定款杯面，在 B 站投放新番人物形象型首页信息流广告和开启 App 页面广告，促使限定款杯面在三个月内就全部售罄。完成了依托番剧、线上线下多方合作的传播管理，衍生主题展示的创意传播和在 B 站平台形成的传播接触三者之间的相互关联与支持，达到了网络广告营销创意传播管理的效果，实现了真正的高收益。

第一节　网络广告营销概述

一、网络广告营销的定义

网络广告是指在各种互联网平台上投放的广告（如网站中的横幅广告、视频广告、文本链接广告等）。这是互联网时代催生出的一种全新广告模式。

网络广告营销是指配合企业整体营销战略，发挥网络互动性、及时性、多媒体、跨时空等特征优势，策划吸引客户参与的网络广告形式，选择适当网络媒体进行网络广告投放。

与传统的四大传播媒体（报纸、杂志、电视、广播）广告及近来的户外广告相比，网络广告具有得天独厚的优势，是实施现代营销媒体战略的重要部分，是中小型企业扩展壮大的很好途径，对于广泛开展国际业务的公司更是如此。特别是随着互联网的普及与发展，网络广告的市场正在以惊人的速度增长，网络广告发挥的作用与效果越来越显著，业界人士普遍认为互联网将成为四大传统媒体之后的第五大媒体，甚至会后来者居上。

二、网络广告营销的优势与局限性

（一）网络广告营销的优势

与传统广告相比，网络广告主要有以下优势。

1. 传播范围广

网络广告不受时间和空间限制，只要具备上网条件，无论何时何地，在互联网上发布的广告信息都可以传递到用户手上。

2. 性价比高

作为新兴媒体，网络媒体的收费远远低于传统媒体。例如，传统的电视广告通常按秒收费，获得一个有效用户的成本可能高达上万元，而互联网广告通常按月计费或按效果计费，获得一个有效用户的成本可低至几分钱。

3. 表现形式多样

网络广告的传播载体基本上是多媒体、超文本格式文件，受众不但能够看广告，还可以打开广告、与广告互动。一些广告甚至直接以游戏的形式出现，受众还可以玩广告。这些丰富多彩的表现形式，可以传递多感官的信息，让受众身临其境般感受商品或服务。而传统广告表现形式单一，平面广告只能是文字或图片，广播广告只能是声音，电视广告也无法互动，并且传统媒体对广告的形式和内容有严格的要求与约束，更对比体现出网络广告的多样性。

4. 互动性强

交互性是网络媒体的最大优势之一。传统媒体都是单方面向用户传递信息，用户只能被动接受，没有发言权，也没有选择，广告主也无法获得用户的反馈。而互联网的特点是信息互动传播，在网络上，受众可以有选择性地获取他们认为有用的信息，可以针对这些信息自由发表言论，而广告主也可以随时得到受众的反馈信息。

5. 灵活性好

在传统媒体投放广告，发布后很难更改，即使可以改动，成本也很高。而在互联网上投放广告，可以随时变更广告内容，这就可以及时实施和推广变更的策划内容，降低经营风险，提升宣传效果。网络广告制作成本低、时效长且具有高科技形象，将会有越来越多的企业选择网络广告作为重要的品牌宣传渠道之一。

6. 精准度高

根据具体用户分类来有针对性地投放广告，可以提高广告受众精准度。传统媒体往往受众不明确，而网络广告可以根据企业的营销策略，针对不同的细分群体，在用户细分程度极高的各种网站平台上传，实现精准投放。

7. 效果可精确统计

传统广告无法精确统计投放效果，仅靠并不精确的收视率、发行量等估算受众数量。效果评估是检验实施方案的重要指标。没有精确的有效数据作为评估依据，效果得不到评估，广告主经营成本将大大提高。而网络广告具有及时和精确的统计机制，广告主能够直接对广告的发布进行在线监控（如监视广告的浏览量、点击率等），实时监测和评估广告效果。

（二）网络广告营销的局限性

网络广告营销的局限性体现在以下几个方面。

1. 传播的被动性

传统媒体是将信息推给观众或听众，受众只能被动地接受这些信息。而网络广告具有非强迫性和受众主动选择的优势，但网络广告仍是被动传播，并非主动展现在用户面前，用户通过搜索才能找到需要的广告。为了能让更多的用户便捷地接触到所需要的广告，技术人员还需要持续开发诸如自动扩张式广告之类的能争取用户的技术，以期达成其最大的效用。

2. 创意的局限性

Web 页面上的旗帜广告效果很好，但是受限于旗帜广告的尺寸，创意空间非常小。其常用的尺寸为宽 8.44～12.66 厘米、高 1.69～2.11 厘米。对广告策划者来说，在如此小的空间里创造出有足够吸引力、感染力的广告是个巨大的挑战。

3. 广告位有限

旗帜广告一般出现在网站主页的顶部或底部，可以选择的位置较少。图标广告可以安置在页面的任何位置，但由于尺寸小，不被市场看好。与此同时，由于许多有潜力的网站还没有广告意识，网页上不设广告位置，使得广告向少数有影响力的导航网站聚集，广告主竞相投放广告，进一步加剧了广告位置的紧张性，导致网站采用轮换播映的方式，在一个位置安置几个旗帜广告。

三、网络广告营销的分类

（一）网幅广告

网幅广告（banner）是最早的网络广告形式，是将 GIF、JPG、Flash 等格式的图像文件定位在网页中，用来展现广告内容，可以使用程序语言（如 JavaScript 等）使其产生交互性，使用插件（如 Shockwave 等）增强其表现力。常见的网幅广告尺寸（单位：像素）有 950×60 通栏 banner、468×60 全尺寸 banner、392×72 全尺寸带导航条 banner、125×125 方形按钮 1、120×90 按钮 2、120×60 按钮 1、88×31 小按钮、120×240 垂直 banner 等。

网幅广告可以分为三类：静态、动态和交互式。

1. 静态

静态的网幅广告就是在网页上显示一幅固定的广告图片。它的优点是制作简单，能被所有的网站所接受，缺点是不够生动，有些呆板和枯燥。一般而言，静态广告的点击率比动态和交互式广告的点击率要低。

2. 动态

动态的网幅广告拥有各种动态的元素，或移动，或闪烁。它们通常采用 GIF 动态图片格式或 Flash 动画格式，通过不同的动态图像，传递给浏览者更多信息，加深受众的印象，其点击率普遍高于静态广告。动态广告在制作上并不比静态广告复杂，而且尺寸也较小，是目前最主要的网络广告形式。

3. 交互式

不管是静态广告还是动态广告，都还停留在让用户被动看的阶段。而互联网媒体相对于传统媒体最大的优势是互动，所以更能吸引浏览者的交互式广告便顺势而生了。交互式广告的形式多种多样，如下拉菜单、填写表格、游戏、插播式、回答问题、弹幕等，这类广告让用户欣赏的同时，吸引用户参与。交互式广告比其他广告包含更多内容，可以让用户在参与的过程中更深刻地认识与了解企业与产品。

（二）文本链接广告

文本链接广告是以一排文字作为广告入口，点击文字可以进入相应的广告页面。这是一种对浏览者干扰最少，但却较为有效的网络广告形式。

（三）富媒体广告

在互联网发展的初期，因为带宽的原因，网络广告主要以文本和低质量的 GIF、JPG 图片为主。而随着互联网的普及及技术的进步，出现了具备声音、图像、文字等多媒体组合的媒介形式，这些媒介形式的组合叫作富媒体（rich media），以此技术设计的广告叫作富媒体广告。富媒体广告表现形式多样、内容丰富、冲击力强，但是通常费用比较高。

（四）插播式广告（弹出式广告）

插播式广告是指用户在浏览网页时，强制插入一个广告页面或弹出一个广告窗口。最典型的插播式广告就是网页弹窗。插播式广告有各种尺寸，有全屏的也有小窗口的，互动的程度也不同，静态、动态均有。它们的出现没有任何征兆，但肯定会被浏览者看到。插播式广告类似于电视广告，都是打断正常播放的节目，强迫受众观看。不同的是，网页浏览者可以通过关闭窗口选择不看广告。

（五）视频广告

视频广告是随着网络视频的发展而新兴的广告形式。其表现手法与传统电视广告类似，都是在正常的视频节目中插入广告片断。比如在节目开始前或节目结束后播放广告视频。同插播式广告一样，视频广告也是一种强迫用户观看的广告形式，但是比插播式广告要友好得多。

（六）搜索引擎竞价广告

竞价排名是搜索引擎广告的主要形式，它是按照付费最高者排名靠前的原则，对购买了同一关键词的网站进行排名的一种方式。竞价排名的最大特点是按点击付费，如果没有被用户点击，则不收取广告费。在同一关键词的广告中，出价最高的广告排列在第一位，其他位置按照广告主出价不同，从高到低来依次排列，如图 6-1 所示。

在搜索引擎营销中，竞价排名的特点和主要作用如下。

❑ 按效果付费，广告费用相对较低。如果用户不点击广告，则广告主不需要支付任何费用，所以大大节省了广告费用。

图 6-1　搜索引擎竞价广告排位

- ❑　广告出现在搜索结果页面，与用户检索内容高度相关，提升了广告的精准度。
- ❑　竞价广告出现在搜索结果靠前的位置，容易引起用户的关注和点击，因而效果比较显著。
- ❑　广告主可以自由控制广告价格和广告费用，降低了风险。
- ❑　广告主可以对用户点击广告的情况进行统计分析，通过数据来优化广告，提高效果。

除以上 6 种常见的网络广告形式外，还有一些新兴的和不是很常见的形式，如翻页广告、祝贺广告、赞助广告等。

第二节　网购广告营销的计费方式及效果评价

一、网络广告营销的计费方式

与传统广告相比，网络广告的计费方式更为灵活，可以按照不同的需求与目的制订不同的付费方式。

（一）包月

包月是最传统的广告付费方式，是指在固定的广告位投放广告，按月计费（也有按周或按天计费的）。包月广告的费用固定，便于控制预算，但是效果却难有保证。

（二）CPM（按展示计费）

CPM（cost per mille）即每千人成本，指广告显示 1000 次所应付的费用。CPM 所反映的定价原则是：按显示次数给广告定价。这种定价思路与传统广告的定价思路源出一脉，传统媒介多采用这种计价方式。如果一个横幅广告的单价是 1 元/CPM，则意味着每 1000 人看到这个广告就收 1 元，以此类推，10 000 人观看就是 10 元。至于 CPM 的收费究竟是多少，要根据主页的热门程度（即浏览人数）划分价格等级，采取固定费率。

采用 CPM 广告计价模式的平台有很多，如爱奇艺、新浪扶翼、微信广告、抖音等都是采用 CPM 广告计价模式。

CPM 付费方式的优势在于很适合做品牌塑造，广告按照千次展现收费，所以广告具有海量曝光的特点。不仅如此，广告是按照用户的兴趣标签来进行精准投放的。广告主选择 CPM 付费方式对广告内容有很大的控制权，可以让用户对展示的品牌或产品具有最大化的产品关注度，也可以将品牌的影响力通过广告变得更大。

CPM 付费方式的劣势在于很多用户对于广告是有兴趣才会看，如果不愿意看广告，就会直接忽略。另外，如果广告创意不够新颖，没有足够的吸引力，用户即使看完广告，印象也不会深刻。

（三）CPC（按行动付费）

CPC（cost per click）是每次点击付费方式，即按照广告的点击次数计算费用，如果没有人点击广告，则不需要付费。在这种模式下，广告主仅为用户点击广告的行为付费，而不再为广告的显示次数付费。

将广告以各种方式投放到各个站点的固定广告位上，当访问者对广告图片或文字产生兴趣并点击后才计算费用。以 24 小时为一点击 IP 计算，单独 IP 重复点击不重复计费。CPC 付费方式广告主要包括图片、网摘、主题广告三类，模式特点为可投放网站类型全面，一般网站媒体普遍支持，用户群体印象浏览不计费，精准意向客户点击才计费，有利于筛选精准客户。

目前采用这种模式的平台包括淘宝直通车、京准通、今日头条、58 同城竞价、百度竞价等。

CPC 模式的优点是用户的每一次点击都会为广告主带来真实的流量或潜在的消费者，但也有缺点，如有很多不法分子会恶意竞争点击刷量。

CPC 模式对于广告主非常有利，但是不少网站主却觉得不公平，因为虽然浏览者没有点击广告，但是他们已经看到了广告，对于这些看到广告却没有点击的流量，网站无利可获。

（四）CPA（按行动付费）

CPA（cost per action）指每行动成本，即根据每个访问者对网络广告所采取的行动进行收费的定价模式。通常是用来推广注册类的产品，如网络游戏、交友网站等，当有用户通过点击广告成功注册后，广告主才支付费用。采用这种付费方式的平台有淘宝客、京挑客、应用宝、AppStore 及视频聊天软件等。

CPA 模式在充分考虑广告主利益的同时忽略了网站主的利益，遭到了越来越多的网站主抵制。网站主普遍不愿意在优质广告位投放冷门产品的 CPA 付费方式广告，因为广告被点击后是否会触发网友的消费行为或者其他后续行为（如注册账号），决定性因素不在于网站媒体，而在于该产品本身的众多因素（如该产品受关注的程度和性价比优势、企业的信誉程度等），以及如今网友对网上消费的接受状况等因素。所以越来越多的网站媒体在经过实践后拒绝 CPA 模式，CPA 付费方式广告很难找到合适的媒体。

（五）CPS（按销售付费）

CPS（cost per sales）指按照广告点击之后产生的实际销售笔数付给广告站点销售提成费用。由于这种方式能够最大化地规避风险、提升效果，所以受到了广告主的热捧，尤其适合于产品销售。采用此模式的多为博客、导航、个人网站、返利网站、游戏联盟等平台。

CPS 模式的优劣势都非常明显，优势是广告主能在资金紧张时期优化资金链，盘活企业库存，扩大广告面；劣势是负面效果的管理有难度，市价风险控制难度大。

除以上 5 种常见的网络广告计费方式外，还有一些不常见的，如 CPL（cost per lead）、PPL（pay per lead）等。

二、网络广告营销的效果评价

在传统媒体做广告，很难准确地知道有多少人接收到广告信息。而在网络上投放广告，可以统计广告被浏览的总次数、每个广告被点击的次数、每个访问者的访问时间和 IP 地址等数据。这些数据可以帮助广告主分析市场与受众，有针对性地投放广告，并根据用户特点做定点投放和跟踪分析，对广告效果做出客观、准确的评估。

网络广告通常需要监测以下数据。

1. 基本数据

最基本的监测数据包括广告曝光次数、广告点击次数和广告页面停留时间。广告曝光次数多，说明所投放网站的流量较高；广告点击次数多、用户在广告页面停留的时间长，说明浏览者对广告感兴趣，有可能成为最终用户。

2. 网站数据

如果产品就是网站，需要监测广告带来的 IP（独立访客）数、IP 所产生的 PV（页面浏览）量、网站注册量等。如果 IP 数与 PV 量的比值很大，意味着用户对网站的内容感兴趣，说明广告所带来的浏览者精准。

3. 销售数据

如果是广告销售，需要监测广告带来的用户咨询量、用户成交数量、总的销售额和毛利润。

4. 转换率

转换率是评判广告优良的关键数据，能够表明转换率的数据如下。

（1）点击率：广告曝光数除以广告点击数。点击率越高，则广告效果越好。但如果点击率过高，则有可能存在作弊现象。

（2）咨询率：咨询量除以 IP 数。咨询率需要和成交率一起参考，咨询率并不能准确反映广告效果。

（3）成交率：成交数除以咨询数。如果成交率和咨询率差距过大，也有可能存在作弊现象。

（4）注册率：注册用户数除以 IP 数。注册率过高，可能存在作弊现象。防止作弊的一个有效方法是提高注册的门槛，如在注册时，一个邮箱只允许注册一次，且需要通过用户的邮箱验证或手机验证。

（5）用户成本：广告投放费用除以带来的用户数。如果用户成本过高，就要考虑改变广告运营策略，或选择其他营销渠道。

（6）广告利润：收入减去广告投放费用。

（7）ROI：即投资回报率，销售额除以广告费用。

第三节　网络广告营销效果现象分析

一、时代感下的品牌亲近

广告投放力度是品牌营销效果的评判标准之一。华为广告片《在一起，就可以》与哔哩哔哩广告片《后浪》在疫情期间展现的成功之处有目共睹。

（一）华为广告片《在一起，就可以》

如图 6-2 所示是华为在新品发布会上发布的广告片《在一起，就可以》的截图。视频基于疫情背景，以农民、白领、校长、厨师作为代表，展现了各行各业在面对疫情时，被迫站上"前线"的困境。视频从多个行业的小人物入手，直击疫情之下大众内心迷茫、担忧、痛苦却仍满怀期待的复杂情感。

图 6-2　华为广告片《在一起，就可以》截图

这则广告片的成功也在一定程度上反映出消费者的品牌偏好。华为通过这则广告向消费者传递出"华为与你同在"的理念，与大众建立紧密联系，而这在某种意义上是消费者

对品牌产生依赖的初级阶段，为消费者对企业品牌日渐产生信赖感打下基础。就品牌自身而言，近几年，国内外形势严峻、内卷严重，企业为了寻求发展，仍需要考虑稳住国内市场份额，并拓展国外渠道出口产品，打响品牌国际知名度。在这层逻辑下，"在一起"突破了简单的跨界联名，实现了企业间的一种强连接，是品牌间的共同进退，通过产业创新发展、企业联动，一起打造大时代下的大品牌。

（二）哔哩哔哩广告片《后浪》

调查结果中的另一项数据表明，时代感似乎是后疫情时代下，一个不容忽视的营销发力点，个人与群体、与时代的结合也似乎变得更加紧密。在"您认为最精彩的广告片"选项中，哔哩哔哩广告片《后浪》（见图6-3）名列第一。

图6-3　哔哩哔哩广告片《后浪》截图

2020年5月3日，哔哩哔哩网站推出的演讲视频《后浪》在中央电视台综合频道播出，且安排在《新闻联播》前的黄金时段。视频以演员何冰为中心代表，讲出了时代与社会对年青一代的认可与希望。在央媒推广、实力派演员加持和微博、微信朋友圈的多层转发讨论下，《后浪》迅速晋升为2020年度热门话题之一。

这则演讲视频主要面向全体青年群体，以时代、年轻、朝气、希望等词语唤发起青年群体对时代的认同感。从品牌营销的角度来看，虽然视频中所宣传的部分观点引起了一些B站原生UP（uploader）主的不满，甚至出现了"B站UP主集体出走"现象，但事件的最大获益方仍是哔哩哔哩网站，就结果而言，此次营销收益显著，表明哔哩哔哩网站已然成为能够代表青年一代的主要平台之一。

互联网时代发展的步伐坚定不移，大众也在不断成长。消费市场下，营销模式升级、消费者趋于理性，如何做到有效推广、维系消费者，是每个品牌面临的问题。根据经典广告分类，引发用户消费有激发情绪和塑造认知两种途径。《后浪》和《在一起，就可以》被受访者认可，表明在后疫情时代，品牌方值得关注的重点营销方向仍然是由情绪引起的消费，而通过与消费者建立心理层面的紧密联系，能够在一定程度上促成品牌效益。

（三）公益广告火神山医院建造延时记录

火神山医院建造延时记录（见图6-4）作为公益广告位列"最精彩的广告片"第三名，宣传成功之处可以看出群众对大时代下中国速度的认可和自信。

图6-4　火神山医院建造延时记录片截图

二、新兴品牌的广告战略崛起

（一）元气森林"0糖 0脂 0卡"

元气森林是一家凭借主打"0糖 0脂 0卡"（见图6-5）的气泡水而打响招牌的新兴饮料公司，自成立以来，短短四年间便迅速崛起。

图6-5　元气森林宣传广告

近年来，国内消费市场对健康的关注度不断攀升，促使饮品的健康指数成为消费者选择饮品的判断标准之一。而元气森林正是抓住了这一中国市场缺口，于公司成立前一年便设立产品研发部，花重金研发最符合大众口味的健康饮品。在确定投放产品后，元气森林又精准刻画消费者。从产品包装到广告宣传，迎合年青一代的视觉偏好，采用了日式小清新设计。同时，其营销活动准确瞄准 Z 世代（网络流行语，指95 后、00 后）圈层的常用平台，在小红书、哔哩哔哩等平台进行品牌推广。

（二）花西子"细分定位+用户至上+合作营销"

新兴品牌花西子（见图 6-6），以"细分定位+用户至上+合作营销"的运营模式发展自身品牌。花西子围绕品牌核心理念，深于细分市场，凭借整体 VI（visual identity，视觉识别）设计，打造具有"传统、古典意韵"等名片的东方美妆产品。2017 年 8 月，花西子在品牌官方微博和微信公众号发布"彩妆体验官招募令"，邀请用户参与产品测评，再基于用户真实体验感受，反向推广产品研发进程，使用户更深入了解品牌，产生品牌信赖。花西子采用明星合作和直播带货的广告营销宣传方式，一方面选择与品牌调性相符的明星合作，巩固其"东方美妆"形象，另一方面凭借直播带货快速扩大品牌知名度。

图 6-6　花西子品牌

　　由上可以看出新兴品牌、小众品牌多以市场差异化定位明确品牌特性，快速建立品牌认知，吸引目标消费者。元气森林、花西子等品牌的成功，让我们有理由相信，深挖细分市场依旧对品牌具备强作用力。

三、直播带货，激发出新消费渠道

　　互联网技术不断创新，互联网直播玩法也再度升级。2020 年，技术成熟与 KOL（key opinion leader，关键意见领袖）流量加持推动电商直播的迅速发展。直播，即通过与消费者的实时互动，全方位、直观地展现产品的各项品质，同时以主播的个人魅力以及高信誉度为保障，成为惠及主播、消费者、广告主三方的新兴营销渠道。

（一）全民直播已是一种现象级事件

　　综合数据表明，全民直播已经成为一种现象级事件。根据《中国视频电商研究报告》今日网红数据库整理，截至 2020 年 12 月 31 日，主播数量约有 2056 万有效主播，各平台拥有超 10 万粉丝的达人数；报告显示，仅 2020 年上半年，全国电商直播就超过 1000 万场，相当于每天有 5 万多场直播。

　　而从实际效果看，因"直播带货"广告模式产生的消费最多，位居第一。

（二）直播带货是新式营销模式

　　直播带货之所以能够迅速抢占消费市场，在于其真正实现了广告主所追求的品效合一。直播间粉丝的忠诚度、主播的带货能力，都能够通过当天的直播卖货数据实时体现，广告主是否通过本次投资收获了预期的效果、是否应该追加或减少在某直播间的广告投放力度，都一目了然。

　　真实感似乎是电商直播迅速引爆互联网的深层逻辑，而直播也是目前看来最具真实感的商品展示模式。直播能够将产品较为真实的状态直接展现出来，而这种真实感，为消费者的网络消费行为提供了一定的心理安全保障。

（三）电商直播仍需发展

　　电商直播在迅猛发展的同时，也暴露出许多相关问题。从直播产品试用演示不当造成的"虚假宣传"，到跨界人士直播带货引起网友群嘲。关于直播的一系列规定的出台，又为这个新兴产业增加了更多的不确定性。

　　直播带货还有很长一段路要走，从简单的直播带货发展为万物皆可直播、全民直播，虽然充满了对直播的未来憧憬，但却是一条曲折困难的道路。而如何完善与品牌合作流程、加强直播平台的生态建设、培养头部主播、提高直播内容质量，也依旧是直播行业发展稳步向上的几大重担。

四、消费者广告包容度提高

近年来，电视节目中的广告植入泛滥，虽然有很多成功案例，但也不乏饱受网友吐槽的营销事件，广告投放出现负收益的情况也并不少见。或许是大大小小的软广与植入看得太多，大众对于广告的态度逐渐倾向于做广告可以，少一点套路，多一点真诚。参考多个广告植入的成功案例可以得出，直接向消费者表明"这是广告"，往往能收获更好的效果。

大众对于广告的态度有所和缓是好事，也是广告主的机会。只要品牌真诚地为消费者提供优质产品或服务，消费者也许不会反感一定数量的广告投放。大众在不断成熟，品牌也应跟上消费者态度变化的步伐。

五、明星代言，形象要契合，风险要防范

（一）"土味"路线引热点

2020 年 9 月 1 日，"老乡鸡"作为一个中式快餐连锁品牌，通过与搞笑、接地气人设的明星合作（契合品牌定位），推出一系列"土味"表情包，迎合近年来"土味"营销的网络热点，博得网友眼球，引起话题热潮。

（二）明星代言的风险

品牌选择代言人不仅要关注明星自带的"光环效应"，也需要防范其负面新闻所带来的连锁反应风险。调查结果显示，明星不敬业、言辞不当和粉丝的负面行为都会影响消费者对明星的印象，从而导致消费者对其代言品牌产生负面情绪。这提醒广告主，在选择代言明星时，应注重该明星的大众印象和合作风险，从而避免出现大众抵制品牌的情况。

六、平台聚拢成趋势

（一）"双微一抖一快一B站"

互联网发展为信息生产、传播、再创造提供了无限可能，而媒介平台能够汇聚生产者、渠道、用户等多方资源，有自己的影响力。目前，不同平台的市场划分较为明显，微博重图文娱乐化传播，微信重社交属性，抖音和快手聚焦短视频发展，哔哩哔哩网站偏向年轻化、二次元。品牌宣传推广较为明确的细分投放可以参考这些平台，而"双微一抖一快一B站"似乎已经成为品牌运营的标准配置。

（二）时代影响下电视媒体的回归契机

在 2020 年大众接触媒体习惯中，电视媒体焕发新机，受疫情居家的影响，电视媒体重回大众的视野，与此同时，被访者在 2020 年由电视营销引发的消费行为也显著增多，家庭

场景成消费的又一突破口，这也表示广告营销应注重时代影响下现实场景的应用与匹配。

（三）线下广告走向何处

互联网的崛起猛烈而迅速，线下似乎成为大家不愿提及的问题。在越发激烈的消费者市场竞争中，线上数据一轮又一轮地刷新，而线下的广告数据却难以创新，但线下依然是品牌必争场景之一。如今，面对互联网上信息的爆炸性衍生，部分消费者开始主动不定期地跳出互联网，寻求现实平衡。而在互联网营销外，基于现实场景搭建真实、优质的线下触媒渠道，给消费者更多的实在感、真实感，在未来，可能会影响一个品牌能走多远。

在看似饱和的注意力市场中，让消费者从"思维在场"，转而实现"身体在场"，以诚意和高质量产品带给消费者阔别已久的真实体验和消费信心，是品牌在未来广告营销中值得考虑的方向。

从消费端的反映来看，在互联网浪潮的猛烈冲击下，不可忽视市场饱和、消费疲软问题，或许连消费者也在期待，能在不可逆转的高度虚拟化的生活中，找到更多的真实感。

资料来源：经济观察报. 虚拟巨浪来袭，谁来保护消费者的真实感：2020 品牌广告营销效果调查[EB/OL].（2021-01-13）[2021-01-03]. https://mp.weixin.qq.com/s/NhOQLbhforwjYSulPS1Qgw.

习　　题

一、选择题

1．CPM 是按（　　）计费。
　　A．展示　　　　　　　　　　　B．行动
　　C．销售　　　　　　　　　　　D．月
2．以下不属于网络广告营销优势的是（　　）。
　　A．性价比高　　　　　　　　　B．互动性强
　　C．传播性广　　　　　　　　　D．广告位多
3．以下不是网幅广告分类的是（　　）。
　　A．动态　　　　　　　　　　　B．静态
　　C．交互式　　　　　　　　　　D．平面式
4．不属于网络广告营销的效果评价数据的是（　　）。
　　A．基本数据　　　　　　　　　B．网络数据
　　C．退款数据　　　　　　　　　D．销售数据
5．网络广告中，按销售计费的方式有（　　）。
　　A．CPC　　　　B．CPS　　　　C．CPA　　　　D．CPM
6．不属于常见广告形式的是（　　）。
　　A．banner 广告　　　　　　　　B．搜索引擎竞价广告
　　C．视频广告　　　　　　　　　D．翻页广告

7. 下列不是网络广告特点的是（　　）。

 A．传播的被动性   B．经济性较低

 C．表现形式多样   D．不受时间空间限制

8. banner 广告又称（　　）。

 A．网幅广告   B．文本链接广告

 C．插播式广告   D．富媒体广告

9. （　　）是评判广告优良的关键数据。

 A．销售数据   B．网站数据

 C．基本数据   D．转换率

10. 中文译为每次单击付费广告，如果没有人单击广告，则不需要付费的是（　　）。

 A．CPM   B．CPC   C．CPA   D．CPS

11. 网络广告的核心思想在于（　　）。

 A．引起用户的关注和点击   B．销售促进

 C．信息传递准确   D．美观大方

二、简答题

1. 网络广告营销的含义是什么？与传统广告营销相比，其优势在哪里？

2. 网络广告营销的计费方式有哪些？

第七章 多媒体营销

本章知识点

（1）了解网络图片、视频、直播营销的含义及优势。

（2）了解网络视频、直播营销的营销平台及表现形式。

（3）熟悉网络图片、视频、直播营销的步骤、要点以及注意事项。

（4）掌握网络图片、视频、直播营销的模式及技巧。

本章技能点

（1）能够撰写合适的网络图片、视频、直播营销方案。

（2）能够实施网络图片、视频、直播营销的策划。

（3）能够监控和评估网络图片、视频、直播营销的效果。

（4）能够熟练地使用网络图片、视频、直播营销的模式和技巧。

职业核心能力

自我学习、综合分析、与人交流合作、解决问题、统计总结、改革创新

知识导图

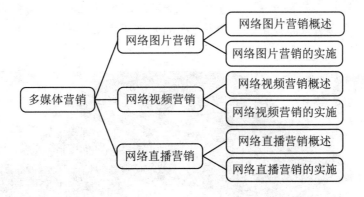

 引例

新西兰旅游局——小小的"新"愿

受疫情影响，部分中国游客暂时搁置新西兰旅游计划，而热情好客的新西兰也受到了疫情的重创，中国游客和新西兰人民都盼望着再次相遇的一天。基于这份"双向"的期待，新西兰旅游局开启了一场不能旅游的旅游推广：小小的"新"愿。如图 7-1 所示为新西兰

旅游局小小的"新"愿活动的视频封面。

图 7-1　小小的"新"愿活动的视频封面

　　纯净的自然，纯朴而友善的国民，是新西兰留给游客的最深印象。如何让一次不能旅游的旅游推广，加深和强化这一印象？正值中国新年，新西兰旅游局征集了来自中国游客对于新西兰的小小"新"愿，关于一片风景，关于一道美食，关于羊驼、海豚和企鹅，关于徒步、冲浪或沙滩足球，关于《指环王》《霍比特人》等。虽然大家都知道，兑现这些充满美好期盼的心愿还有待时日，但新西兰旅游局将这些心愿漂洋过海送到了南半球，新西兰的小朋友听到了中国游客的心愿后，给出纯真的回音，用他们童言无忌的方式在镜头里分享着目的地的美好，同时把他们对远方客人的小小思念一并回复。虽然此时无法相见，但如果能和远方的朋友分享当下，相约未来，一句 Kia Ora（毛利语"你好"）让期待也变得如新西兰般纯净而美好。如图 7-2 和图 7-3 所示为新西兰旅游局小小的"新"愿活动的视频截图。

图 7-2　小小的"新"愿活动视频截图 1

图 7-3　小小的"新"愿活动视频截图 2

2021 年新年，新西兰旅游局通过公众号向中国游客公开征集心愿，公众号后台收到众多粉丝发来的小小心愿，如想带上家人再次踏上新西兰的土地，去皇后镇来一次户外探险，想看一次振奋人心的毛利战舞，想重新看看怀托摩萤火虫洞，想和最爱的人去凯库拉邂逅海豚和鲸鱼……这些美好的愿望承载着中国游客对新西兰的向往和热爱，以及对未来的期许与祝愿。而此次活动让这些"新"愿穿越南北半球，成功抵达了彼岸。

"新"愿抵达新西兰后，得到了最真诚的回应。此次活动找到了 12 个新西兰孩子，组成了史上最年轻的"代言团"，并让他们通过自己的方式传递回应：来自凯库拉的女孩 Samantha 想带观众在晨曦中和友好的暗色斑纹海豚游泳，来自霍比屯的女孩 Liana 邀请观众一起游览传说中的"中土世界"，来自基督城的冲浪少年 Ryder 在镜头前诉说如何乘风破浪，迎接海浪……

这些推广视频既展现了新西兰丰富多样的户外活动和旅游资源，又借助孩童稚嫩的视角和表达与游客完成了一次深层次的情感沟通。这种推广方式在后疫情时代让新西兰依然保持着目的地品牌的活力，也促使中国游客将新西兰加入旅游愿望清单，期待国际旅行复苏后第一时间去参观和探索。新西兰旅游局为幸运粉丝准备了"还愿机票"，邀请他们成为边境开放后的首批中国游客，届时，这些游客将亲自踏上这片美妙的土地，并实现自己当初许下的心愿。

新西兰旅游局小小的"新"愿系列推广活动赢得了消费者的积极反馈和媒体的关注热议，共征集到 6000 多条粉丝心愿，并获得众多媒体争相报道。

此外，该推广活动通过整合线上线下渠道形成精准曝光（包括线上平台抖音、微博，微信朋友圈广告等），曝光量超过 8854 万，并在线上渠道收获接近 50 万人次的互动点击。

精准集中的曝光和创意的形式激发用户分享的欲望，产生大量优质 UGC（user generated content，用户生成内容），也使新西兰在中国游客心目中的好感度大幅提升，成为旅游爱好者热议的话题。

资料来源：DRD4 Communications. 一次不能旅游的旅游推广：新西兰旅游局"小小的新愿"[EB/OL].（2021-05-25）[2021-05-25]. https://socialone.com.cn/newzealand-drd4communications-2021.

第一节　网络图片营销

案例

作为知名品牌之一的冈本 okamoto，于 2021 年春季特邀日本知名艺术家瓜生太郎进行跨界联名合作，运用日本极致艺术视觉，从艺术维度展现冈本"关爱女性"品牌形象，进一步强化了"日本制"的品牌认知。如图 7-4 所示为冈本 okamoto 的 logo。

图 7-4　冈本 okamoto 的 logo

瓜生太郎（Taro Uryu）是当今日本炙手可热且只画女性的插画师，主要作品包括资生堂插画系列、银座三越以及表参道的橱窗陈列插画等。在他大胆前卫的笔触下，女性不再是传统审美视角里柔美苗条的模样，而是展现出饱满、好玩、独特的多元魅力。如图 7-5 所示为瓜生太郎的作品。

图 7-5　瓜生太郎的作品

冈本坚持关爱女性的品牌主张，从冈本日本总部"让女性更活跃·美好的愿景"的关怀项目到"每个春日，自有欢愉"0.03 贴身超滑新品的上市，从与知名播客平台"随机波动"的女性亲密关系话题的合作，再到本次与瓜生太郎的艺术联名，体现冈本品牌的人文关怀以及对女性消费需求的精准洞察。如图 7-6 所示为"每个春日，自有欢愉"新品上市的海报。

瓜生太郎对女性多元化包容的审美态度，与冈本关爱女性的品牌主张不谋而合。此次冈本品牌与瓜生太郎联合，推出以"她的本色，更出色"为主题的艺术联名，展现生命有千万种不同的颜色，女性也从不需要被定义的价值观。

图 7-6　"每个春日，自有欢愉"新品上市的海报

冈本与瓜生太郎的联名作品中五位风格各异的女性分别代表来自不同领域的角色。洛丽塔女孩，通过双马尾、蓬松裙摆等着装风格和富士山、樱花的春日元素结合，展现了时尚青春气息；运动女孩，滑板加上星空点点的夜晚，表达处理了速度与激情兼具的活力；时尚女孩，破洞裤、高跟鞋、亮色头发等现代摩登女孩的个性装束，从内而外地呈现了女性的自信美；传统和服女孩，夸张的和服、日式发髻、折扇的传统着装，加上极具现代活力的配色，体现了传统与现代灵活的结合；职场女孩，潮流的时装、休闲的帆布鞋、清新的玫瑰花篮，展现了一位现代都市女性形象。如图 7-7 所示为洛丽塔女孩和运动女孩的插画图。

图 7-7　洛丽塔女孩和运动女孩的插画图

瓜生太郎围绕着这五位不同的女性形象绘制了五张风格各异的插画，不同的装扮和配色风格展现出了女性多元化的价值观。她们犹如春天自由盛放的花卉，位居画面中央，勇敢直视正前方，呈现出自信洒脱、落落大方的姿态。

冈本和瓜生太郎此次的联名活动引起了网友的热烈喜爱。活动通过展现多元化的女性形象，不仅表达了冈本品牌和瓜生太郎对女性的态度和美学风格，同时还向大众表达了自信大方、打破约束、做自己的人生态度。

资料来源：WeAd 品牌实验室. 有情趣有性趣，冈本的营销教科书等级案例[EB/OL]. （2021-04-13）[2021-04-13]. https://mp.weixin.qq.com/s/S-0KVq_LZe1SG9ntu5wUdg.

一、网络图片营销概述

（一）网络图片营销的含义

随着互联网的发展和社交软件的普及，如今人们习惯使用微信、微博、QQ等社交工具分享图片，促进网络图片营销成为网络营销的潮流，也使图片成为品牌传播的重要途径之一。

图片是网络中的常用元素之一。网络图片营销是指以网络为平台，以图片为载体，将营销产品、服务的特点以及品牌的相关信息浓缩在营销图片中，通过合适的网络平台将信息传递到用户面前，并以图片内容促使用户产生相关需求的营销过程。

图片根据表现形式分为静态图片和动态图片两种，静态图片主要使用JPG格式，动态图片主要使用GIF格式。

（二）网络图片营销的优势

网络图片营销的主要载体是图片。相比于其他营销方式，网络图片营销具有以下五大优势。

1. 强烈的直观效果

与文字相比，用户对图片具有更强的感性认知，利用图片传递信息更加直接，内容表达一目了然；同时，用户可以迅速从图片中读取核心内容，并对此留下深刻的印象。

2. 较强的共享性

在互联网上，大部分平台都可以通过图片进行互动，如腾讯QQ和微信、新浪微博以及各种博客和论坛网站等。通过图片营销的方式形成品牌与用户之间的互动，既能够活跃气氛，又能够树立品牌和产品形象，从而提高营销效果。

3. 传播速度快

传统媒体使用图片进行营销时，印刷、制作、运输和发行等中间环节，不仅会增加运营成本，还可能会因为运作时间长而错过最佳营销时机。网络传播则省略了这些中间环节，而且图片能够迅速地在社交平台上广泛传播。

4. 制作成本低

相对于其他营销方式而言，网络营销的图片通过计算机软件即可制作和生成，在一定程度上节省了许多方面的制作成本。

5. 传播范围广

随着互联网的发展和普及，图片可以借助网络将相关的营销信息不间断地传播到世界的每一个角落，相对于传统媒体而言，网络营销的传播范围更广。

二、网络图片营销的实施

（一）网络图片营销的步骤

网络图片营销一般需要经过制订营销方案、制作营销图片、推广营销图片和营销效果追踪与评估四大基本步骤。

1. 制订营销方案

首先，营销方要根据自身的需要确定网络图片营销的目的。网络图片营销的目的是企业进行网络图片营销的原因和期望。一般来说，企业进行网络图片营销主要有以下四大目的。

（1）提升企业产品的知名度和美誉度。

（2）提升企业品牌的知名度和美誉度。

（3）增加产品的在线销售量和线下的间接销售量。

（4）通过网络对企业产品空白区域进行招商。

然后，企业要根据其进行网络图片营销的目的对图片类型、内容等方面进行计划和安排。

最后，企业要对此次网络图片营销的方案进行整体规划，确定营销图片传播的信息和服务对于用户而言是有价值的，并有利于提高用户自行传播的可能性。

2. 制作营销图片

首先，企业根据此次网络图片营销的目的，并结合常用题材设计和制作图片，可将图片分为生活图片和商机图片两种类型。

（1）生活图片主要应用于提升企业产品和企业品牌的知名度方面。

（2）商机图片主要应用于产品的线上销售、线下的间接销售以及快商品招商方面。

然后，企业要对此次网络营销的图片进行命名和简述。当前的各种搜索引擎均提供图片搜索功能，图片的搜索是根据图片的名称或图片所在页面的文字进行收录的，因此在发布图片时，一定要为图片配上文字，或将图片命名为与产品相关的名称。

3. 推广营销图片

推广营销图片时，企业应将图片广泛地发布于各大社交平台。可借助事件在网络上推广图片，以进一步提高推广的速度。

4. 追踪与评估营销效果

网络图片营销的最终实施效果是难以控制的，但企业还是需要对实施效果进行追踪与评估，从而发现营销活动的成功或不足之处，为下一次的图片营销策划提供参考和经验。

收藏率和转载率是评估网络图片营销效果的两个重要指标。对于效果的评估，企业可以利用各大社交平台的客流量优势，通过监测网络图片营销内容的收藏率和转载率，对营销活动进行实时检测和评估。

（二）网络营销图片的设计要点

要想通过图片吸引用户，营销人员需要将创意贯穿整个营销过程，因为人们的话题焦点始终集中在图片上，在谈论产品时必将受到图片创意的影响。因此，开展网络图片营销前，营销人员要对产品的内容和形式有一定的了解，同时要具有极强的创意能力，为设计创意图片提供思路。

1. 紧扣主题

网络图片营销的最终目的是推广企业品牌和产品，图片营销的核心切入点是品牌和产品服务。开展网络图片营销时，企业首先需要通过切入点构思一个明确、简洁的主题，然后围绕这个主题进行营销图片的设计，展示品牌形象或产品特点。

2. 形象化

营销图片的形象化和场景化表达能够增强视觉冲击力，用户能够通过营销图片的内容和形象联想到相关的品牌和产品，在一定程度上对目标用户形成较好的传播效果。

（三）网络图片营销的技巧

从视觉上讲，图片信息往往是用户首先注意的内容。优质的图片比文字更加具有说服力，可以带给用户直观感受，加强与用户间的互动，使用户参与到图片的传播过程中。

网络图片营销从传统的纸质海报宣传发展到网络图片宣传，图片营销的用途不断地拓宽。随着各类商家、企业对图片营销的重视程度不断加强，网络图片营销的作用也越来越突出。要想使网络图片营销取得良好的效果，利用图片实现高效营销，营销人员需要掌握图片的运用和传播技巧。

1. 注重图片的原创性

随着网络传播速度的加快，网络中时时刻刻传播着成千上万张图片，其中原创图片更能够吸引用户进行自主关注和传播。所以，专业设计人员在设计图片时，要注重原创图片内容的表达，并要符合品牌形象和产品特征。盗用他人的图片，不仅会对企业的形象造成损害，还要支付经济赔偿。因此，企业最好采用原创图片进行网络图片营销，这有利于传递企业的精神内涵和企业形象。

2. 图文结合

网络图片营销中的图片应生动有趣，同时可配备有说服力的、精简的文本内容，对图片进行精准的说明，以加强宣传效果。另外，可在图片上加盖企业的水印，或在图片的某个位置添加品牌标识、网址、广告语、联系方式等文字信息，加强用户对企业和产品的印象。

3. 广泛传播

在自媒体和社交平台发展迅速的今天，分享有趣的、有创意的图片成为人们的日常习惯。无论是包含广告信息的图片，还是普通的图片，都有着快速在网络中传播的可能性。因此，企业应该最大化地利用媒体平台传播图片，使图片得到迅速传播，扩大网络图片营销的影响力。优质图片的群体传播会带来巨大的流量。

4. 资源整合

企业在开展网络图片营销的过程中，不仅要突出图片的创意和图片本身的营销效果，还要通过各种各样的营销活动，以及借助热点事件吸引其他媒体和网络平台的关注，或在社交平台上与用户加强互动，以及在各种媒体终端同时进行全方位推广等。以网络图片营销为契机，通过销售渠道、手段和策略等方面的创新，最大限度地扩大企业和产品的知名度和影响力，进而提高产品的市场占有率。

第二节　网络视频营销

案例

OPPO Reno 10 的 get closer to art 欧洲三国艺术巡游活动

随着网络技术的发展和智能手机的普及，智能手机的拍照功能越来越受到市场的重视，从而促进了拍照功能"黑科技"的不断升级。首先，GfK 等多家知名市场调研机构指出，由于智能手机市场存量饱和的红利真空期到来，智能手机市场的竞争愈发激烈；其次，随着经济和科技的发展，市场对智能手机的要求越来越高，智能手机市场面临消费升级持续的局面，中高端价位段智能手机市场份额上涨。把握用户更换智能手机的机遇成为手机厂商竞争的方向。

随着智能手机的功能和消费者日常生活工作间联系的不断加深，智能手机已成为消费者深度依赖的电子产品，是消费者在社交网络上获取存在感、在日常生活中获得愉快、在学习工作中得到辅助的利器。对于城市的年轻族群来说，智能手机的品牌调性成为自身品位的具象化体现，在社交网络上上传的图片审美质量，等同于外界对他们的印象。手机拍照功能如今已击败外观、性能、内存等其他选项，成为最大的用户痒点。如何把握好这一用户痒点，从而取得消费者的信任和购买？显然，手机厂商必须做出产品和营销的双重创新，借助新颖有趣的营销创意，突出产品的特性，从而吸引消费者注意并激发其购买欲望。

2019 年 4 月 10 日，OPPO 推出了面向"有创造力的年轻族群"的 OPPO Reno 10 倍变焦版手机，并联合精品短视频平台开眼 eyepetizer 于 2019 年 4 月至 7 月举办了一场名为 get closer to art 的欧洲三国艺术巡游（见图 7-8）。

图 7-8　get closer to art 欧洲三国艺术巡游宣传图

　　人们走遍欧洲，会发现巴塞罗那的画风与其他城市迥然不同，这要归功于高迪，他用"上帝之手"给这座城市注入了有趣灵魂。而在他去世 70 多年后，我们在一支竖版短视频里，寻找高迪。在世界独一无二的圣家堂外惊鸿一瞥后，从巴特罗之家天井的"海水"里窥见教堂内部的光影变幻，在西班牙红裙少女身旁欣赏旋转不停的弗朗明戈之舞……热情、魔幻、奔放的主题呼之欲出，光影和细节的捕捉恰到好处，转场过渡流畅自然。值得一提的是，大片一般的视觉效果居然不是由相机拍摄，而是出自 OPPO Reno 10 倍变焦版手机。如图 7-9 和图 7-10 所示为 get closer to art 欧洲三国艺术巡游的部分摄影作品。

图 7-9　get closer to art 欧洲三国艺术巡游部分摄影作品 1

图 7-10　get closer to art 欧洲三国艺术巡游部分摄影作品 2

　　首先，从选题角度和拍摄手法来看，把产品 10 倍变焦、夜间拍摄与三个国家在人们心目中的记忆标志点巧妙融合在一起，并且过渡流畅自然，观者犹如身临其境，例如在拍摄博物馆中艺术名作的镜头里，无论将景物拉到多远，笔触等细节仍清晰呈现，突出 10 倍变焦拍摄功能的强大；而在法国篇里，通过重访《流动的盛宴》这一文学经典提及的地点，拍摄从早到晚的巴黎景色，充分展示了夜间拍摄的效果。

其次，在于竖屏。对于人文风光旅行类视频，竖屏能够更好地带来沉浸式的体验，但是相比传统横屏视频，竖屏的精品视频拍摄制作起来确实有一定难度，例如由于画面容量的独特性，对镜头设计等有了更高的要求，拍摄者必须有较高的专业性才能拍好竖屏。

这次拍摄在突出产品卖点的同时唤起了曾经去过这些国家的人们的共同回忆，也提高了尚未踏足过这些国家的人们的兴趣。艺术性的内容主题与高品质的画面有机结合在一起，赋予了场景高端的品质，激发了用户对美好生活的向往，也自然地移情到 OPPO Reno 上。

开眼带着 OPPO 的新款手机巡游欧洲，探访荷兰、法国、西班牙，近距离接触各国的艺术作品，并根据鲜明的艺术风格，形成不同艺术相关的子主题，如荷兰的名画——画中窥城、法国的文学——流动的盛宴以及西班牙的建筑——寻找高迪。在开眼 App 通过 15s 视频开屏、品牌故事版（三联屏）、定制专题传播。除此之外，还通过自媒体覆盖全网，广泛辐射摄影、旅行爱好者等。

为何选择欧洲艺术巡游这个主题？因为开眼集中了一批热爱旅行和艺术、有趣味、有品位的年轻人和城市中产人士，这些人群更容易被这类内容打动。他们关注画质和拍摄技巧，有很大部分具有专业拍摄能力，恰好和 OPPO Reno 的目标人群高度重合。

本次欧洲艺术巡游系列短视频 storyline（故事情节）的叙事角度，充分考虑到了圈层用户追求深度、个性、品质和创新的属性。以法国篇为例，提到法国艺术，映入人们脑海的是卢浮宫的三大镇馆之宝以及各大知名地标建筑……若把它们罗列拼凑，即便优美，也难免零散且缺乏新意，圈层用户不会满足于偏常规的浅层次的表达。本次视频以海明威记录巴黎生活的随笔《流动的盛宴》中的名言名句为叙述的主线，巴黎在新的视角下瞬间生动起来，被赋予故事性和文学底蕴的短视频作品，让圈层用户更愿意去细品，去讨论，去分享。

开眼平台的"跟着开眼看世界"系列主题栏目在旅行圈里有着较高的口碑和反响。这些既往的经历帮助开眼深入了解圈层话语体系，积累了圈层用户的信任度，做欧洲艺术巡游主题，自然也成了开眼得心应手的事。当下短视频的大热度、大流量，不见得就能真的转化成品牌营销的业绩。大浪淘沙，有心植入的信息也许反而并不显眼，甚至被冲散。针对这一痛点，短视频营销的核心竞争力是什么？如何帮助品牌实现商业价值？

（1）拥有固定忠实的粉丝圈层，更能实现内容制作和宣传的双赢。圈层先对大 V 或平台有基本的信任和共鸣后，才会更容易接受内容。品牌在植入的时候，首先就要考虑目标人群与圈层的契合度。

（2）差异化的品质内容需要更专业化的制作团队。能制作精品短视频的团队比较稀缺，而很多品牌对精品短视频有需求，它们需要搭乘精品化的视频，增强用户对品牌的好感度。

（3）组合多渠道的传播能力。有一个强势传播的平台以及多渠道的"出圈"能力至关重要。尤其是后一点，在用户触媒平台碎片化的今天更为急需。以这次欧洲艺术之旅为例，除了利用开眼平台上的视频开屏、品牌故事版、品牌专栏、信息流卡片等黄金资源组合，还借助开眼精选视频自媒体大号覆盖微博、微信、腾讯视频、头条、知乎等平台。

这三点是短视频营销帮助品牌实现商业价值的重要能力。通过精品化、沉浸式、场景化的优质内容制作，满足用户对精品内容的需求，从而促进品牌声量和好感度的提升。而预测短视频未来的发展道路，精品化将成为潜力方向之一。

资料来源：胖鲸. 精品化或成为短视频营销的核心竞争力[EB/OL].（2019-09-05）[2019-09-05].
https://socialone.com.cn/short-video-premiumising-2019.

一、网络视频营销概述

（一）网络视频营销的含义

根据中国互联网络信息中心发布的第 48 次《中国互联网络发展状况统计报告》显示，截至 2021 年 6 月，我国网络视频（含短视频）用户规模达 9.44 亿，较 2020 年 12 月增长 1707 万，占网民整体的 93.4%。网络视频营销成为网络营销的主流方式之一，也是最常见的多媒体营销方式之一。

网络视频营销是指基于以视频网站为核心的网络平台，以内容为核心，以创意为导向，利用精细策划的视频内容实现产品营销与品牌传播目的的营销活动。

作为新型的多媒体广告营销形式，网络视频营销具有鲜明的特点，兼具视频和互联网的优点。网络视频营销既具有电视短片的感染力强、形式内容多样、创意新颖等优点，又有互联网营销的互动性、主动传播性、传播速度快等优势。

（二）网络视频营销的优势

网络视频广告类似于电视短片，但其推广平台主要在互联网上。视频与互联网的结合，让网络视频营销兼具了电视短片的特征和互联网营销的优势。网络视频营销的五大优势如下。

1. 目标精准

网络视频营销是一种非常精准的营销方式，通常只有对产品、品牌或视频内容感兴趣的用户，才会关注视频，甚至由关注者变为传播者，将视频分享给拥有相同特征和兴趣的用户。一般来说，经典、有趣和轻松风格的视频更容易被用户主动传播。当视频获得用户的主动传播后，相关企业、产品或品牌等信息就会在互联网上迅速扩散。

2. 传播灵活

传统媒体广告发布后，其内容更改的难度和成本较大，而网络视频广告能根据实际需要及时调整。网络视频的传播速度飞快，视频在发布后的很短时间内就可以得到大量传播。企业可以根据自身需要在指定时间段将视频推送给用户观看，同时用户也可以主动去相关网站寻找感兴趣的视频。

3. 互动性和主动性强

网络视频营销继承了互联网营销的强互动性。用户在观看视频后，可以通过回复的形式与视频发布者和其他观看视频的用户进行互动，往往回复数量越多的视频，热度越高，传播能力越强。与此同时，用户还会将他们认为有趣的或热度高的视频转发到微博、微信等社交平台上，让视频广告进行病毒式传播，进一步扩大营销视频的传播范围。

4．效果可预测

网络视频的投放效果可以根据一些数据进行分析和预测，如网站访问量、视频点击量和收藏量、用户停留时长、转发量、评论数量以及用户查阅的时间分布和地域分布等。这些数据使用户群体清晰易辨，通过数据不仅可以预测视频效果，还可以为下一次网络视频营销提供决策依据。

5．感官性强

感官性强是网络视频营销最明显和突出的优势。视频广告以图、文、声、像的形式传送多感官的信息。文字、图片和视频这三种形式中，视频对人的感官的冲击力最强。一个内容价值高、观赏性强的视频，在让用户全面了解企业产品或服务的同时，还能快速抓住用户的心。而画面感能够缩短用户对产品或服务信任的过程，促使用户做出购买决策。

（三）网络视频营销的模式

网络视频营销主要有视频贴片广告、视频病毒营销、UGC 营销和视频互动四种模式。

1．视频贴片广告模式

视频贴片广告指的是在视频片头、片尾或片中播放的广告，以及背景广告等。作为最早的网络视频营销方式，贴片广告可以算是电视广告的延伸，其背后的运营逻辑依然是媒介的二次售卖原理。如图 7-11 所示为爱奇艺平台电视剧片头的视频贴片广告。

图 7-11　爱奇艺平台电视剧片头的视频贴片广告

2．视频病毒营销模式

视频病毒营销模式是指企业的营销活动借助优质的视频广告，在互联网上实现无成本地广泛传播。视频病毒营销的发生原理可以概括成"内容及媒介"。好的视频能够不依赖需要购买的媒介渠道，以无法阻挡的魅力引得无数网友转发分享，像病毒一样迅速扩散蔓延。如何找到合适品牌诉求的"病毒"是企业和营销人员需要重点思考的问题，最好的办法是在进行视频创意时，使广告更具趣味性、易表达性和广泛性。

3．UGC 营销模式

UGC（user generated content，用户生成内容）营销模式是指用户将自己原创的内容通过互联网平台进行展示或者提供给其他用户。UGC 起源于互联网领域，是伴随着提倡个性化的 Web 2.0 概念而兴起的，也可叫作 UCC（user-created content）。UGC 是用户使用互联网的一种新方式，即由原来的以下载为主变成下载和上传并重。

UGC 营销模式超越了普通的单向浏览模式，实现了用户与品牌的高度互动，将品牌传递方式提升到用户参与创造的高度，增加了品牌黏性，深化了广告效果。但 UGC 也存在一定的潜在风险，如希望借力网络视频进行营销活动的公司不仅要放弃对部分言论的控制，而且必须对观众可能做出的回应做好充足的准备。

4．视频互动模式

视频互动模式类似于早明的 Flash 动画游戏，是指借助技术，让视频里的主角与网友真正互动起来，网友用鼠标或者键盘就能控制视频内容，从而进行营销活动，实现营销目的。这种好玩有趣的方式通常可以让一个简单的创意取得巨大的传播效果。随着手机、无线网络的加入，视频互动模式还处于持续开发和不断完善的阶段。

（四）网络视频营销的表现形式

网络视频营销兼具视频和互联网的特点，随着多媒体技术和信息网络技术的发展，其表现形式还在不断创新和变化。现在比较常见的网络视频表现形式主要包括传统影视节目二次传播、网络视频短剧、演示视频、创意视频、微电影和用户自发制作的视频六大类型。

1．传统影视节目二次传播

当传统影视节目中具有新闻性、讨论性等的内容被二次发布到视频网站上时，就可以实现二次传播。

传统影视节目的二次传播是传统媒体与新媒体合作的结果，二者互相拓展和延伸，从而实现全方位、立体化的整合推广。传统影视节目二次传播可以增加用户的深度交流，让更多被二次传播吸引过来的用户转而关注原本的影视节目。当传统影视节目有了二次传播，就提高了节目的知名度，产生了一定程度的影响力和引流效果，提高节目的收视率。如图 7-12 所示为 2020 年热播电视剧《三十而已》官方微博发布的短视频，此即传统影视节目二次传播。

2．网络视频短剧

网络视频短剧是指由网民或专业视频制作团队制作的，拥有比较完整的故事情节，通过网络传播，以吸引用户、宣传产品和品牌的短剧形式之一。

在网络时代，网络视频短剧日渐成为企业品牌宣传的利器。相比于传统影视剧，网络视频短剧拥有互动特性，对观众的黏性更强，剧情更轻松、有趣或有创意，一般时长较短，比较符合现在网络用户时间碎片化的特点。短剧内容通常比较贴近生活，容易使观众产生亲近感，题材灵活，制作成本低，可以边制作边播放，充分保持与网络用户的互动，既进行品牌曝光，又培养用户对品牌的喜好度和忠诚度，保持网络用户与品牌间持续而良好的沟通。

图 7-12 电视剧《三十而已》二次传播

3．演示视频

演示视频能够让用户迅速记住产品的特点，同时真诚、独特的演示视频具有很强的传播性。要想制作出一段优秀的演示视频，关键在于提炼出产品或服务的独特卖点。同时，演示视频也可用于解答用户疑问，这也是网络视频营销最基本的应用。如何安装产品、如何简单维修产品等视频通过简短的内容即可快速、有效地解答用户的疑问，并与用户产生互动，给用户带来更多的附加价值。

4．创意视频

创意视频营销是指通过创意将广告植入一段短视频的一种营销方式，其中视频可以是原创的，也可以是剪辑而成的。一个好的创意视频可以带来轰动的传播效果。创意视频对内容要求较高，如果想使用创意视频进行营销，首先必须找到合适的品牌诉求点，并配合幽默、惊奇等元素进行推广，才能吸引网络用户的眼球。如图 7-13 所示为抖音视频——来自人海的一首诗《某人》。

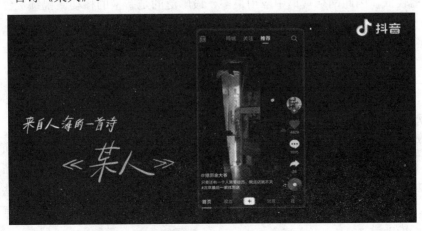

图 7-13 抖音视频——来自人海的一首诗《某人》

5. 微电影

微电影即微型电影，是主要通过互联网进行传播的一种短影片，具有完整的故事情节、较短的制作周期和规模较小的投资，适合用户在移动状态、短时休闲状态下观看，其内容包括时尚潮流、公益教育、商业定制等主题。

微电影通常短小精美，可以围绕产品、服务和品牌来设计故事情节。在使用微电影进行宣传时，将产品需求、品牌推广与观众的休闲娱乐相结合，能够满足用户的观影需求，用户可以在故事情节的演进中自然而然地对品牌产生认知。

6. 用户自发制作的视频

用户自发制作的视频即网络营销中的 UGC 内容，是用户自制的原创内容，结合产品卖点，突出原创性和技巧性，通过互联网平台向其他用户展示、传播与产品相关的信息，大大降低了网络视频营销的门槛。

由于用户自发制作的视频更具真实性，很容易引起其他用户关注和讨论的积极性。与其他视频形式相比，用户自发制作的视频更有利于品牌与用户之间的互动，可让用户真正参与到品牌的传播过程中，增加了品牌黏性，深化了推广效果。

（五）常用营销视频发布平台

视频的上传、发布、分享以及与粉丝的互动都依赖于视频平台。近年来短视频和直播行业呈井喷式增长，各类短视频平台陆续推出，并迅速成为营销阵地的焦点。

营销视频发布平台包括传统的视频平台和新型的移动微视频平台。优酷、搜狐、腾讯等传统的视频平台拥有强大的推荐、搜索等功能，丰富的视频资源以及庞大的使用人群和极致的观看体验，同时这些平台提供了便捷的登录方式，如可以使用 QQ、微信、微博、淘宝账号等进行登录。抖音、美拍、微拍、腾讯微视等新型的移动微视频平台具有即时拍摄上传、操作便捷的特点，用户可根据需要自主上传、编辑和下架视频，同时功能齐全。相比而言，移动微视频平台的社交功能更强，可以邀请好友、分享视频，实现快速传播，同时其门槛较低，因此网络营销中应用最多、最广泛的是新型的移动微视频平台。

二、网络视频营销的实施

（一）网络视频营销的策略

1. 网民自创策略

用户的创造性是无穷的。在视频网站上，用户不再只是被动地接收信息，而是能自制短片进行上传、发布。因此，企业可以把广告片以及一些与品牌有关的元素、新产品信息等放到视频平台上来吸引网民的参与，还可以向观众征集视频广告短片或对一些新产品进行评价等。这样不仅可以让用户主动地充分发挥自己的创意思维，对于企业而言也是一个非常好的宣传手段。

2. 病毒营销策略

网络视频营销的最大优势在于传播精准。观众首先必须对视频产生兴趣、关注视频，才能由关注者变为传播分享者，而被传播对象势必是有一样特征、兴趣的人，这一系列的过程就是对目标消费者精准筛选并传播视频的过程。网民看到一些经典、有趣、轻松的视频总是愿意主动去传播，受众主动自发地传播带有企业品牌信息的视频，可以让企业的信息像病毒一样在互联网上扩散。病毒营销的关键在于企业制作好的、有价值的视频内容，然后寻找到一些易感人群或者意见领袖帮助传播。

3. 事件营销策略

事件营销一直是营销活动的热点。策划有影响力的事件和营销内容，将其拍摄成视频，这样的视频更容易被网民传播。如果把事件营销的思路放到网络视频营销上，将会开辟出新的营销价值。

4. 整合传播策略

每一个用户的媒介和互联网接触行为习惯不同，这使得单一的视频传播很难有好的效果。因此，网络视频营销首先需要在公司的网站上开辟专区，吸引目标客户的关注；其次，也应该跟主流的门户、视频网站合作，提升视频的影响力。而且，对于互联网用户来说，线下活动和线下参与也是重要的一部分，因此通过互联网上的网络视频营销，整合线下的活动和媒体等进行品牌传播，将会更加有效。

（二）网络营销视频的制作要点

在多元化发展的网络营销时代，人们每天都可以通过网络接收到数不胜数的、新鲜的、有趣的信息。网络营销视频要想获得良好的传播效果，视频的质量是关键。制作网络营销视频的五大要点如下。

1. 用好故事打动人心

在以内容为核心的营销时代，内容质量决定了网络视频营销的成败。大部分网络用户愿意主动分享和传播经典、有趣、轻松的视频，这些视频是网络视频营销中最容易形成病毒式传播的视频。此外，大多数脱颖而出并被广为传播的网络视频都具有故事性的特点。一段优秀的视频一定要会讲故事，有值得品味的开头、过程和结尾，故事情节跌宕起伏，这样才能吸引用户的注意力。

在构思视频内容时，为了快速获得关注，可以利用事件，开展事件营销。事件营销不仅是线下活动的热点，还可以在线上活动中发挥巨大的作用，国内的很多品牌都依靠事件营销取得了成功。在利用事件进行营销的基础上，还可以完成进阶，即从利用事件发展为制造事件，主动策划有影响力的事件，开拓事件的新营销价值。

2. 视频形式创新

随着网络技术的发展，网络视频的形式不断创新和发展，精彩且富有创意的内容与合适的视频形式相搭配，能够获得更好的传播效果。因此，营销人员和制作人员需要根据内容设计更适合的视频形式。例如，定位是高品位、高格调的视频，可以采用电影的表现形式，给用户美好的视觉享受；而定位是幽默、点评的视频，可以使用脱口秀的表现形式，以获得用户的共鸣；对于表现大场面、大场景的视频，可采用 360 度全景视频，让视频更具冲击力。

3. 做好充分的视频拍摄准备

一般来说，越真实、越自然的视频越能够吸引观众。营销视频要想取得良好的营销效果，营销人员和制作人员需要在拍摄前做好充分的准备工作。首先，要根据实际情况制订营销策划方案；然后，要根据经费、技术、设备和营销目的等选择合适的视频表现形式，不同的视频表现形式用于不同企业的营销活动会产生不同的营销效果；最后，需要认真地构思视频内容并设计视频剧本，在拍摄视频时需要注意内景和外景的选择，场景风格以适应视频内容为前提。

4. 第一时间抓住用户眼球

视频的开头通常是引发观众观看冲动的关键部分。如果营销视频的片头不能打动用户或激发用户的好奇心，用户可能就不会再观看。营销视频要在第一时间抓住用户的眼球，如设置引人入胜的标题、片头或台词等。

5. 隐藏广告痕迹

索然无味的视频广告对于大多数用户的吸引力较低，甚至还会引起用户的抵触心理。如果营销视频一开始就让人感觉到浓浓的广告气息，则其很可能不会获得成功。在知识分享时代，用户能从视频中认识什么、理解什么、学习什么，能够解决什么样的疑惑，才是他们最在意的。因此，营销视频分享"干货"才是制胜法宝。

（三）网络视频营销的技巧

进行网络视频营销的主要目的是促进营销视频的有效传播，加强品牌与用户间的信息沟通，提升营销效果，从而提高品牌和产品的知名度。随着网络视频营销的广泛应用，如何让视频广泛传播并获得更多的关注，成为营销者关注的重要问题。

1. 发布预览内容

制作好营销视频后，如果想获得更多的点击量和浏览次数，让视频内容被更多的用户发现、关注，可以在流量较高的视频平台发布视频内容预告，并为视频添加一个嵌入式行动呼吁，把用户引导到完整视频上。预览内容是视频的精华，要激发用户观看完整视频，因此需要制作出独特的标题和摘要。

2. 进入榜单

在视频平台，榜单上的热门视频往往会获得更多的点击量和浏览次数，排名越靠前，浏览次数就越多。当营销视频没有多少热度时，首先应想办法使视频的排名靠前。此时，可利用视频的社会化属性，增加视频的曝光度，并鼓励更多人去分享。

（1）社交媒体分享。将视频分享到社交媒体是视频推广的绝佳手段。朋友圈好友或粉丝知道增加了新内容有利于增加视频的浏览量，通过好友、粉丝的再次转发、分享，形成滚雪球式的传播效果。

（2）允许他人嵌入视频。允许其他用户在他们的网站或内容中嵌入视频，可以增加视频的浏览量，有利于搜索引擎优化，让更多的用户搜索到视频，也可以促进视频广告的病毒式传播。视频作者也可以主动联系其他媒体平台，请求它们嵌入自己的视频。

3．标题策略

利用朋友圈分享等手段使视频进入榜单后，就要考虑如何获取更多的流量了，首先可以在视频标题上做文章。标题是点燃视频传播的引线，上传视频时可设置一个吸引人的标题，如添加"解密""独家""曝光"等字眼。需要注意的是，设置的标题需要与产品或品牌有关联。因为只通过标题来吸引用户关注，而不注重标题与视频内容的关联，会导致用户对同类型视频产生厌倦心理，放弃观看类似"标题党"的视频内容，这将不利于视频营销的生态发展。

4．优化缩略图

用户在选择是否观看视频时，首先会注意视频的标题和缩略图，一张引人入胜的缩略图会为视频加分。缩略图一般是从视频中截取的画面。需要注意的是，缩略图一定要清晰和完整，缩略图中最好有人物图像，画面要精致或包括热点内容，这样才能吸引用户观看完整视频。同时，需要不时地修改缩略图，以保持视频的新鲜感。

5．连续发布系列视频

如果网络视频营销使用的是一系列的视频内容，应当连续发布视频。即当第一段视频达到浏览量的目标后，立即上传第二段视频，对第一段视频感兴趣的用户会继续关注第二段视频。若发布的间隔时间过长，视频将失去热度，观众的热情也会降低；同时，会失去视频的神秘感和悬念感。

第三节　网络直播营销

案例

一汽-大众的直播营销

2020年，受新冠疫情影响，线上直播被消费者广泛接受，且不断刷新市场认知，成为内容传播新常态；横向可拓展跨界流量，纵向可穿透用户需求，直播营销势在必行。一汽-大众品牌深刻洞察中国汽车市场，抓住并顺应市场的变化，迅速做出决策——加速数字化转型，迅速建立直播营销模式。

一汽-大众搭建了品牌直播营销体系，制定"以官方直播为核心、经销商直播为辅"的策略，抢占汽车品牌直播的流量蓝海，打造直达客户的新渠道。

2020年3月1日开始，一汽-大众汽车品牌整合组织企业内部的管理层、生产线和销售端等人员开展了不同形式、内容和场景的网络直播营销活动。首先，由管理层人员和经销商组成"66天团"直播团队，开创了千人千面的汽车营销新时代，成为汽车品牌直播最强销售团队阵容。此次营销活动，联合线下4S店，邀请网友"云看车"，解答看车、选车、买车以及售后服务问题。如图7-14所示为一汽-大众"66天团"直播的宣传图。

图7-14　一汽-大众"66天团"直播宣传图

2020年4月18日，以一汽-大众2000万辆销量的达成为契机，一汽-大众创新开展五大基地的直播云购会，通过线上、线下相结合的立体集客成交战，为第二季度销售制造订单势能。如图7-15所示为一汽-大众2000万辆五大基地云购会的流程图。

图 7-15　一汽-大众 2000 万辆五大基地云购会流程图

　　2020 年 5 月 16 日，高管、媒体连麦直播过程中，一汽-大众公司外方高管空降直播中心，连麦对话媒体大咖，以高端视角彰显品牌态度，解读重点车型，突破观众想象。如图 7-16 所示为一汽-大众高管对话媒体的抖音宣传图。

图 7-16　一汽-大众高管对话媒体的抖音宣传图

　　2020 年 7 月 15 日，一汽-大众开创全新微短剧直播形式，《揭秘探岳 X》海报深度预热，将探岳 X 系列的广告片拍摄场景与开心麻花团队首次云直播组合，紧密围绕探岳 X 系列，突出产品设计亮点。短剧表演过程中，通过导演与不同岗位人员的诙谐交流，自然而深度地透传探岳 X 系列的产品设计亮点。如图 7-17 所示为一汽-大众微短剧《揭秘探岳 X》

的海报。

图 7-17　一汽-大众微短剧《揭秘探岳 X》的海报

　　2020 年 7 月 17 日，一汽-大众品牌直播中心打造高品质直播间，探岳 X 系列产品调性完美呈现，打造上市微电影，用镜头语言传递探岳 X 系列的品牌精神，最大化利用了品牌资源，与芭莎男士 IP 深度合作，多位明星流量引流，行业内率先开启多平台直播间直接下定金功能，实现直播"品牌+带货"双优双赢。如图 7-18 所示为一汽-大众探岳 X 系列产品直播间截图。

图 7-18　探岳 X 系列产品直播间截图

一汽-大众从打造品牌直播矩阵到一系列数字化转型的新尝试，成为汽车产业数字化转型极具价值的样本，打造了行业内时间最早、硬件最领先、场景最丰富、专家主播最多的汽车行业直播矩阵，自 2020 年 3 月开始，一汽-大众开展了 70 多场直播活动，累计增粉 38 万，全网累计观看量 6500 万，各渠道曝光量高达 4.9 亿。

一汽-大众持续布局品牌直播这一直达客户、高频互动的数字触点，一方面拉近了与用户的距离，更多地听到用户的真实声音；另一方面助力品牌与消费者建立起稳定、良好的沟通交互关系，改变汽车品牌固有的传统印象，让更多消费者感受到了更具温度的大众品牌。

资料来源：汽车营造. 2020 中国汽车营销创新大奖企业候选案例：一汽-大众大众品牌直播营销[EB/OL].（2020-08-12）[2020-08-12]. https://mp.weixin.qq.com/s/ZvSqPtohNgGK6Wm2MLbafw.

一、网络直播营销概述

网络直播最大的特点是即时、互动、真实和参与感强，可以超越地域限制。截至 2021 年 6 月，我国网络直播用户规模达 6.38 亿，同比增长 7539 万，占网民整体的 63.1%。

2016 年被业内公认为直播元年，包括腾讯、阿里、小米等互联网巨头纷纷进入直播领域。2016 年 8 月，Facebook 开放直播服务，BBC、华盛顿邮报、纽约时报等专业媒体入驻。直播成为聚合流量的新入口，甚至催生了"网红经济"这种新的互联网商业模式。现阶段，国内比较活跃的直播平台包括映客直播、花椒直播、斗鱼、虎牙直播等。

企业的直播涉及会议、教育培训、新品发布、产品体验等场景，覆盖汽车、旅游、科技等众多行业。企业的新媒体矩阵可以将直播平台的账号囊括进来，通过直播、微博、微信公众号、朋友圈等平台互相导流和推广，以提升企业新媒体矩阵的整体实力。

（一）网络直播营销的含义

网络直播营销是指以网络技术为基础，以直播平台为载体，在现场随着事件的发生、发展同时制作和播出视频，从而达到提高品牌形象、增加销量目的的网络营销方式。

随着直播形式的多样化发展，网络直播营销成为各大企业关注的新发展领域。企业可以通过直播平台更加立体化地展示企业文化，传递品牌信息，开展各种营销活动，与用户开展更加直观的互动。如今，淘宝、京东等大型电商平台都提供了直播入口，如淘宝直播、京东直播等；一些专注于直播领域的平台也可进行网络直播营销。

开展网络直播营销主要涉及场景、人物、产品和创意四大基本要素。

1. 场景

网络直播营销的场景是指直播营销需要结合营销产品的特点营造出相应的气氛，让观看直播的观众有一种身临其境的感觉。

2. 人物

网络直播营销的人物是指进行营销直播的主角，一般是指直播活动的主播、直播嘉宾等，他们发挥着展示营销内容、加强与观众互动的作用。

3. 产品

在进行网络直播营销时，营销产品要与直播中的道具、互动有关，以软植入的方式达到网络直播营销的目的。

4. 创意

增加创意内容可提高直播效果，吸引观众观看，如明星访谈、互动提问等形式就比简单的表演直播更加吸引观众。

（二）网络直播营销的优势

相对其他网络营销方式而言，网络直播营销具有媒介设备简单、覆盖范围更广、直达用户、用户体验感强、营销效果直接、营销反馈更有效等优势。

1. 媒介设备简单

网络直播营销以互联网为基础，可以直接通过智能手机、计算机等设备接收与传播，对于设备的准入门槛较低。

2. 内容涵盖范围更广

进行其他营销方式时，用户除了查看营销信息的内容外，还需要自己在脑海中构建相关的场景；而网络直播营销可以直接将产品的形态、使用过程等直观地展现给观众，将其带入营销场景，达到全方位覆盖用户对产品认知的效果。

3. 直达用户

网络直播营销能够直达用户，消除品牌与用户之间的距离感。直播能够实时直观地向用户展示产品制作流程、企业文化等内容，加深用户对品牌理念和细节的了解及认识，加强用户对产品及其背后文化的切身感受。除此之外，网络直播营销时不会对直播内容进行剪辑和二次加工，观众看到的内容与直播的内容是完全一致的。因此，开展网络直播营销要注重直播流程与对设备的维护，避免出现直播失误，给观众留下不好的印象。

4. 用户体验感强

营销宣传环节的用户契合问题一直是企业开展营销活动的难题之一。网络直播营销通过为用户打造身临其境的场景化体验，解决了困扰企业已久的这一问题。以旅行直播为例，相对于照片、文字形式，旅行直播更能够让用户直观地感受当地的风土人情，直播酒店房间的配备时可以提高用户对住宿条件的具体细节的感受度。

5. 营销效果直接

企业进行营销活动的目的都是获得更好的销售效果。网络直播营销不仅可以更加直观地通过主播的解说来传递各种优惠信息，还可以通过开展现场促销活动，极大地刺激用户的购买欲望和消费热情，增强营销效果。

6. 营销反馈更有效

在确定目标产品的前提下，企业开展营销活动的目的是展现产品价值，实现盈利。在这个过程中，企业需要不断优化产品和营销策略，对产品进行升级改进，使营销效果达到最优。网络直播营销强有力的双向互动模式，可以在主播直播内容的同时，接收观众的反馈信息，如弹幕、评论等。这些反馈中不仅包含用户对产品信息的反馈，还有直播观众的现场表现，这也为企业开展下一次网络直播营销提供了改进的思路。

（三）网络直播营销的常用平台

网络直播营销以直播平台为载体。常用的直播平台有两种类型，一种是电商直播平台，如淘宝直播、京东直播等，可以实现不离开直播界面实时购物；另一种是专注于直播领域的专用直播平台，如美拍、一直播等，可以随时随地、立体化地展示企业文化、产品等，实现品牌和产品的推广。

1. 电商直播平台

目前，最常见的电商直播平台有淘宝直播、京东直播等，在这类直播平台上，可以直接购买产品。

1）淘宝直播

淘宝直播是通过场景式的方式对产品和品牌进行营销，实现商家边直播边销售、用户边观看边购买的营销目的的社交电商直播平台。在直播中，用户可以提出自己的疑问和要求，主播可以现场解答疑问，信息的展示更加直观、真实，互动更加紧密，是目前主流的内容营销方式。

淘宝直播的入口在手机淘宝首页，点击进入后即可查看淘宝达人发布的直播，美妆、潮搭、美食、旅游等相关内容较多。点击直播画面即可进入直播间观看直播内容，与主播互动或点击产品按钮进行购买。如图 7-19 所示为淘宝直播首页截图。

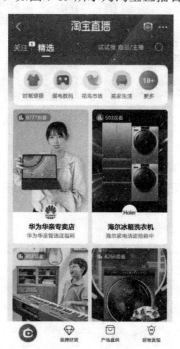

图 7-19　淘宝直播首页截图

2）京东直播

京东直播是京东商城重点打造的引流入口，商家可以通过京东 PC 端进行操作，买家需要在手机中安装京东 App 才能观看直播内容。

商家要想通过京东直播引流，首先需要在商家后台的京东达人平台上申请成为达人，再申请直播权限。当获得直播权限后，即可选择直播方式进行预约。确定好预约时间和内容后，商家即可创建直播。创建京东直播的方法有两种，一是通过达人平台创建；二是通过商家后台路径创建，即商家后台→内容营销→营销工具→京东直播。

2. 专用直播平台

专注于直播领域的平台很多，目前主流的直播平台有一直播、美拍、花椒直播、斗鱼、虎牙直播等。专用直播平台的直播界面、主播入驻入口与电商直播平台相似，其入驻流程简单，注册账号、进行信息认证后即可入驻。如图 7-20 所示为斗鱼与虎牙直播平台应用截图。

图 7-20　斗鱼与虎牙直播平台应用截图

（1）一直播。

2016 年 5 月 13 日，新浪微博与秒拍共同推出移动直播应用"一直播"，用于承担微博直播业务的职能。微博用户可以通过一直播在微博内直接发起直播，也可以通过微博直接观看、互动和送礼。

（2）美拍。

美拍是美图公司 2016 年推出的移动直播类平台，主要以生活类直播为主，直播时长限制在 30 分钟以内。

（3）虎牙直播。

虎牙直播是中国领先的互动直播平台，可提供 1000 万人同时在线的高清直播服务。其直播内容主要包括游戏、美食、秀场、电视、演唱会、发布会、体育等。

二、网络直播营销的实施

（一）网络直播营销的三要素

网络直播的引流是建立在直播内容的趣味性和吸引力上的，实现网络观众在不同的平台上，进行共同的话题交流。企业开展网络直播营销活动，要有效地利用直播的优势，从直播的内部优化开始，让直播营销有足够强大的力量吸引网络观众的关注。企业要对网络直播营销的三要素有清楚的认识，并根据这三大要素进行直播营销的整体准备工作。

1．形

直播的第一要素是"形"，主要是指直播的形式。随着直播行业的不断深化与发展，单一形式的直播内容同质化问题严重，直播形式的主战场从"直播+个人秀"的单一形式发展为"直播+"的多样化形式。但是，任何"直播+"的形式都会在模仿中被大量消耗，最终无法激起网络用户的兴趣。所以，企业开展直播营销时，要学会在综合各类"直播+"优点的基础之上，结合企业的文化、品牌的形象，选择合适的直播形式使用，但是必须要包含一定程度的创新。

2．声

直播的第二要素是"声"，主要是指直播中出现的一切声音，包括主播的声音、背景音、特效音等。虽然直播的画面会给观众带来直观的感觉，但实际上直播的声音才是最能感染观众的要素。因此，为了让直播营销更能影响观众，就必须让直播的声音能够优先感染观众。影响直播营销声音的因素主要体现在以下三个方面。

（1）采集端的设备。采集端的设备一般是指主播使用的设备。主播设备的质量会直接影响直播的质量和观众的体验感，主播的声音设备差，则会导致声音失真，甚至出现电磁干扰的现象。而部分主播为了直播的需求，会刻意采用变声器改变自己的声音，但改变声音的前提是提高直播的感染力，不会为直播带来负面影响。

（2）带宽资源的限制。直播的声音质量还与带宽有关。由于直播技术的需求，直播需要占用大量带宽。带宽不仅会影响直播的画质，还会影响直播的音质。但由于带宽资源的限制，大多数直播平台能够利用的带宽都是有限的，导致企业基本无法从带宽方面提升直播的音质。

（3）直播观众的设备。观众的设备也是企业无法改变的影响因素，但是这个因素确实影响受众对直播音质的评价，因此企业的直播必须要使大多数受众的设备都可以接受，而不是只能受用于少量拥有高级设备的用户。

因此，企业直播唯一能够改进的就是采集端的设备。企业可以通过提供优良的声音采集端设备来配合直播的带宽，并且让采集的音源能够在大多数直播观众的设备上进行播放。同时，高配的采集设备也能使直播声音更有感染力，为直播受众带来良好的听觉体验。

3．演

直播的第三要素是"演"，主要是指直播营销带给观众的视觉冲击，不仅包含所有参与直播活动的主播和嘉宾的表演能力，而且包含直播画面的构图、特效等。因为直播进入门槛较低，只要有网络设备和终端设备，每个人都可以开展直播活动，所以大多数主播在直播的时候都会把自己视为焦点，很少会切换画面，但是这种直播形式并不能广泛适用于各大领域的直播营销。企业要做适当的画面特效或者适当地切换画面，丰富直播内容，进而让观众能够沉浸于企业直播的画面之中。

综上所述，企业的直播营销要抓住直播的形、声、演，在多方面提高直播的质量，进而让直播营销在互联网市场中具有更大的影响力。

（二）网络直播营销的常用模式

随着直播营销在不同领域的深化发展，直播营销的模式呈现出百花齐放的新格局，多种营销模式的运用使网络直播营销有了更广阔的发展空间，同时不同的直播营销模式会带来不同的直播营销效果，丰富了直播营销模式的选择，增强了营销的效果。

1．直播+电商

"直播+电商"是常见的网络直播营销场景，在网络店铺中应用广泛。店铺通过直播的方式介绍店内的产品，或传授知识、分享经验等。因为电商平台用户众多，流量集中，观看直播的用户目的明确，所以"直播+电商"能够将流量快速变现，将产品售卖效果发挥到极致。

2．直播+发布会

"直播+发布会"已经成为众多品牌抢夺人气、制造热点的营销法宝。直播平台上的直播地点不再局限于会场，互动方式也更多样和有趣。直播时可以对产品进行直观的展示和充分的信息说明，结合电商等销售平台，将直播流量直接转换变现。

3．直播+企业日常

在社交时代，营销强调人性化，如同普通用户分享自己日常生活中的点滴，企业分享办公日常也成为与公众建立密切联系的社交方式，用户对企业日常也很感兴趣。

4．直播+广告植入

直播中的广告植入能够摆脱生硬感，原生内容的形式能收获粉丝好感。在直播场景下，能自然而然地进行产品或品牌的推荐，同时导入购买链接，提高直播的产品购买转化率。

5．直播+活动

"直播+活动"的最大魅力在于通过有效的互动将人气"链接"到品牌中。企业通过实时互动问答，为用户进行全方位的产品卖点解读，使品牌得到大量曝光。

直播时互动形式多样，如弹幕互动、产品解答、打赏粉丝等。企业可通过发布专属折扣链接、红包口令、新品预购等信息和福利，让粉丝感受到企业对他们的重视，从而提高粉丝对企业的忠诚度。为了实现企业产品与品牌的宣传与销售转化，直播活动中应引导用户进入购买页面，同时，可通过营造紧迫感，促进销售转化。

6. 直播+访谈

"直播+访谈"模式是从第三方的角度来阐述观点和看法,利用第三方的观点来增加产品信息的可信度,对于传递企业文化、提高品牌知名度、塑造企业良好的市场形象都有促进作用。

(三)网络直播营销的注意事项

要想做一场有效的网络直播营销,除了过硬的产品、良好的方案设计等方面的内容,产品是否适合网络直播营销、主播的选择这两个因素对最终的营销效果也会产生很大的影响。

1. 产品是否适合网络直播营销

直播用户大部分是年轻人,能够为直播贡献巨大的流量,但其消费能力普遍不强。基于直播常规用户以中低龄网民为主的常态,企业开展网络直播营销前需要考虑其产品是否适合网络直播营销这种方式。

2. 主播的选择

主播的选择会对网络直播营销产生巨大的影响。主播的类型包括名人明星、网红达人和颜值主播等。不同的主播能够收获不同的用户群体。

(1)名人明星。名人明星本身就带有流量与话题,利用名人明星进行营销可以充分调动其粉丝。通常来说,名人明星的粉丝数量庞大,互动性强,可以为网络直播营销带来较高的热度。但邀请名人明星需要一定的资金支持,企业需要在充足的预算条件下选择与自身产品和品牌形象相符的名人明星。

(2)网红达人。网红达人通过个人影响力将品牌传递并植入用户脑海中。要选择有独特性、符合品牌调性、粉丝聚集效果好的网红达人。直播过程中,对主播实时控场和互动能力要求也很高。目前,各大平台知名主播竞争激烈,一场直播的成本也不低。

(3)颜值主播。名人明星、网红达人能够带来庞大的流量,但直播成本较高。在优秀产品的支撑下,颜值主播同样具备一定的吸引力。颜值主播的形象较好,可通过高颜值来吸引大量观众观看直播,并产生打赏行为。这种方式也能带来可观的流量,是进行前期引流的有效手段。

习 题

一、选择题

1. 以下不属于网络图片营销优势的是( )。
   A. 传播速度快   B. 制作成本高
   C. 直观效果强   D. 共享性弱
2. 营销图片的形象化和场景化表达属于网络营销图片设计的( )要点。

A．提高图片质量　　　　　　　　　B．紧扣主题

C．形象化　　　　　　　　　　　　D．专业化

3．（　　）适合自制剧、定制剧、微电影里，同样费用较高，适合预算充足的商家。

A．品牌植入模式　　　　　　　　　B．广告推送模式

C．内容 UGC 模式　　　　　　　　D．病毒传播模式

4．视频营销具有成本低、目标精准、（　　）、效果可测等特点。

A．传播慢　　　　　　　　　　　　B．无法转载

C．传播快　　　　　　　　　　　　D．成本高

5．直播营销具有媒介设备简单、（　　）、直达用户、用户体验感强、营销效果直接、营销反馈更有效的优势。

A．覆盖范围更广　　　　　　　　　B．适用范围较为集中

C．传播速度慢　　　　　　　　　　D．成本高

6．直播营销的视觉冲击属于网络直播营销三要素的（　　）。

A．形　　　　　　B．色　　　　　　C．声　　　　　　D．演

7．对于进行短视频营销的创业者而言，其主要的变现方式包括平台补助、广告、电商和（　　）。

A．知识付费　　　　　　　　　　　B．粉丝礼物

C．会员　　　　　　　　　　　　　D．众筹

8．直播过程中开展各种互动，可以在增加观众兴趣的同时引爆活动高潮，常见的直播活动互动设计主要有（　　）等。

A．弹幕互动　　　　　　　　　　　B．直播红包

C．聊天互动　　　　　　　　　　　D．发起任务

9．（　　）是为了提升销售做的引流广告图，主要介绍商品信息。

A．长文案　　　　　　　　　　　　B．销售文案

C．短文案　　　　　　　　　　　　D．传播文案

10．商业企业在营销过程中最常使用的"直播+"的三种形式是（　　）。

A．直播+内容营销　　　　　　　　B．直播+互动营销

C．直播+电商　　　　　　　　　　D．直播+调查

二、简答题

1．网络图片营销有什么优势？进行网络图片营销有什么营销技巧？

2．结合所学知识，简述网络视频营销的六大表现形式。

3．结合所学知识，简述网络营销视频的制作要点。

4．网络直播营销有哪些营销模式？

5．简述网络直播营销的三要素。

6．结合所学知识，为你感兴趣的企业或品牌设计一份多媒体营销方案。

三、案例分析题

方太厨房电器——《油烟情书》①

人们常说，两个人结婚以后，当初的爱情就会败给生活中的柴米油盐酱醋茶。其实柴米油盐酱醋茶看似生活的琐碎，却承载着下厨人心中的真情蜜意。

2017年，方太厨房电器发布了一则名为《油烟情书》的视频广告。《油烟情书》以一对素人夫妇50年间的来往书信为视频的背景和剧本素材，讲述这对夫妇从青年到老年、从恋爱到成家、从相恋到相伴的过程，将爱情故事与日常生活中的一日三餐结合，平凡的生活中蕴含了两人真挚的爱情和岁月的流逝，很好地突出了方太油烟机产品的特点，诠释了方太厨房电器"因爱伟大"的品牌理念，同时宣传了方太厨房电器品牌参加中国国际厨房博览会的信息。

《油烟情书》视频中采用了微缩和投影的技术手法，广告风格既新颖又贴切生活，画面简洁明了，营造了述说故事的氛围，同时烘托出故事中温馨和平淡的生活滋味。视频内容从剧本、场景等方面紧贴"情书"展开，展现了两人携手共度的岁月时光。文案朴实，结合男女对话的情景，像述说故事一样回首过去，平淡中带着爱意。两个主人公从相遇到相恋相知，再到携手走过50年时光，每一个阶段都有丈夫为爱烹饪的菜肴，将做菜时的油烟机作为二人爱的见证之一，并把油烟是爱的印记与情书印记结合，从最平凡的柴米油盐的故事中体现出最不平淡的爱情，也体现了方太油烟机产品在二人生活中始终如一的陪伴。如图7-21和图7-22所示为《油烟情书》视频截图。

图 7-21　《油烟情书》视频截图 1

或许爱就是细水长流、平平淡淡，在一起吃很多很多顿饭，然后慢慢地相伴到老，看着彼此的脸上留下岁月的痕迹，老到不再能看清那些信件上的字。那爱情里的人儿就来来回回地行走在那书信之上，说的尽是些油烟饭食的事儿。

方太厨房电器将这种充斥人生烟火气息的生活通过视频广告片传达给观众，记录下平凡生活中的感动，让每一位翻开这封油烟情书的人，都可以透过用油烟书写的文字，感受到那份存在于人间烟火之中的温暖爱意。《油烟情书》不仅有韵味还格外精巧。因为无论

① 方太厨房电器官网视频广告《油烟情书》网址：https://www.fotile.com/video/69.html。

是从拍摄的形式上，还是创意的观念转换上，又或者站在与国人做情感沟通的话术上，它都有其让人动容的一面。中式的风格与沉稳的表现形式，缓缓地展现出中国家庭中含蓄又平常的爱意。

图 7-22　《油烟情书》视频截图 2

方太《油烟情书》视频的台词文案如下。

丈夫：两个人相遇，就像两种食材，从天南地北，来到了一口锅里。

妻子：那年下乡，我嘴馋，你嘴笨，每次你要讨好我，就会给我做些叫不出名字的东西。哼，果然，食物中毒了。

丈夫：得亏了这次中毒，我终于有机会在诊所和你朝夕相处了。

妻子：可是，刚在一起，没多久你就回了城。186 天，每天给你一封信，对未来却越来越没有自信 。

丈夫：想你的时候，就做个你爱吃的菜。思念和油烟，也说不清哪个更浓。

妻子：记得那天，你突然出现在我面前，说，结婚吧，要是我还敢吃你做的菜。

丈夫：就这样，我们过起了柴米油盐的日子。锅碗瓢盆里，装满了苦辣酸甜。

妻子：你再忙也会回家做饭。你说你爱吃青椒，把肉丝都留给了我。

妻子：后来，我们俩变成了我们仨。

丈夫：我就再也没有和你吵过架，一对二，我赢不了的。

妻子：时间走得太快，我还没吃够你做的菜，牙齿就快掉光了。

丈夫：你还是每天给我写信，字还是那么秀气，只可惜，我戴着老花镜也看不太清。

妻子：50 年了，我给你写过 1872 封信，你做饭时升腾的油烟，就是你一天三封，回我的情书。

旁白：我们上门收集方太油烟机油盒中累积的废油，转化为油墨，印成这本《油烟情书》。因为，油烟是爱的印记，爱值得我们铭记。方太智能升降油烟机，四面八方不跑烟；为你吸除油烟危害，只留下柴米油盐中的爱。

资料来源：数英网 DIGITALING. 相识 15 周年纪念日，胜加给方太写了一封"油烟情书"[EB/OL]. （2017-10）[2017-10]. https://www.digitaling.com/projects/23818.html.

案例思考：

（1）结合所学知识和案例，说出方太厨房电器《油烟情书》的创意之处。

（2）你对方太厨房电器的《油烟情书》营销有什么改进建议？

第八章　网络事件营销

本章知识点

（1）了解网络事件营销的含义和特征。
（2）了解网络事件营销的事件类型和模式。
（3）熟悉网络事件营销的策划要点和营销步骤。
（4）掌握网络事件营销的效果测评及风险控制。

本章技能点

（1）能够撰写合适的网络事件营销方案。
（2）能够实施网络事件营销的策划。
（3）能够监控和评估网络事件营销的效果。
（4）能够利用网络事件进行营销活动。

职业核心能力

自主学习、追踪热点、综合分析、数据分析、解决问题、统计总结、优化升级

知识导图

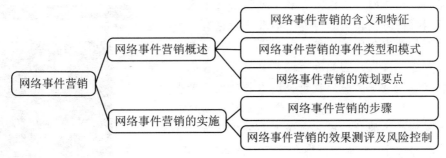

 引例

王老吉春节营销活动——"姓氏罐"

　　2021年1月底，在新春佳节来临之前，各大社交平台上出现了各种红罐的"周老吉""吕老吉""姚老吉"等"×老吉"凉茶款式，不禁让网友联想到山寨饮品的起名套路，但实际上，这是王老吉凉茶品牌2021年推出的春节营销活动——"姓氏罐"。

　　王老吉在官方微博上对此次春节营销活动做出了解释：在经历了2020年这一个特殊年后，王老吉希望在新的一年人人有吉、家家大吉，因此在新春佳节之际，推出了"王老吉

姓氏罐"的互动活动，消费者可以在王老吉的官方商城小程序中定制自己专属的姓氏罐。

此外，为了提高此次新春活动的参与度，王老吉不仅邀请演员赵露思作为此次春节营销活动的品牌新春大使，还投放微博开屏广告、KOL（关键意见领袖）广告、户外广告等为活动造势。如图 8-1 所示为王老吉"姓氏罐"春节营销活动宣传海报。

图 8-1　王老吉"姓氏罐"春节营销活动宣传海报

根据社交平台和市场的反响度来看，王老吉此次的"姓氏罐"春节营销活动具有一定程度的市场影响力，从而进一步提升了品牌本身的知名度和商业价值。在"姓氏罐"春节营销活动中，很多网友参与了创作活动，并在社交平台上晒出了自己的姓氏罐；还有部分网友恶搞定制"加多宝"等姓氏罐。对于此次春节营销活动，部分网友表示定制罐的售价过高，根据微信小程序的信息显示，王老吉的姓氏罐定制活动只有售价为 89 元的 12 罐整箱装在售，对此不少网友调侃"王氏成为此次定制姓氏罐活动的最大赢家"。

首先，王老吉的"姓氏罐"春节营销活动不仅迎合了春节消费的习惯，而且与春节的节日特色有较高的吻合度。作为中华民族的重大节日之一，春节象征着团聚、欢乐、喜庆，因此春节消费具有追求喜庆、吉利的特点。王老吉品牌的红色色调本身就象征着吉祥、热情、喜庆，再加上"姓氏罐"活动可以通过定制，获得家族姓氏的姓氏罐、班级聚会的班级罐、朋友聚餐的昵称罐等，从而提高各种聚会的团体归属感，增强节日团聚的气氛。如图 8-2 所示为王老吉"姓氏罐"春节营销活动小程序图片。

其次，王老吉在姓氏罐中加入更多个人属性后，产品的趣味性和参与度得到了进一步的提升。"姓氏罐"活动推出后，王老吉通过"王"字和相关社会热门信息吸引较大姓氏群体——王姓人群的注意，从而加深他们对品牌的印象，再利用社交媒体热度和活动特色吸引其他姓氏人群参与，进一步扩大活动的参与度和影响力，提升品牌体验度。

图 8-2　王老吉"姓氏罐"春节
营销活动小程序图片

最后，姓氏罐助力王老吉进一步打开礼品消费市场。王老吉在线上商城推出了多项定制服务，在定制内容上，主要有与电影《赤狐书生》合作的 IP 定制，以及萌宠、生日、新婚等主题定制；在定制形式上，主要有文字定制和图片定制两种形式。同时，王老吉"姓氏罐"活动的参与门槛很低，降低了参与难度。相对于标准化生产的产品来说，随着生活水平和消费个性化要求的不断提高，定制化生产的产品越来越受到消费者的追捧。王老吉的"姓氏罐"产品不仅兼具美好寓意与定制化功能，还能为消费者提供一个更好地表达对亲友的关怀的渠道。

资料来源：Emma Zhang．赵老吉、李老吉、陈老吉、王老吉　这个春节营销有点意思[EB/OL]．（2021-01-27）[2021-01-27]．https://socialone.com.cn/wanglaoji-spring-festival-marketing．

第一节　网络事件营销概述

华为事件营销案例——两指夹笔记本挑战

"两指夹笔记本挑战"是为 2020 年 8 月上市的 HUAWEI MateBook X 量身打造的。HUAWEI MateBook X 以领先技术打破轻薄局限，最厚处仅 13.6mm，重量轻至 1kg，重新定义超轻薄体验。

痛点洞察：为什么笔记本需要"轻"？

时代发展的大趋势下，传统的两点一线生活方式被彻底改写。职场人士的生活、职业和工作模式更加多元，他们不再拘泥于方寸中的格子间。他们追求个性和品位，灵活办公、移动办公将成为他们的新常态。因此，职场人士需要一款极致轻薄、极致便携的笔记本产品。在华为产品发布会上发布的 HUAWEI MateBook X 重量仅 1kg，不仅如此，它实现尺寸小于 A4 纸张的极致突破，足够的轻盈，足够的高颜值，满足当下所需。如图 8-3 所示为 HUAWEI MateBook X 宣传海报。

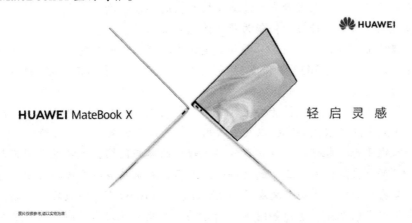

图 8-3　HUAWEI MateBook X 宣传海报

玩法太野：极致反转，抓住眼球

如何将"足够轻"的产品特性简单直接地传递给消费者，并引发消费者自传播，实现"刷屏出圈"？

在上海静安大悦城，一场"两指夹笔记本挑战"应运而生。挑战规则很简单：仅用食指和中指，挑战两指夹起凹槽中的笔记本电脑，夹到就能把笔记本电脑免费带回家！现场有20台不同品牌的轻薄笔记本电脑，每位挑战者有三次尝试机会。如图8-4和图8-5所示为"两指夹笔记本挑战"上海静安大悦城活动现场照。

图8-4　"两指夹笔记本挑战"上海
静安大悦城活动现场照1

图8-5　"两指夹笔记本挑战"上海静安大悦城
活动现场照2

挑战活动吸引了许多抖音用户的关注。技术派网友表示：弯曲手指，增大接触面积，增加阻力，轻而易举就能夹起；脑洞派网友表示：胶水粘手上夹可以吗……如图8-6所示为"两指夹笔记本挑战"上海静安大悦城现场直播的部分评论。

门槛极低的"自来水传播"：华为花式沟通产品力

在社交媒体上，华为也使用了"两指夹笔记本挑战"这一视觉形式和话题。以抖音平台为传播主阵地，截止到2020年8月31日12:00，"两指夹笔记本挑战"抖音专题页面聚集了5亿次的观看。

在传播节奏上，由高人气抖音博主玲爷率先发动挑战，到搞笑类KOL、科技类KOL参赛接力，再到中腰部KOL/KOC以及素人用户，形成了经典的金字塔结构。

同时，双微平台一起进行热点扩散传播。较低的参与门槛，也激发了用户与品牌互动的展示欲。"两指夹笔记本挑战"的视频一经发布，越来越多网友参与其中，形成广泛的二次传播。此次挑战活动成功地展现了HUAWEI MateBook X"极致轻薄"的产品卖点，打造了极具记忆点的无界传播。如图8-7所示为"两指夹笔记本挑战"微信公众平台部分文章及其评论。

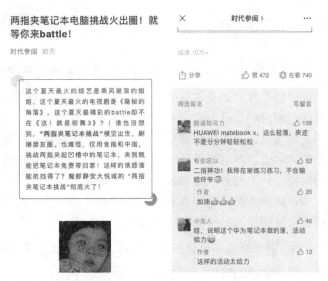

图 8-6　"两指夹笔记本挑战"上海静　　　　图 8-7　"两指夹笔记本挑战"微信公众平台
　　　安大悦城现场直播的部分评论　　　　　　　　　　部分文章的评论

　　品牌传播需要遵循"项链理论"，即所有传播推广都必须围绕一个核心去传播扩散。

资料来源：https://socialone.com.cn/huawei-publicis-groupe-campaign-2020/.

一、网络事件营销的含义和特征

（一）网络事件营销的含义

　　网络事件营销是常用的网络营销模式之一，是一种集新闻传播效应、广告宣传效应、关系维护效应等于一体，为新产品推广、品牌展示创造建立品牌识别和品牌定位，提升品牌知名度与美誉度机会的公关传播与市场推广手段。

　　网络事件营销通常通过策划、组织和利用具有名人效应、新闻价值或社会影响的人物或事件，引起媒体、社会团体和用户的兴趣和关注，从而提高品牌或产品的知名度和美誉度，树立良好的品牌或产品形象，促成产品或服务的销售目的达成。

（二）网络事件营销的特征

　　网络事件营销的本质是将关注度较低的品牌或产品信息变成热门的社会信息，在引起社会广泛关注的同时，将品牌或产品的信息传递给目标受众。与常规的广告等传播模式相比，网络事件营销能够快速、高效地创造最大化的影响力，其特征主要表现在以下五个方面。

1. 社会热点事件具有时效性、不确定性和风险性

　　企业在运作网络事件营销时，要注意社会热点事件的时效性、不确定性与风险性。简单来说，就是企业需要注意风险管理。网络事件营销是品牌或产品借助社会热点事件及其发展趋势或通过企业专门策划的事件造势，从而达到传播品牌或产品信息的目的。热点事

件并不一定都可以用来做网络事件营销，因此企业在开展网络事件营销前要对热点事件进行全面的风险评估。

2. 网络事件营销具有依附性，要找准事件与品牌的关联

网络事件营销要以品牌或产品的核心理念为依托，企业必须加强事件与品牌或产品、其他营销活动、目标消费者利益等多方之间的关联度。如果事件与营销之间的联结过于牵强，就难以让消费者将对事件的关注热情转移到品牌或产品上，就无法借势提升品牌或产品的知名度。网络事件营销需要围绕着同一个主题进行，抓住公众关注的热点并创造有效的对接，从消费者利益和社会福利的角度出发，实现事件营销的目的。在网络事件营销过程中，营销人员要进行具有新闻价值的传播活动，把产品、服务和创意的内核传递给目标顾客，从而提高品牌美誉度和建立企业形象。

3. 避开媒体多元化形成的噪声，提升品牌的关注率

广告、促销等手段属于消费者被动接受的营销手段，在一定程度上缺乏主动性。网络事件营销具有新闻特征，能有效减少营销活动与其他广告的正面冲突，提高消费者的主动性，有利于短期内提升企业知名度。网络事件营销的传播价值主要体现在新闻内容上，企业借助第三方组织或权威人士，将品牌理念、产品与服务质量传播给目标市场，受众对于事件营销内容的信任度明显高于其他营销手段。

4. 网络事件营销的投资回报率高

有关统计和分析显示，企业运用网络事件营销手段取得的传播的投资回报率是传统广告的 3 倍，能更加有效地助力企业树立产品的品牌形象，从而直接或间接地影响产品的销售。网络事件营销能够降低企业的媒体广告投入，减少宣传成本，提高企业利润。

5. 网络事件营销的传播深度和层次高

网络事件营销基于一个热点事件，热点事件的背后是事件的高曝光度和社会的高关注度，因此事件营销的传播层次不局限于关注热点事件新闻的读者或观众，能够形成二次传播，借助热点事件的热度提升传播活跃度，实现多层面传播。

二、网络事件营销的事件类型和模式

（一）网络事件营销的事件类型

在企业进行网络营销时，既能够吸引用户关注，又有利于提高品牌形象的事件主要包括以下三种类型。

1. 热点事件

热点事件通常是指广大用户主动关注的自带热度和传播性的事件。在网络事件营销中，热点事件一直是企业开展营销活动的重要借势素材和传播媒介。热点事件通常具有受众面广、突发性强、传播速度快等特点，因此合理利用热点事件可以为企业节约大量的宣传成本，带来爆炸性的营销效果。随着软广告的不断深化发展，硬广告的宣传推广效果不断减

弱，越来越多的企业更倾向于采取结合事件热度和形式多样的软广告宣传推广自己的品牌或产品。

2. 危机公关

企业的危机公关主要包括两个方面，一是危害社会或人类安全的重大事件，如自然灾害、疾病等；二是由管理不善、同行竞争或外界特殊事件等原因引发的企业负面影响。当企业出现危机公关情况时，合理的公关手段不仅可以提升企业形象，增强用户对企业的信任，还可以改变用户的观念，打开企业的潜在市场。

3. 名人效应

企业可以利用名人的知名度进行营销活动，从而达到提高品牌或产品的关注度和影响力的效果，形成名人效应和品牌效应间的联动，如通过名人代言来刺激消费，通过名人出席慈善活动带动人们对某些社会人群的关怀等。名人效应可以迎合大多数人的心理，提高产品的附加值，培养用户对产品的感情和忠诚度。

（二）网络事件营销的模式

为了提升企业形象或提高产品销量，网络事件营销有借势和造势两种营销模式。

1. 借势营销

借势营销是指通过参与大众关注的焦点话题，将品牌或产品带入话题的中心，从而引起媒体和大众对品牌或产品的关注。借势营销的关键在于发现和挖掘与产品或品牌价值相关联的事件，并精准把握营销时机。

借势型网络事件营销必须遵循相关性原则、知名度原则和时间性原则。

（1）相关性原则。

相关性原则是指借势营销选择的社会热点事件需要与企业、品牌和产品、企业的目标受众密切相关。企业在进行借势营销时，需要统一公众的关注点、事件的热点与企业的诉求点，并找准借势营销的关键点。

（2）知名度原则。

知名度原则是指借势营销时应尽量将品牌或产品与社会热点事件联系起来，引发公众的联想。事件关联度越大，关注度越高，传播范围越广，传播速度越快。

（3）时间性原则。

时间性原则是指借势营销应反应迅速，要在第一时间介入。随着微博、小红书、抖音等互联网媒体的出现，营销活动不仅要求内容新，还要求速度快。因此，企业要加强对即将到来的大事件的准备意识（如很多自媒体账号会提前准备各种主题的文章），提高对突发事件的实时反应能力和对新闻舆情的监测能力。

2. 造势营销

造势营销的核心是企业自己制造热点事件、策划热点活动，通过采取合适的传播手段提高事件的关注度和热度，使之成为广受关注的公共热点。

造势型网络事件营销必须遵循合理定位原则、创造性原则、建立风险防范机制。

（1）合理定位原则。

在开展造势营销前，企业应对消费者、事件和推广三方面进行合理的定位，并根据明确的定位内容，制订造势的方案，做好全方位的准备，提高营销活动的完整度和契合度，从而减少造势营销的潜在风险。

① 消费者定位。不同的消费者有不同的关注领域和喜好，企业首先要明确并了解自己的目标受众，做到对消费者的精准定位，再进行网络事件营销，才能最大限度地提升营销效应。

② 事件定位。企业在造势营销时，要尽量提高事件策划与品牌或产品间的关联度，挖掘能够促进树立品牌形象、提高产品销量的事件与品牌或产品的连接点。

③ 推广定位。企业需要根据目标消费者定位和事件定位，确定事件传播的内容和传播方式（如网络传播、多媒体广告等）。

（2）创造性原则。

在明确网络事件营销定位后，企业就可以创造具有新闻价值的事件，并通过具体的策划和实践，传播用于为企业造势的新闻事件，从而达到营销目的。

（3）建立风险防范机制。

网络事件营销是一把双刃剑，既对企业的营销活动具有积极的促进作用，也对企业的营销活动具有消极的反作用。由于热点事件效应的即时性、发展的不可预见性以及企业对事件策划的掌控能力有限，企业一旦对事件营销存在决策失误的问题，但有可能陷入危险的境界。因此，在实施网络事件营销之前，企业必须要对即将运作或利用的事件做一次全面的风险评估，建立风险预警机制并制定风险补救措施，加强风险管理，以化解突发风险可能对企业造成的负面影响，避免对企业造成无法弥补的伤害。

造势营销对企业的要求非常高，企业必须明确造势营销的影响范围，预测并预防造势营销过程中可能出现的问题，具有对市场及消费群体进行详细的数据分析的能力。一次成功的造势营销需要多环节、多部门的密切配合，甚至需要企业内部资源和外部力量的整合。

三、网络事件营销的策划要点

如今，网络媒体传播速度快、互动性强，可以更好地用于发展网络营销，使品牌或产品产生更大价值，这也是网络事件营销的价值所在。与其他的广告形式相比，网络事件营销的优势显而易见，一旦成功，带来的效益是不可估量的。在网络事件营销中，要想达到与用户共鸣的成效，需要将产品的特性与媒介活动相结合，借助事件的热度做出自己的亮点，从而实现双赢。

事件能否被着重处理主要取决于其价值的大小。事件价值的大小是由构成这条新闻的客观事实适应社会的某种需要的程度所决定的。一般情况下，事件只要具备一个要素就具备很大的价值，具备的要素越多，其价值自然越大，事件营销成功的概率越大。

事件价值的要素同时也是事件营销成功的要素，主要包括以下五个方面。

1. 真实性

网络事件营销要基于真实的热点事件。企业在开展网络事件营销时，要从自身的实际情况出发，确保事件的真实性与营销内容的关联性，切忌虚张声势，增加营销活动的不可预测的风险。

2. 相关性

一般来说，在心理、利益和地理三大因素上越与受众接近和相关的真实事件，其本身的新闻价值越大。其中，心理因素上的接近主要体现在职业、年龄、性别等方面；利益因素上的接近主要体现在受众需求、品牌或产品的价值等方面；而地理因素上的接近主要体现在人们对自己的出生地、居住地和曾经给自己留下美好记忆的地方有一种特殊的依恋情怀。因此，在策划事件营销时，企业必须关注事件与受众的接近程度。

3. 重要性

重要性是指事件内容的重要程度，是影响网络事件营销的重要因素。一般而言，对越多的人产生越大的影响，事件价值就越大。判断内容重要性的标准主要是事件对受众、社会产生影响的程度。

4. 显著性

事件中人物、地点和事件的知名度越高，越容易引起用户的关注，新闻价值也越大。

5. 趣味性

一般而言，大多数用户对新奇、反常、有趣味的事件感兴趣，因此在网络事件营销过程中，增加趣味性是一种很好的手段。从心理角度说，增加趣味性会增添事件的色彩。

第二节　网络事件营销的实施

案例

OPPO 声学"高考降噪计划"

闹市街边，一位奋笔疾书的女孩，一个莫名的数字，这样的广告牌本没有吸引匆匆路人的注意，甚至多数人没有意识到女孩在动。而当数字开始随着广告牌周围的噪声起伏而快速刷新时，女孩的情绪开始明显变化，时而手忙脚乱、烦躁不安。渐渐地，路人开始察觉数字是对路牌周边音量的实时呈现，而正是一点点噪声聚沙成塔，最终对女孩造成如此消极的影响。当大家纷纷驻足自觉降低音量，广告牌中的学生也平静如初、绽放笑容。

"别让噪声淹没考生。安静，就是我们对考生最好的支持。"这段经过剪辑的视频在线上得到广泛共情，激发更多人从小事做起、保持安静，和 OPPO 声学一起为考生"降噪"。原来，这一波温情而富有创意的传播物料是近期 OPPO 声学"高考降噪计划"下的诸多暖心动作之一。如图 8-8 所示为 OPPO 声学"高考降噪计划"宣传微博。

对于高考考生来说，安静的备考环境非常重要。他们需要屏蔽的不只是噪声，也是外界种种压力带来的烦躁。"高考降噪计划"将 OPPO 声学最近推出的爆款降噪耳机 OPPO

Enco W51 与考生所需的安静环境巧妙关联，从声音的"降噪"延伸至考生备考环境和心境的"降噪"，搭上高考这波营销快车的同时，也彰显了品牌的人文关怀。

图 8-8　OPPO 声学"高考降噪计划"宣传微博

2020 年 6 月 22 日，OPPO 声学发布其联合欧阳娜娜录制的视频，官宣"高考降噪计划"开启。视频中，欧阳娜娜倡导大家加入"高考降噪计划"，为考生营造安静无噪的备考环境。拥有大提琴演奏家、歌手、演员、vlogger 多重身份的欧阳娜娜，有着清新的学生气质，积极向上的明星形象，以及强大的粉丝号召力，为"高考降噪计划"的启动带来强力的明星效应。"娜铁"纷纷转化为活动"自来水"，快速传播并吸引公众眼球，奠定"高考降噪计划"的"高起高走"之势。如图 8-9 所示为 OPPO 声学联合欧阳娜娜录制的"高考降噪计划"宣传视频。

图 8-9　OPPO 声学联合欧阳娜娜录制的"高考降噪计划"宣传视频

借明星号召力高调入场的 OPPO 声学"高考降噪计划"随即开启线上线下"组合拳"出击。首先，全国门店向高三学生免费送出"静候你佳音"降噪礼盒，实用的降噪耳塞和睡眠眼罩帮助考生保障休息质量，状态时刻在线，既呼应整个"高考降噪计划"助力高考考生远离噪音的主题，也加深消费者对 OPPO 耳机降噪特性的认知。

随后，"高考降噪计划"在北京、广州、深圳、武汉等 11 个城市同步开启"爱心送考，降噪护航"活动，承包赴考路上最后几公里的安静体验，助力考生"静入佳境"。考生可在高德地图预约免费送考服务，在线下门店扫码还可获取"66 元高考打车礼包"。在北京、武汉等重点城市，OPPO 声学"爱心送考，降噪护航"公益活动得到了积极正向的电视、广播媒体曝光，也让更多考生受益。学生家长将 OPPO"静候你佳音"降噪礼盒称为暖心小礼物，让孩子在高考期间得到了更好的休息；免费送考车也让考生切实享受到了便利，"不再为考前交通压力担心"。如图 8-10 所示为"爱心送考，降噪护航"活动宣传海报。

 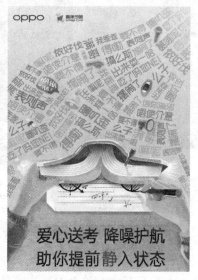

图 8-10　"爱心送考，降噪护航"活动宣传海报

从线上到线下，从产品营销到社会公益，OPPO"高考降噪计划"层层渗透，不仅为 OPPO 赢得了又一波正面品牌曝光，彰显出 OPPO 一贯的营销敏锐度与社会责任感，更强有力地助攻了这次意义非凡的高考。

在宣传视频中，OPPO 声学用巧妙的广告牌互动装置、层层带入的剪辑节奏、高级的广告片质感打出温馨"情感牌"。而高考前一天，OPPO 声学又在线上发布"全国高考模拟试卷"（见图 8-11），引发一波"回忆杀"，以轻松趣味、参与门槛低的营销方式和消费者一起闪回高考记忆，延续"高考降噪计划"热度。当别人都在问考生复习得好不好，向考生喊着"必胜，加油"的时候，OPPO 声学知道，他们可能只想静静。如图 8-12 所示为 OPPO"高考降噪计划"相关海报。

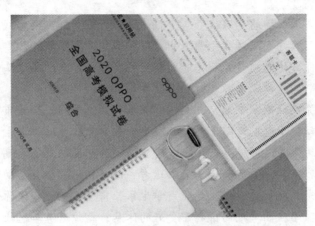

图 8-11 OPPO 声学发布的"全国高考模拟试卷"

图 8-12 OPPO"高考降噪计划"相关海报

本次营销活动通过明星官宣、广泛覆盖的惠民活动、重点集中的社会话题引爆、趣味"回忆杀"等一系列环环相扣的走心玩法，将品牌、产品与事件热点融合，加深消费者对OPPO 耳机"降噪"标签的认同感。比起常见的高考借势营销，OPPO 声学选择走温情、正能量的路线，突破"鸡血营销"的桎梏，以让用户真实受益为宗旨做出积极引导。

资料来源：iPlus 艾加营销. 高考借势如何拒绝套路？来看看 OPPO 声学"降噪计划"的满分答卷[EB/OL].（2020-07-16）[2020-07-16]. https://socialone.com.cn/examination-oppo-campaign-2020.

一、网络事件营销的步骤

互联网具备信息传播速度快、传播范围广的特点，互联网技术的使用能够在一定程度上提升企业营销的效果。在网络事件营销的过程中，企业能够借助已有新闻事件或通过制造新闻事件以及使用炒作等营销手段，提高公众的关注度，得到传统新闻媒体的关注，借助社会化媒体以及传统媒体的传播，实现营销效果最大化。

成功的网络事件营销需要经过精密的策划，应该结合自身条件制订具体计划。网络事件营销的步骤如下。

1．确定网络事件营销的目的

在网络事件营销中，企业开展营销一般都是基于提高企业品牌或产品知名度和曝光度、扩大客户群体、实现企业盈利等目的。在策划事件营销方案时，企业应该做好实际形势的分析，明确营销目标，并在营销策划过程中始终围绕营销目标进行。

2．寻找与品牌的关联性

网络事件营销的最大驱动力是提升企业的知名度，树立良好的品牌形象。因此，事件营销一定要与品牌有关联，不应生搬硬套，要对品牌起到积极的宣传作用和营销效果。

3．策划事件内容

事件内容是整个网络事件营销的焦点部分，在很大程度上决定了网络事件营销能否成功，内容的策划需要契合营销想要达到的目的，事件的策划是网络事件营销的核心工作。网络事件营销借助于新奇、独特、有趣的热点事件，切入事件的角度要与自身的产品或服务相关。企业需要将自身的诉求点、用户的关注点和事件的核心点相融合。文案需要基于热点事件，传达的信息要与品牌价值、品牌理念以及产品竞争力相关联。

4．选择合适的传播渠道

选择传播平台是网络事件营销的重要步骤。网络事件营销以互联网为传播载体，影响力较大的新闻事件往往是借助网络用户资源丰富的网络媒体（如门户网站、各大论坛、新闻媒介等）进行传播，充分利用用户资源能够有效扩大新闻的传播范围，引起轰动效应，为此，在新闻事件传播的过程中要注意借助传播媒体的力量，从而达到宣传推广的目的。如果想进一步提高影响力和扩大覆盖范围，企业可以选择在多个媒体平台上发布营销信息。

5．进行营销预热和传播

事件信息发布后，企业若想获得更多的关注，可以对事件信息进行预热，与种子用户和核心粉丝分享、沟通，通过他们将信息传播下去。同时，企业可以吸引知名人士、主流媒体或平台的关注，让信息进行更大范围的传播，进一步扩大影响力，让更多层面的人群知道。

6．鼓励网民参与和再创作

网民的参与和互动有利于形成大规模的传播效果。在确定目标受众群体后，企业可以增加与目标受众群体的接触，了解受众群体的喜好，加强与受众群体的互动，增强受众群体与企业的联系；在了解参与者的基础上，企业可以进一步引导和激发网民的创作力，从而达到二次传播的效果。

7．监测效果和控制风险

首先，企业要对网络事件营销的实施结果进行评估。网络事件营销效果的评估主要分为两个阶段，第一阶段是从事件的熟知率、认知渠道和对具体内容的评价等方面对事件进行评估；第二阶段是通过用户对品牌的认知、情感和意愿等方面对品牌影响进行评估。其次，鉴于网络事件营销的特征，在策划方案时，一定要充分考虑到风险因素，控制好风险，以免形成负面影响。

二、网络事件营销的效果测评及风险控制

（一）网络事件营销的效果测评

对于网络事件营销效果的具体测评并没有统一的标准，但可以根据其在网络中的热度和被关注数量来进行判断。主要从以下六个方面判断事件营销是否成功。

（1）出现在多少家网站的首页。

（2）被多少家论坛、博客、视频置顶。

（3）有多少网友参与。

（4）被多少搜索引擎获取，包括多少关键词成型。

（5）被多少传统媒体报道。

（6）多少网络评论员以及新闻评论员对此进行评论。

（二）网络事件营销的风险控制

网络事件营销虽然可以以短、平、快的方式为企业带来大量关注，但也可能起到相反的作用。

1．网络事件营销切入点的风险

网络事件营销中的三大切入点按可控度，从大到小分别是公益、聚焦和危机，可控度降低时，影响度是增加的，即风险越大，营销效果越好。如图8-13所示为事件营销切入点的风险示意图。

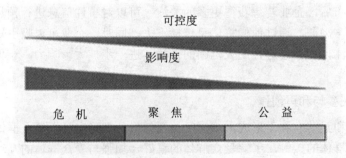

图 8-13 事件营销切入点的风险示意图

从右到左的事件中，企业控制的因素越来越少，事件的不确定性越来越大，企业所面临的风险也越来越大，反之亦然。例如，在公益事件中，企业通常占据主动地位开展事件营销活动，营销的风险性较低。

聚焦事件的主要风险在于营销活动不能与企业的品牌或产品战略发展相融合，甚至有

损企业长远的战略形象。危机事件最能吸引眼球，同时风险也很大，特别是在处理企业自身危机时，应该更加小心谨慎。企业在进行危机公关时，如果不能有效控制舆论风向，极有可能会引起公众的质疑和反感，不但达不到预期的营销效果，还会使企业面临生存危机。

2．事件营销的风险控制

事件营销的利益与风险并存，企业不仅要学会取其利，更要学会避其害。对于风险项目，企业首先要做的是风险评估，这是进行风险控制的基础。风险评估后，根据风险等级建立相应的防范机制。在事件营销展开后，企业要依据实际情况，不断调整和修正原先的风险评估，补充风险检测内容，并采取措施化解风险，直到整个事件营销活动结束。

根据上面的内容，可以建立事件营销风险评估跟踪表（见表8-1），协助企业完成对事件营销风险的控制。

表 8-1　事件营销风险评估追踪表

风 险 类 型	风险等级评估（高中低）	目 前 状 况	已采取的措施	可能会出现的问题	备　　注
违反法律法规					
脱离企业形象					
媒体不感兴趣					
引起公众反感					
竞争对手采取相应措施					
其他风险					

习　　题

一、选择题

1．心理上、利益上和地理上越与受众接近和相关的事实，其新闻价值越大，这是网络事件营销的（　　）。

    A．趣味性　　　　　　　　　　B．重要性

    C．相关性　　　　　　　　　　D．真实性

2．事件营销的传播投资回报率约为一般传统广告的 3 倍，体现了网络事件营销的（　　）特征。

    A．事件具有时效性、不确定性和风险性

    B．投资回报率高

    C．避开媒体多元化形成的噪声，提升品牌的关注率

    D．传播深度和层次高

3．事件营销中的三大切入点可以按可控度进行排列，从大到小分别是（　　），可控度降低时，影响度是增加的，即风险越大，营销效果越好。

　　　　A．公益、危机、聚焦　　　　　　　　B．聚焦、公益、危机

　　　　C．危机、公益、聚焦　　　　　　　　D．公益、聚焦、危机

　　4．（　　　）是网络事件营销的核心工作。

　　　　A．确定网络事件营销的目的

　　　　B．寻找与品牌的关联性

　　　　C．进行事件内容的策划

　　　　D．选择合适的传播渠道

　　5．网络事件营销获得成功的首要条件是（　　　）。

　　　　A．良好的创意　　　　　　　　　　　B．公众的关注

　　　　C．抓住实际，善于"借势"　　　　　　D．力求完美

　　6．企业的每次传播活动都必须加强消费者对品牌的好感，因此，进行事件营销必须确保以（　　　）为底线。

　　　　A．热点事件原则　　　　　　　　　　B．社会公益原则

　　　　C．公众关注原则　　　　　　　　　　D．事件炒作原则

　　7．下列属于网络事件营销特征的是（　　　）。

　　　　A．投入小，产出大　　　　　　　　　B．影响面广，关注度高

　　　　C．隐藏的目的性　　　　　　　　　　D．具有一定的风险性

　　8．企业进行事件营销，一方面可以通过策划亲自制造事件，即（　　　）；另一方面可以借助热点事件开展营销活动，即（　　　）。

　　　　A．造势　　　　　B．烘托　　　　　C．衬托　　　　　　D．借势

　　9．企业开展公共关系活动时，必须从公众礼仪出发，重视（　　）。

　　　　A．道德效益　　　　B．广告效益　　　　C．经济效益　　　　　D．社会效益

　　10．企业进行网络事件营销策划的最基本原则是（　　）。

　　　　A．把握网民关注动向　　　　　　　　B．力求完美

　　　　C．善于借势　　　　　　　　　　　　D．诚信为本

二、简答题

　　1．简述网络事件营销的特征。

　　2．网络事件营销的两大模式分别是什么？

　　3．网络事件营销有哪些策划要点？

　　4．简述网络事件营销的步骤。

　　5．结合所学知识，为你感兴趣的企业或品牌设计一份网络事件营销方案。

三、案例分析题

喜茶和茶颜悦色的"恰杯茶不"联名活动

　　2020 年 3 月 19 日，知名茶饮品牌喜茶在其官方微博账号上发布了一则"爆浆奶茶波

波吐司"做法的日常科普推文，并开展抽奖活动，宣布抽取一位粉丝送上喜茶同款的美的三明治机。2020 年 3 月 22 日，喜茶通过微博抽奖平台抽中了一位微博 ID 名为"等一杯茶颜悦色"的粉丝，这位中奖幸运儿的微博简介写着"等我喝到茶颜悦色就改名"。

此次喜茶的抽奖活动不小心抽到竞争对手的粉丝，许多网友纷纷表示"谢谢，有被笑到"，而故事的主人公喜茶更是快速做出了回应，以一句"终究是错付了"的网络梗巧妙缓解尴尬，也将喜茶此次抽奖的事件送上了微博热搜，增加了事件的热度。随后，茶颜悦色官方微博也赶来评论区，留言表示"谢谢茶茶将我们的小主照顾好"（见图 8-14），发射的爱心光波让脑洞大开的围观群众开始磕起了喜茶和茶颜悦色的 CP（网络流行词，一般指配对），"喜笑颜开""颜喜攻略""喜悦组合"等一系列的 CP 名相继出现，更有网友希望喜茶和茶颜悦色赶紧出联名款产品，将 CP 人设经营到底。

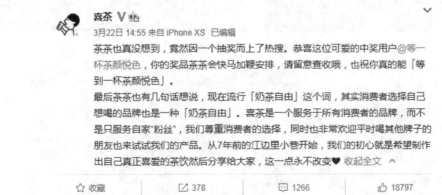

图 8-14　喜茶官方微博抽奖活动结果图

之后，喜茶官方再发微博，表示自己尊重竞品，更尊重粉丝，欢迎自家粉丝选择其他品牌奶茶，也欢迎其他品牌的粉丝来尝试喜茶的产品，强调喜茶的品牌包容性和尊重消费者奶茶自由的权利（见图 8-15），让这场网络小狂欢正式上升到品牌态度及价值观表达层面，进一步推进了喜茶的正向品牌形象建设。

喜茶 V

3月22日 14:55 来自 iPhone XS 已编辑

茶茶也真没想到，竟然因一个抽奖而上了热搜。恭喜这位可爱的中奖用户@等一杯茶颜悦色，你的奖品茶茶会快马加鞭安排，请留意查收哦，也祝你真的能「等到一杯茶颜悦色」。

最后茶茶也有几句话想说，现在流行「奶茶自由」这个词，其实消费者选择自己想喝的品牌也是一种「奶茶自由」。喜茶是一个服务于所有消费者的品牌，而不是只服务自家"粉丝"，我们尊重消费者的选择，同时也非常欢迎平时喝其他牌子的朋友也来试试我们的产品。从7年前的江边里小巷开始，我们的初心就是希望制作出自己真正喜爱的茶饮然后分享给大家，这一点永不改变❤ 收起全文 ∧

☆ 收藏　　　↗ 378　　　💬 1266　　　👍 18797

图 8-15　喜茶抽奖活动后的博文

借助此次事件，喜茶与茶颜悦色针对一系列话题，开启了品牌之间的互动，以增加品牌的热度。2020 年 7 月 21 日下午，喜茶首先在其官方微博进行预热，为喜茶和茶颜悦色的联名活动开展进一步的宣传。如图 8-16 所示为"恰杯茶不"联名活动的喜茶官方宣传微博截图。

图 8-16 "恰杯茶不"联名活动的喜茶官方宣传微博

随后，喜茶和茶颜悦色先后在微信公众号发出消息，讲了喜茶到长沙会茶颜悦色的故事（见图 8-17），还推出联名款礼盒（见图 8-18）。

图 8-17 "恰杯茶不"联名活动的微信公众号宣传

图 8-18 "恰杯茶不"联名款礼盒

喜茶和茶颜悦色的联名活动以"恰杯茶不"为主题，以奶茶为设计灵感。此次联名活动的周边产品包括杯子、便利贴和钥匙扣等，并且将广东江门特产与湖南长沙特产进行了组合，串联起茶饮界的"灵感"和"温度"。两家的联名活动获得粉丝的集体好评。

从传统的视角来看，同行联名在餐饮行业中的案例确实不多。而在同质化如此严重的市场环境中，此次喜茶和茶颜悦色的联名活动无非是"最美逆行"。

然而，这种行为却不可以盲目模仿，因为两个品牌虽然看上去是竞争关系，但实则存在很大的不同，如果盲目跟风，很容易掉进陷阱。

1. 核心产品不同

茶颜悦色的产品多以茶底加奶油的形式呈现，基本无水果茶。而喜茶的产品线更丰富，拥有芝士茗茶、当季限定、莓莓芒芒家族、满杯水果家族、波波家族、茶冰淇淋、茶极客限定、喜茶热麦、喜茶食验室等系列产品。喜茶和茶颜悦色的核心产品并不形成竞争关系。

2. 定位与布局存在差异

喜茶的价格区间为25～35元，其战略布局多在一线城市，并且正在下沉；而茶颜悦色的价格区间为15～20元，市场布局急需突破。此次联名活动可以说是互相借势，合作中重塑品牌价值，并完成双方并不重合的客户资源转化，实现1+1>2的营销效果。

从联名活动的结果来看，实现了双赢。作为产品迭代周期短、定位年轻消费群体、注重成为社交货币的网红茶饮品牌，持续不断的话题和源源不断的流量是其除了产品之外的另一大关键品牌竞争力。在这波意外的抽奖结果中，喜茶和茶颜悦色官方微博的隔空互动和快速响应能力，不仅以官方下场的姿态和乐于调侃的网友们玩在一起，还通过带梗的自嘲（喜茶）和亲昵的互动（茶颜悦色）等方式为自己加梗，将网络热点的效应不断放大，此次的互动为双方积累了不少UGC品牌资产。再加上后来喜茶和茶颜悦色的联名活动，进一步加强了品牌竞争力。

同行联合确实可以带来不少的流量，但并不是所有同行都适合用这样的方式。茶饮与中餐不同，并且喜茶与茶颜悦色的本次联名，也因为两个品牌之间存在微妙的差异与联系，在此情况下合作，可以实现共赢。在竞争加剧的新市场环境下，此次联名活动为餐饮行业做了一次很好的示范，未来，餐饮抱团发展或许会成为趋势。

资料来源：顶尖广告. 喜茶×茶颜悦色："颜喜攻略"联名款真的来了！[EB/OL].（2020-07-23）[2020-07-23]. https://www.cnwebe.com/articles/121550.html.

案例思考：

（1）结合所学知识及案例内容，分析喜茶和茶颜悦色的联名活动属于哪种网络事件营销模式，并总结此次联名活动的创意之处。

（2）此次喜茶和茶颜悦色的联名活动对开展同业联名活动有何可借鉴之处？

第九章 电商平台营销

本章知识点

（1）了解电商平台营销的含义以及优势。

（2）了解电商平台营销的五大策略。

（3）熟悉电商平台营销的平台类型。

（4）掌握电商平台营销的店铺数据分析、搜索优化以及内容优化方法。

（5）掌握电商平台营销中网店推广的目的、方法以及淘宝网平台的营销活动。

本章技能点

（1）能够撰写合适的网络营销推文。

（2）能够实施电商平台营销的策划。

（3）能够监控和评估电商平台营销的效果。

（4）能够熟练地使用电商平台的营销功能。

职业核心能力

自主学习、综合分析、逻辑思维、与人沟通合作、数据分析、解决问题、优化升级

知识导图

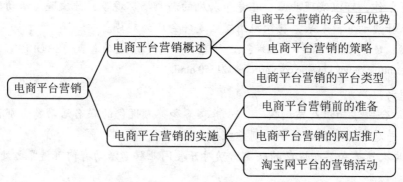

 引例

轩尼诗天猫超级品牌日及中秋节的电商平台营销

轩尼诗自 1859 年进入中国以来，就始终与中国消费者和中国文化保持紧密的联系。面对不断升级变化的消费环境和消费者需求，作为全球知名干邑品牌，轩尼诗在品牌营销的步伐上也随之加快，不断创造新的兴奋点。2020 年，轩尼诗在商业模式、消费场景、电商

营销三方面都做出了创新尝试与突破。

餐酒搭配的饮用场景是酒类品牌的竞争板块。面对美食这片竞争激烈的红海，如何进一步"破圈"，拓展新的人群和场景，成为品牌继续实现业务增长必定要面临的一个问题。

2020年上半年，餐饮市场率先开始回温，夜经济成为带动经济复苏的主要动力之一。根据阿里妈妈发布的报告显示，全国每天有近2亿消费者活跃在晚8点到凌晨6点，晚餐后是消费食品下单高峰时段。轩尼诗将品牌自有人群的分析和天猫食品消费大数据进行比对，发现网购高端食材的消费者画像与品牌自有核心人群的特征相近度非常高。于是轩尼诗果断带领品牌"跨圈"，绑定"夜经济"与"美食"，以自有强势IP（网络流行语，可理解为成品文创）"轩尼诗重新发现中国味"携手天猫超级品牌日，将品牌拓新的战场锁定在宵夜场景。

基于中国特有的宵夜文化，轩尼诗提出了2020天猫超级品牌日主题是"轩尼诗点亮仲夏·夜之味"（见图9-1），力图让消费者与轩尼诗一同感受宵夜桌上的美味、玩味、人情味。

轩尼诗敏锐地体察到近年来年轻人日渐显著的低酒精度饮品偏好，在天猫超级品牌日推出针对中国市场打造的自主创新产品——轩尼诗金宵特别版礼盒（见图9-2），降低了干邑的饮用门槛的同时，击中目前低酒精度的潮流趋势。

图9-1　轩尼诗天猫超级品牌日宣传海报1　　　图9-2　轩尼诗天猫超级品牌日宣传海报2

轩尼诗通过打造一系列的沉浸式体验感，将宵夜场景植入消费者心中。如图9-3所示，在天猫超级品牌日开始前一个月，轩尼诗携手5位抖音达人和5位资深美食家开启了一场"五城宵夜文化巡礼"探店直播接力，以富有地域特色的宵夜文化为重点内容，不仅引起了消费者的强烈共鸣，也让轩尼诗与不同的宵夜美食建立了紧密连接，激发观众的购买欲望。

在天猫超级品牌日当日，轩尼诗打造了名为"轩尼诗宵夜酒馆"的沉浸式剧场，将天猫超级品牌直播做成了一场"有味道"的综艺节目，带领观众领略轩尼诗与宵夜美味碰撞出的新奇体验，分享他们充满人情味的宵夜独家记忆，一同赴一场轩尼诗的深夜走心局。

如图 9-4 所示为"轩尼诗宵夜酒馆"直播截图。

图 9-3　轩尼诗天猫超级品牌日宣传海报 3

图 9-4　"轩尼诗宵夜酒馆"直播截图

此外，轩尼诗还在其他平台上传了三支宵夜宣传片，将三大最常见的宵夜场景与轩尼诗巧妙融合，引起消费者共鸣，将饮用新场景自然植入消费者心中。人、货、场环环相扣，每一环策略由精准洞察驱动，轩尼诗成功开拓了新的饮用场景，让"美味、玩味、人情味"的轩尼诗宵夜局深入人心。

资料来源：罗德传播集团.线上线下口碑炸裂，业绩领衔天猫 TOP1，这个品牌做对了什么？[EB/OL].（2020-12-08）[2020-12-08].https://socialone.com.cn/tmall-hennessy-ruderfinn-2020/.

第一节　电商平台营销概述

一、电商平台营销的含义和优势

（一）电商平台营销的含义

电商平台是指以互联网为基础进行商务活动的虚拟网络空间，通过协调、整合信息流、物质流、资金流等保障商务活动的顺利开展，为买卖双方提供信息交流、产品交易及电子交易过程中的增值服务等。电商平台营销是指以电商平台为核心，通过整合电商平台的信息集成优势，优化大规模定制营销组织系统，实现大规模定制营销，提高大规模定制营销的效率的模式。其特点是开展定制营销的核心和组织者是电商平台。

根据中国互联网络信息中心发布的第 48 次《中国互联网络发展状况统计报告》显示，截至 2021 年 6 月，我国网络购物用户规模达 8.12 亿，较 2020 年 12 月增长 2965 万，占网民整体的 80.3%。电商平台充分发挥自身信息集成和处理的优势，通过提供高效的定制信息平台，将供应商、销售商、第三方物流、用户等整合到一个集成化动态供应链系统中，开展大规模的电商平台营销。

（二）电商平台营销的优势

为了提高自身的竞争力，电商平台在市场分析、资质评估、在线支付等方面进行了大量投入，可以更好地为用户服务。电商平台通过提供共享的定制平台，使合作伙伴通过网络即可接入，避免了相互之间平台不兼容的问题。电商平台营销拥有信息、技术、平台三大方面的优势。

1. 信息优势

电商平台营销依托电商平台的信息集成和处理、电子商务技术、信息平台建设等方面的专业优势，以电商平台为核心，发挥其信息采集、处理、整合、传递以及专业信息平台建设的作用，企业、供应商及销售商通过选择合适的合作伙伴，组成虚拟供应链动态联盟，实现优势互补，共同完成大规模定制营销。

2. 技术优势

电商平台作为专业的电子商务提供商，在信息技术方面拥有天然优势。电商平台拥有大量的硬件、软件、系统、数据分析等各方面人才，在电商平台建设、市场信息调研、数据分析、系统组建和协调等方面都具有巨大的人才和技术优势。

3. 平台优势

电商平台可以充分发挥自身的技术优势，通过建设定制系统平台、在线支付平台、信息系统平台，为客户提供优质的服务，为定制系统合作伙伴提供统一、共享的信息交互平台，实现相互间的协调配合，从而减少系统的信息沟通成本，降低定制企业、供应商开展大规模定制营销的门槛，有效地扩大了大规模定制营销的范围。

二、电商平台营销的策略

随着互联网的快速发展和信息技术的进步，电商平台的采购力量开始了全球性的崛起。电商平台能够为企业的运行省去很多中间费用，同时也逐步提高了中小企业整体的外贸开拓能力。在开展电商平台营销时，商家可以充分利用以下五大方面的营销策略。

（一）个性化服务策略

个性化服务是根据用户的设定来实现的，通过各种渠道对资源进行收集、整理和分类，向用户提供和推荐相关信息，以满足用户的需求。个性化服务能够充分利用各种资源的优势，主动开展以满足用户个性化需求为目的的全方位服务。

（二）价格策略

相同产品、不同价格的情况是由营销策略决定的，价格与产品本身无关，这种策略叫作价格策略。

1. 低价定价策略

低价定价策略包括直接低价定价策略和折扣策略。

（1）直接低价定价策略：指采用考虑成本和一定利润或零利润的方式定价。制造类企业在网上进行直销时一般采用这种定价方式。

（2）折扣策略：指在原价基础上进行打折来定价，这可以让顾客直接了解产品的降价幅度，以促进顾客购买。折扣策略主要用于一些网上商店，一般按照市面上的流行价格给予一定的折扣，如当当上的图书价格一般都有折扣。

在采用低价定价策略时，需要注意以下三点。

（1）由于互联网是从免费共享资源发展而来的，用户一般会认为网上商品比从其他渠道购买的商品便宜，因此在网上不宜销售用户对价格敏感而企业又难以降价的产品。

（2）在网上公布价格时要注意区分对象，一般要为普通用户、零售商、批发商、合作伙伴提供不同的价格信息发布渠道。

（3）在网上公布价格时要注意比较同类平台公布的价格。

2. 定制生产定价策略

定制生产定价策略是指在企业能实行定制生产的基础上，利用网络技术和辅助设计软件，帮助用户选择配置或者由用户自行设计能满足自己需求的个性化产品，同时承担需要付出的价格成本。

3. 拍卖策略

根据供需关系，拍卖策略有竞价拍卖、竞价拍买、集体议价三种。

（1）竞价拍卖：是指企业向交易市场提出申请，拟订商品详细资料并提交给交易市场，确定产品拍卖的具体时间，通过交易市场预先公告后挂牌报价，然后用户自主加价，在约定交易时间内若无人继续加价，产品拍卖结束，以最高买价成交，双方通过交易市场签订购销合同并进行实物交收的交易方式。

（2）竞价拍买：是竞价拍卖的反向过程，即用户提出一个价格范围，求购某一商品，由企业出价，出价可以是公开的或隐蔽的，用户将与出价最低或与自己的出价最接近的企业成交。

（3）集体议价：是指多个购买者联合购买同一类产品时会形成一定购买规模，以此获得优惠售价的交易方式。

4. 免费价格策略

免费价格策略是指将企业的产品和服务免费提供给用户，以满足用户的需求。

（三）用户预期策略

用户预期与使用平台的成本、收益、技术标准等有密切的关系，使用用户预期策略要注意以下四个方面。

（1）可提前宣布将要推出的产品，吸引用户对平台和推出的产品的持续关注，使用户对新产品有所期待。

（2）影响预期最直接的方式是组成技术标准战略联盟，加入战略联盟的成员越多，这种技术或产品越受欢迎，同时可以通过大量的广告宣传，强调其优势和受欢迎程度等。

（3）在吸引用户进行消费之前，让用户确信自己在将来不会受到控制和约束，可轻易地切换到更好的平台。

（4）向用户承诺未来可以提供价格便宜、种类繁多、性能优良的互补产品，以免除用户的后顾之忧。

（四）增值策略

随着差异化竞争的加强和用户群体的逐渐成熟，电商平台服务提供商将以拓展增值服务为竞争重点。增值服务就是为用户提供产品本身以外的服务，使得产品的价值增加。增值服务的种类和质量是电商平台服务水平高低的重要体现。

（五）品牌策略

知名企业的线下品牌可以在网上得以延伸，一般企业则可以通过互联网快速树立品牌形象，并提升企业整体形象。网络品牌建设是以企业网站建设为基础，通过一系列的推广措施，得到公众对企业的认知和认可。在一定程度上讲，网络品牌的价值甚至高于通过网络获得的直接收益。

三、电商平台营销的平台类型

随着信息技术和电子商务的快速发展，电商平台逐渐向综合化和专业化的方向发展。向综合化方向发展的电商平台，通过增加相关服务，为用户提供更多的价值和便利，可以带来更高的满意度；向专业化方向发展的电商平台，集中力量于某一行业，在该行业领域深入挖掘更深的价值，以获得专业化优势。

根据运营深度和广度的不同，电商平台可分为水平型电商平台、垂直型电商平台和公司型电商平台三种。

（一）水平型电商平台

水平型电商平台的运营商通常独立于产品或服务的提供者和需求者，它通过网络平台，按照特定的交易与服务规范，为买卖双方提供服务。当前主流的水平型电商平台根据其运营模式不同，又可分为水平型 B2B 电商平台、水平型 B2C 电商平台和水平型 C2C 电商平台。

1. 水平型 B2B 电商平台

与传统的商务活动相比，通过水平型 B2B 电商平台开展的商务活动能够降低企业的采购成本、库存成本，节省产品周转时间，增加市场机会。同时，由于水平型 B2B 电商平台不涉及产品和服务本身，重点在于平台的建立和服务，因此，这类平台的网站往往有十分强大的技术研究团队，相较于企业网站具有更强的竞争力。

目前，综合实力较强的水平型 B2B 电商平台为 1688。如图 9-5 所示为 1688 网站首页。

图 9-5　1688 首页

2. 水平型 B2C 电商平台

水平型 B2C 电商平台建立了企业与个体用户间的沟通与联系渠道，大幅度地降低了交易成本。有一些专属的互联网品牌从诞生之初就形成了“前店后厂”的模式，抛去了中间的各级代理商，在减少销售环节的同时降低了成本。从用户关系及体验来看，自助式的购物体验使得消费过程更轻松。

目前，综合实力较强的水平型 B2C 电商平台有天猫、京东、1 号店、当当和唯品会。如图 9-6 和图 9-7 所示分别为天猫首页和京东首页。

图 9-6　天猫首页

图 9-7　京东首页

3. 水平型 C2C 电商平台

水平型 C2C 电商平台对所有人免费开放，用户既可以是买家，又可以是商家。水平型 C2C 电商平台把传统的大商场、特色小店、地摊和跳蚤市场等融合到了一起，由于平台上参与交易的买卖双方通常是个人，购买的物品一般是单件或者是少量的，因此本小利薄、批次多是目前绝大部分水平型 C2C 电商平台上商家面临的现实。知名的水平型 C2C 电商平台是淘宝。如图 9-8 所示为淘宝首页。

图 9-8　淘宝首页

（二）垂直型电商平台

垂直型电商平台是集中全部力量打造的专业性信息平台，能够提供更符合特定人群需要的消费产品，可满足某一领域用户的特定习惯，因此更容易取得用户的信任。

垂直型电商平台上的所有货源统一由供应商供给，从源头上堵住了次品假货的渠道，产品质量问题由供应商承担，可保障消费者利益。物流体系与传统渠道物流相结合，可使产品在物流中的损耗降到最低。垂直型电商平台于采购商而言，解决了一站式采购的问题，产品价格透明，品质有保障，物流费用更低，效率更高；对于用户而言，可获得供应商直供产品，品质有保障，降低了中间费用。垂直型电商平台多为某一行业的专用电商平台，现在比较优秀的有化工网和中国网上轻纺城等。如图 9-9 所示为化工网首页。

图 9-9　化工网首页

（三）公司型电商平台

公司型电商平台是企业为自身产品创建的、为用户提供网上交易与洽谈的平台。这类电商平台是完全独立的，不受第三方平台的约束和限制，具有数据处理能力强、网络运行效率高等优势，但是网络平台的安全管理能力和技术支持相对欠缺。

公司型电商平台不仅为企业自身的产品销售提供了场地，还有利于企业形象的塑造。对于用户而言，有了了解产品生产商的渠道，对于掌握产品质量、了解产品背后的故事都有帮助。随着互联网的发展，大多数企业已有自己的网站，但这些网站更多的是用于信息展示，只有大型企业才会建立自营的、可以进行购物与商务洽谈的平台，如格力、戴尔、小米（见图 9-10～图 9-12）等。

图 9-10　格力商城首页

图 9-11　戴尔商城首页

图 9-12　小米商城首页

第二节　电商平台营销的实施

案例

娇韵诗天猫超级品牌日营销

2020 年年初的疫情影响下，美妆个护行业在 3 月就表现出快速恢复的趋势，线上市场取得了 20%～30%的增长。主打天然植物萃取成分的高端护肤品牌娇韵诗，洞察到了消费者对于产品成分关注的加强和与品牌沟通方式的更新，通过打造天猫超级品牌日，强化自身"NO.1 植物+科技专家"形象的同时，进军新一代消费人群领地，寻求进一步破圈拉新。如图 9-13 所示为娇韵诗天猫超级品牌日宣传海报。

首先，娇韵诗从品牌自身挖掘出与时俱进、更有个性的新价值认知，通过运用共创话题的方式激发共鸣。作为娇韵诗代言人，知名女星迪丽热巴积极和品牌一起为女性发声，带动更多人关注娇韵诗和当代年轻女性。在迪丽热巴参演的一支广告短片中，娇韵诗对当代年轻女性的形象做了一次新呈现，让大众看到她们低调却充满力量的一面。广告短片中出现的三位女性，年龄、职业、努力的方向都不同，每一位年轻女性都蕴含着强大的力量。如

图 9-13　娇韵诗天猫超级品牌日宣传海报

图 9-14 所示为娇韵诗《植萃之力，向美而生》广告短片封面。

图 9-14　娇韵诗《植萃之力，向美而生》广告短片封面

其次，娇韵诗联手微信公众号"GQ 实验室"发布病毒式条漫组合文章，引发大众对当代女性生存环境的激烈讨论。"万物皆可 PUA"正在成为女性生活中的一大困扰，这种隐性精神控制行为，似乎渗透了生活的各个方面。漫画中还原的 PUA 式对话和场景，引发了读者的强烈共鸣。滑动图片所见的"反 PUA 时刻"用最直接的方式打破了 PUA 氛围，激励当代女性拒绝任何形式的自我否定、精神控制，与娇韵诗传达的精神相契合。通过共鸣话题选择、互动氛围营造，让读者接收到品牌价值的传达。在条漫文章传播并成为爆款的同时，娇韵诗品牌理念和精神也被更多人知晓并认同，顺利赢得了年轻消费者的心智。如图 9-15 所示为 GQ 实验室《成年人隐性 PUA 行为一览》部分内容。

图 9-15　GQ 实验室《成年人隐性 PUA 行为一览》部分内容

　　最后，娇韵诗联动 b 站、抖音、小红书、微博四大国内社交顶级平台以及淘宝直播，打造国内首档全域直播 IP 栏目《绽放吧，植萃之力》，31 天不间断直播。娇韵诗通过此次全域轰炸式直播以及主播组合的应用，形成了新一代消费者的社交网站包围圈。"洗脑式"输出品牌信息的同时，将品牌声量助推上了同品类的高峰。如图 9-16 所示为娇韵诗全域直播 IP 栏目《绽放吧，植萃之力》。

图 9-16　娇韵诗全域直播 IP 栏目《绽放吧，植萃之力》

　　中高端美妆护肤市场竞争越来越激烈，要想保持增长就必须及时突围，从产品、品牌以及传播策略上不断向更有潜力的消费群体靠拢。

　　资料来源：众引传播. 娇韵诗如何玩透电商平台"新花样"，重塑消费者心智？[EB/OL].（2020-09-14）[2020-09-14]. https://socialone.com.cn/clarins-tmall-mgcc-case-2020/.

一、电商平台营销前的准备

　　电商平台营销前的准备具体表现在数据分析、产品搜索优化和产品内容优化等方面，它们是电商平台营销的基础。

（一）数据分析

　　数据分析是电子商务运营的重要基础，对营销的很多方面都有影响，包括用户获取、营销组合、用户维系、社交媒体、市场细分和促销策略等。店铺的不同数据代表着不同的意义，每一个数据分析行为都应该有明确的目标指向。店铺运营要建立在更加科学、有效的基础上，根据事实和数据来决定营销和促销活动的开展，数据分析可为商家提供准确的参考依据。

1．店铺数据分析的作用

随着信息产业的快速发展，电子商务市场慢慢跨入了大数据时代。作为店铺运营者，面对数量众多的竞争对手，商家可以依靠数据让资源流入自家店铺。

（1）发现问题。

与专业的数据分析师相比，店铺运营者主要分析的是自己店铺的数据，即要做到随时监控全店各类数据，及时发现数据异常并制订解决方案。店铺数据可反映店铺的经营状况，如果数据突然出现异常，则一定存在影响因素。

（2）分析问题。

在发现数据问题后，则需要解决问题，解决方案一般建立在所发现的问题的基础上。当数据出现异常时，店铺运营者首先要分析数据波动的原因，分析浏览量和访客量、成交额等指标。

（3）积累经验。

分析异常数据不仅可以优化店铺运营，还可以帮助运营者积累经验，建立历史档案，更好地运营店铺。运营者可以观察数据规律，积累相关经验，将其应用到其他产品推广上，为店铺带来更大的收益。

（4）决策建议。

数据分析在店铺运营中体现了多重功能，可以为运营者的运营决策提供很多参考，如测款、选款、预测库存周期、预测市场变化等。运营者通过数据的对比分析，选择更加适合推广的产品，减少盲目投入。此外，通过观察和对比分析用户行为数据，运营者可以制订更合适的促销活动或推广方案。

2．店铺数据分析的主要阶段

店铺数据分析主要通过观察、调查、测验等方式，把店铺各方面的情况通过数据反映出来，帮助运营者了解店铺的运营情况，调整店铺的运营策略。一般来说，店铺数据分析主要分为以下三个阶段。

（1）店铺市场和货源的定位。

店铺运营的基本前提是有潜力的市场和稳定、优质的货源。电子商务行业人员首先要对自己的资金、货源，以及当前市场的销售情况、市场前景、市场竞争环境和发展趋势进行预估，然后根据市场的实际情况选择产品，并对产品进行定位。

（2）店铺的运营规划。

店铺运营者在进入市场开始运营时，需要对店铺的运营方向进行规划。产品上架前，通过分析行业类目上架时间、目标用户群浏览时间等数据，得出产品的适合上架时间，提前做好规划维护，争取在同行业竞争对手之前抢占一部分市场。同时，在对访客入口多、二次跳转率高的页面和畅销产品页面等进行数据分析的基础上，做好相应的规划，尽可能提高流量的利用率。在对产品或店铺进行推广时，分析产品的适合推广人群、目标消费人群的性别组成、适合推广的地域等，根据分析结果设置适合的店铺风格和制订相应的推广方案。如果店铺经营类目具有明显的季节性，则还需要根据淡季和旺季的销售情况制订不同的运营策略。

（3）分析产品的变化趋势。

在产品上架销售后，店铺运营者需要时刻关注产品的数据情况，如产品的流量、转化率、平均停留时长等，通过这些数据了解产品在一个固定时间段内的销售情况，并及时做好产品销售战略的调整。

在分析产品数据变化趋势的过程中，客服数据、物流数据等也是不容忽视的部分，对店铺运营效果具有影响。

（二）店铺宝贝搜索优化

店铺宝贝优化对于提高店铺宝贝排名具有非常显著的效果，是卖家用低成本去提高店铺流量的有效途径，下面以淘宝平台为例来讲解。

淘宝 SEO 是指通过各种优化技术和手段，获取淘宝站内的更多自然流量，增加店铺或商品的展示量，达到提高销售量的目的。淘宝 SEO 包括综合排名 SEO、移动端淘宝 SEO、人气排名 SEO 等内容。其中，综合排名 SEO 是淘宝 SEO 的重点。综合排名页面是淘宝搜索的默认展示页面，在用户搜索过程中， 90%以上的搜索结果都是以综合排名的方式进行展现的。

1．淘宝搜索的思维模式

淘宝搜索的思维模式主要包括搜索、展现、点击和流量。用户搜索关键词的过程就是淘宝搜索的过程，店铺或产品的大部分自然流量都产生于该过程。商家想要获得更多流量，就必须让自己的产品在淘宝搜索的结果中位于前列，这也是商家进行淘宝SEO的主要原因。

2．淘宝标签

淘宝标签是指商家获得某种增值服务后，淘宝网给予店铺的标识。淘宝标签是淘宝搜索引擎筛选产品的一种标志，是淘宝 SEO 必不可少的一个因素。商家为店铺宝贝添加标签，对宝贝排名、宝贝点击率和宝贝转化率都十分有益。此外，添加标签的宝贝更容易定位到精准的用户人群。

3．影响搜索量的主要因素

淘宝店铺获取自然流量的前提是搜索量，商家做淘宝 SEO 的目的也是提高搜索量。只有拥有足够的搜索量和展示机会，店铺和宝贝才有可能获得足够的免费流量，从而实现提高交易额的目的。

（1）淘宝搜索排名三大形式。

自然流量无论是在转化率还是精准度上都拥有非常高的质量。每一个淘宝商家都希望提高宝贝排名和宝贝展示度，从而获得更多优质的自然搜索流量。在淘宝网中，宝贝的搜索排名有综合排序、信用排序、销量排序三种主要形式。

① 综合排序。

综合排序的顺序是由淘宝后台系统对同类型宝贝的各个权重进行计算后得出的。影响淘宝宝贝综合排序的因素有宝贝相关性、综合评分等。其中，宝贝相关性主要包括类目、属性和标题三个要点，即店铺发布的宝贝必须与宝贝的标题、类目和属性等相符，如果涉嫌弄虚作假，宝贝将难以获得展示机会。综合评分就是店铺动态评分，其内容主要包括宝贝与描述是否相符、商家服务态度以及商家发货速度等方面，评分越高，则宝贝可获得越多的自然流量，如图9-17所示。

图9-17　综合排序

② 信用排序。

信用排序是指根据商品所在行业的信用在整个店铺总信用中的占比进行排序，如图9-18所示。

图9-18　信用排序

③ 销量排序。

销量排序是指按照宝贝的成交人数进行排序，如图9-19所示。

图 9-19　销量排序

（2）关键词。

淘宝网中宝贝的大部分自然流量都来自关键词搜索。在用户应用关键词搜索宝贝时，关键词匹配度越高的标题，宝贝排名会越靠前，搜索量就越高。淘宝网中宝贝的标题由多个关键词组合而成。如果按关键词的类型分类，可将淘宝网中宝贝的标题关键词分为主要关键词、意向关键词和长尾关键词。如果按照关键词的竞争热度和搜索量进行划分，还可以分为热词、温词和冷词。

① 按照关键词类型分类。

淘宝网中的关键词通常是一个词语。主要关键词是指描述宝贝主要特质的词语；意向关键词即次要关键词，是附加描述宝贝性质的词语；长尾关键词是指搜索量不大、竞争不激烈，但转化率较高的关键词，通常由2～3个词语或短语组成。

② 按照竞争热度和搜索量分类。

为了使宝贝更容易被用户搜索到，商家需要有技巧地设置宝贝标题中的关键词。一般来说，热词是指买家经常搜索且竞争激烈的词语，即大部分用户喜欢使用该词语搜索商品，同时大部分店铺也会将该词语放入自己的宝贝标题中；温词相对于热词而言，搜索人数较少，竞争不那么激烈；冷词的搜索量一般非常低，竞争也不激烈。

（3）点击率。

提高宝贝搜索量的目的是获得更多点击率，点击率的高低直接决定着宝贝流量的多少。如某宝贝展现1000次，点击率为1%，则表示点击商品的人数是10人。如果点击率为10%，则表示点击商品的人数是100人。

宝贝点击率不仅会影响宝贝流量，还会影响宝贝排名。淘宝宝贝的排名受多因素的影响，其中店铺转化率也是主要因素之一。店铺转化率包括浏览转化率和下单付款转化率。浏览转化率即用户浏览宝贝后成功交易的概率，如果宝贝的点击率低，则浏览转化率低。当淘宝后台排序系统检测出宝贝的展示率高但点击率低时，就会降低宝贝的排名。

（三）店铺宝贝内容优化

淘宝 SEO 的目的是让用户看到宝贝，接下来需要进行宝贝主图和详情页的优化。其中，主图优化的目的是让用户点击查看宝贝，详情页优化的目的是让用户购买宝贝。

1．主图设置环境引导

环境引导是指通过将宝贝放置到实际使用环境中展示，引发用户的代入感，从而增强用户的购物欲望，提高点击率，如手表的防水效果等，如图 9-20 所示。

图 9-20　手表的防水效果图

2．主图展示卖点

卖点是指宝贝具有的与众不同的特点，一般在宝贝详情页中展示。由于主图大小有限，产品的卖点必须简练明确，这需要商家深入分析目标消费人群的特点，挖掘他们真正的需求。一般来说，宝贝的性能、特点、价格、质量、促销信息、细节等都是用户想要了解的信息，都可作为卖点展示在主图中，如可以商品使用图、细节图的形式进行展示，还可以产品的配套件或赠品的形式进行展示，也可搭配文案进行展示。

3．主图文案优化

宝贝的主图效果关系到品牌形象与品牌定位。另外，由于主图与宝贝的搜索权重息息相关，不能频繁更换，因此文案设计最好一步到位。一般来说，主图文案内容应比较简洁，能够直击要点。同时，在排版、文案颜色、图文比例上也有一定要求。

（1）排版。

文案通常有左右排版、中心对称排版、中心围绕排版、上下排版等排版方式，具体采用哪种方式要根据实际效果而定。例如，较规则的、整体呈竖式长方形的产品可以采用中心对称排版或左右排版方式，不规则的产品可以采用上下排版或中心围绕排版方式。

（2）文案颜色。

文案颜色应尽量根据宝贝颜色来确定，如选择同色系或者补色系，以保持整个主图效果的和谐。

（3）图文比例。

为了使主图效果重点突出，在搜索结果页面中更具优势，一般产品所占比例保持在整个版面的 2/3 以上，文案内容建议不超过 1/2。

4．详情页内容定位

分析目标消费人群是为了通过分析用户的性别、年龄，找准详情页内容的定位，结合产品特征整理出完整的思路，设计出最符合目标消费人群的内容。一般来说，目标消费人群的确定应尽量建立在数据分析的基础上，不要凭借主观臆断做决定，避免定位错误。

5．详情页展示宝贝细节

展示细节通常就是展示宝贝质量，对于部分宝贝而言，细节与卖点有一定程度上的重叠，有时候细节也是卖点。但不管怎样，质量都是用户最关注的品质之一。质量好的宝贝可以提高用户的购买欲望和访问深度，提高宝贝转化率。质量的展示可以是多方面的，功能、性能、工艺等都是表现宝贝质量的手段。在展示宝贝质量时，应该注意展示方法，如使用简单、直白的图文搭配方式展示参数、性能、工艺等指标；使用图片搭配简单文案的方式展示功能、细节、性价比等指标。

二、电商平台营销的网店推广

（一）网店推广的目的

1．吸引更多人关注，培养潜在顾客

推广网店的意义不仅仅是直接带动店铺的销量，更在于提高产品、店铺的关注度。

2．提高访问量

推广带来流量，有了流量才有成交量。在其他因素一样的前提下，流量和成交量是成正比的。

3．树立网店的整体形象

在网店推广过程中，从产品选择、店铺装修到各种宣传，都是在向用户展示店铺，店铺的形象在种种宣传中得以体现，宣传的过程也就是树立品牌形象的过程。

（二）宝贝上架时间的选择

宝贝的上下架中蕴含了搜索的逻辑，如果能合理地优化宝贝的上下架时间，就可以让宝贝的排名靠前，在节省流量成本的同时提高搜索的权重，宝贝上架的黄金法则如下。

1．把握好流量高峰因素

卖家要将产品根据买家来访时间平均分布来进行陈列，尽量在人数多的时间段中展现产品。

2．研究买家访问时间

一般来说，一天内访问量大的时间段主要有 9:00～11:00、14:00～18:00、20:00～23:00，总计 9 小时。当宝贝上下架时间在这些时间段时，宝贝获得流量的概率就会加大。为了让产品能够尽量获得较大的流量，卖家可以主要集中在这些时间段内上下架宝贝。经过分析一周共有 6 天分配天数（周一到周五、周六周日合并为一天对待），一天内访客流量较大的时间有 9 小时，一周共有 54 小时的客流量较大的时间。

3．合理安排上架产品

计算每日上架产品数。根据产品总数和实际一周分配天数进行计算，假设产品总数为 324 个，则 324/6=54，即一天应该上架 54 个产品。因周末的客流量会明显大于工作日，所以实际情况是 54/2=27，即产品上架数主要调整到周六和周日。

4．产品上架时间要准确

计算每小时上架产品数。按照平均分配的方法，计算每天每小时需要上架的产品数，并计算出上架间隔时间。计算得出 54/9=6；然后再计算每小时内上架产品之间的间隔时间，计算得出 60/6=10，最终算出每小时上架产品 6 个，间隔时间为 10 分钟。

5．分配产品数量

计算每个时间段的宝贝数量。产品在即将下架的时候，会获得优先展现的机会，也就是当期望产品在 10:00 有优先展现机会时，产品的实际下架时间可以设定在 10:10，即实际下架时间要比期望展现时间点延迟相应的时间。根据上架表可以扩展到每天每小时具体上架产品的安排，这样可以让运营人员有一个很明确的执行清单。同时，商家也可以根据自身产品销售策略的不同，在这个范围内调整相应的产品上架顺序。

（三）网店推广的方法

1．折扣分享平台推广

店家可以利用折扣分享平台推广商品。这类平台上面的商品都是折扣商品，很多消费者都会关注这些平台，店家可以借助其流量大的特点推广自己的商品。

2．社区发帖和回帖

发帖和回帖是所有商家提高店铺浏览量的最常用手段，具体效果因"帖"而异，所以店家不仅要看帖子的数量，更要注重帖子的质量。

3．宝贝上架时间

淘宝的默认排序方式是按下架的时间来排序，越接近下架时间的宝贝越排在前面，容易被买家看到。因此，店家应该让自己的宝贝在人气最旺时接近下架。

4．合理设置宝贝名称

宝贝名称尽量多包含热门搜索关键词，当然是要跟宝贝有关的关键词，否则违规。多包含热门搜索关键词，能增加宝贝被搜索到的概率，自然也增加了被购买的概率。

5．用好橱窗推荐

使用橱窗推荐的宝贝比没有使用橱窗推荐的宝贝更容易被买家搜索到。

6．充分利用评价管理

评价管理包括店家和买家双方的评价。在给买家评价的时候，可以适当地打一下广告，既不花钱又不费事，还能起到一定程度的宣传效果。同时，买家给予评价以后，店家可以充分利用解释的地方做宣传广告。

7．利用店铺留言进行宣传

店家可以在自己的店里随便留言，所以可以把自己的优势和促销信息写出来，买家逛店铺的时候就有可能看到这些信息，增加购买的概率。

8．用好宝贝描述模板

一定要选择侧面可以插图的宝贝描述模板，这样在对某件宝贝进行描述时，可以在侧面插入其他宝贝的图片和链接。买家在查看宝贝描述时，就会顺便点击旁边感兴趣的宝贝，从而增加宝贝被浏览的概率。

9．加入旺旺群

加入旺旺群的好处有很多，最直接的就是能够提高店铺的知名度。

10．利用旺旺状态信息

将旺旺状态设为"上新货了！""特价促销，8 折优惠了！""满 50 包邮了！"等广告信息或促销信息，买家能够更容易地看到店铺的最新状态。

11．加入商盟

商盟的人气比较旺，存在很多潜在顾客，当盟友的顾客需要购买相关产品时，盟友就会优先推荐商盟的店铺。

12．多搞促销活动

多搞促销活动，薄利多销，重点在于提高产品信誉。信誉好，便会吸引更多的顾客。

13．访问老顾客

建立稳定的顾客群，做好客户关系的维护工作。

14．超级买家秀

当买家收到宝贝以后，要及时地与其联系，调查顾客满意度。如果顾客不满意，则要弄清楚原因并找到解决的办法，及时地跟踪和交流，保持良好的信誉度。

（四）网店推广的注意要点

1．目的明确，内容具体

网店推广的目的要明确，内容要具体。店家可以先定一个可实现的目标，然后通过不断努力，争取提前实现目标。目标客户所接触的对应内容，一定要让人愿意去看，对人有吸引力和说服力。

2．推广方式以到位为准则

推广方式有很多种，在选择时，要以到位为准则，选择适合自己的方式。例如，刚开始运营的店铺，不宜选择高收费性的推广方式。

3．推广点的选择与整合

想要进行有效推广，对推广点的选择与整合非常重要。只有明确了需要推广的物品的优缺点，尽量将好的一面展示给目标群，才能达到好的推广效果。所以，一定要对推广点有一个明确的选择和整合。

三、淘宝网平台的营销活动

1．淘宝客

淘宝客是一种按成交计费的推广模式，也指通过推广赚取收益的一类人。淘宝客从会员专区获取商品代码，只要有顾客经过淘宝客的推广（链接、个人网站、博客或者社区发的帖子）进入淘宝卖家店铺完成购买，淘宝客就可得到由卖家支付的佣金和提成。

2．淘宝网定向推广

淘宝网定向推广是检索推广以后的一个全新的精准推广方法。淘宝网定向推广通过利用淘宝网庞大的数据库，运用创新的多维度人群定向技术，锁定定向推广的目标客户群体，并将推广信息呈现在目标客户访问的网页上。

3．淘宝直通车

淘宝直通车是为专职淘宝和天猫卖家量身定制的按点击付费的效果营销工具，为卖家实现商品的精准推广，是一种搜索竞价模式。

4．淘宝论坛

淘宝论坛是一个极具人气值的、以淘宝网为依托的淘宝网店推广社区论坛，提供论坛资讯信息，力求为顾客打造一个简约舒适、快速阅读的门户页面；向网民提供发布消息的服务平台，版块中的内容紧紧围绕淘宝网进行，有买家的购物攻略、防诈骗方法以及淘宝商家的店铺促销信息等。

5．淘宝联盟

淘宝联盟隶属于阿里巴巴集团旗下，于2010年4月8日正式成立，借助阿里巴巴集团的知名品牌影响力，经淘宝联盟人的勤奋努力，淘宝联盟聚集了大量电商营销效果数据和经验。淘宝联盟已经发展成为国内最大、最专业的电子商务营销联盟。

习 题

一、选择题

1. 自营电商是一种电子商务模式，其特征是以标准化的要求，对其经营产品进行统一生产或采购、产品展示、在线交易，并通过物流配送将产品投放到最终消费群体的行为，中国最大的自营式电商企业是（ ）。

    A. 淘宝   B. 天猫

    C. 京东   D. Lazada

2. 以下不属于电子商务对消费者的影响的是（ ）。

    A. 改变了消费者对商品的爱好   B. 改变了消费者信息搜集的方式

    C. 改变了消费者购买商品成本   D. 改变了消费者购后行为

3. 下列选项不属于水平型 B2C 电商平台的是（ ）。

    A. 天猫商城   B. 京东商城

    C. 戴尔商城   D. 唯品会

4. 制造类企业在网上进行直销时采用的定价方式属于（ ）。

    A. 直接低价定价策略   B. 定制生产定价策略

    C. 折扣策略   D. 拍卖策略

5. 下列选项不属于电商平台营销优势的是（ ）。

    A. 信息优势   B. 数量优势

    C. 技术优势   D. 平台优势

6. 根据用户的设定来实现的，依据各种渠道对资源进行收集、整理和分类，向用户提供和推荐相关信息，以满足用户需求的是（ ）。

    A. 个性化服务策略   B. 用户预期策略

    C. 价格策略   D. 增值策略

7. 企业间网络交易是电子商务的（ ）基本形式。

    A. B2C   B. G2C

    C. C2C   D. B2B

8. 下列关于电子商务的说法正确的是（ ）。

    A. 电子商务的本质是技术   B. 电子商务就是建网站

    C. 电子商务是网上销售产品   D. 电子商务的本质是商务

9. 下列选项不属于网店推广目的的是（ ）。

    A. 吸引更多人关注，培养潜在顾客   B. 降低经营风险

    C. 有了访问量就有了生意   D. 树立网店的整体形象

10. 为了在搜索结果页面中更具优势，一般产品所占比例保持在整个版面的 2/3 以上，文案内容建议不超过 1/2 属于（ ）的要求。

A. 排版 B. 图片像素
C. 图文比例 D. 文案颜色

二、简答题

1. 简述电商平台营销的优势。
2. 简述电商平台营销的平台类型。
3. 简述电商平台营销的营销策略。
4. 结合所学知识，总结电商平台营销的网店推广方法。
5. 结合所学知识，为你感兴趣的企业或品牌设计一份关于"双 11"的电商平台营销方案。

三、案例分析题

"三只松鼠"的体验营销策略

三只松鼠是一家电子商务食品类 B2C 销售商，定位为"多品类的纯互联网森林食品品牌"，如图 9-21 所示为三只松鼠的标识。三只松鼠于 2012 年 6 月上线，上线 63 天便取得日销售 1000 单的成绩，上线 64 天销售量便跃居天猫坚果类目第 1 名。依托互联网，三只松鼠迅速开创了一种快速、新鲜的新型食品零售模式，缔造了垂直电商的又一个传奇。三只松鼠的成功与其对体验营销的深刻理解与贯彻密不可分。

图 9-21　三只松鼠标识

1. 感官体验

感官体验的诉求目标是创造知觉体验的感觉，通过对用户视觉、听觉、味觉等感官的刺激，调动用户的情感感受，激发用户内心的情绪，从而引发用户的购买动机。

三只松鼠的品牌名称独一无二，记忆性强，又有较强的联想度，其产品包装上有形态各异的松鼠标志，与其品牌形象十分契合，辨识度很高。在网站颜色选择上，三只松鼠以绿色和黑色为店铺的主打色，暗喻产品为绿色产品，与产品健康、绿色的定位十分相符。

2. 情感体验

情感体验致力于发掘用户内在的感情与情绪，这种情感可以是温和、悠闲的舒缓情绪，也可以是欢乐、自豪甚至是强烈的激动情绪。情感营销的实施需要真正了解何种刺激可以引起用户的何种情绪，让用户自然而然地受到感染并融入相应的情景。

在三只松鼠的品牌名称中，三只松鼠分别叫松鼠小贱、松鼠小酷以及松鼠小美，目前都已开通了微博和微信，方便与用户交流。为了更好地服务用户，三只松鼠的创始人章燎原编写了一篇上万字的《松鼠客服秘籍》，推出客服十二招，秘籍首页内容就是"做一只讨人喜欢的松鼠"，将用户和客服的关系由传统的买卖关系演化成令人耳目一新的主人和宠物的关系。客服人员变成为"主人"服务的松鼠，用户购物就像在玩角色扮演，进一步激发了用户（尤其是年轻用户）追求"反传统的时尚、好玩和有趣"的情感诉求。这种新奇的购物方式吸引了众多的网购用户不断尝试。当用户点开三只松鼠的客服对话框时，出现的第一句问候语是"主人，您有什么需要？"这种与众不同的问候方式在全国网购平台上独树一帜。

3. 思考体验

思考体验通过有创意的方式引起用户的惊奇、兴趣以及对问题集中或分散的思考，为用户创造认知和解决问题的体验。在高科技产品的销售中，思考体验已经得到了广泛的应用。为了更好地传达三只松鼠的文化理念，网站上开辟了"松鼠星球"版块。在该版块中，有对生活意义的追问，有对美好生活的向往，有对努力奋斗的认同，这种对生活的热爱和向往让很多用户产生共鸣，成为三只松鼠的忠实用户。

体验营销以用户体验为核心，为企业提供了一种全新的营销视角和操作模式，有利于促进用户和企业之间建立一种良性的互动关系，要求企业始终把与用户进行直接的、一对一的交流和服务摆在核心位置。

资料来源：陈德人. 网络营销与策划：理论、案例与实训（微课版）[M]. 北京：人民邮电出版社，2019.

案例思考

（1）结合所学知识和案例，总结三只松鼠的体验营销策略的优点。

（2）你对三只松鼠的体验营销策略有什么改进建议？

第十章 移动营销新模式

本章知识点

（1）理解二维码的概念、优势、特点、线上渠道、线下渠道。

（2）理解 App 营销的概念、特点、模式。

（3）理解移动新闻客户端营销的发展、分类。

本章技能点

（1）掌握 App 营销的优化、推广及如何与顾客建立关系。

（2）掌握移动新闻客户端营销的投放方式。

职业核心能力

自我学习、信息处理、与人交流、与人合作、解决问题

知识导图

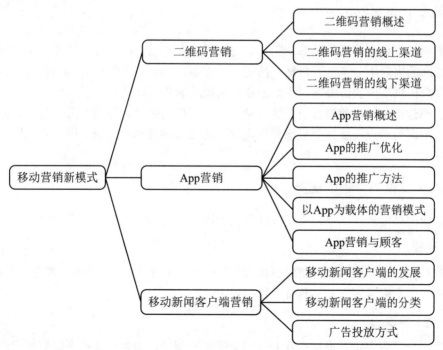

 引例

移动营销通过消费者的移动设备递送营销信息。随着手机的普及，营销人员能根据人

口统计信息和其他消费者行为特征为消费者定制个性化信息。营销人员运用移动营销在购买和关系建立的过程中随时随地回复消费者，与消费者产生互动。对于消费者来说，一部智能手机或平板电脑就相当于一位购物伙伴，可以随时获得最新的产品信息、价格对比、来自其他消费者的意见和评论以及电子优惠券等。移动设备为营销者提供了一个有效的平台，借助移动广告、优惠券、短信、移动应用和移动网站等工具，吸引消费者深度参与和迅速购买。

【引例分析】

随着移动互联网技术的发展，企业也更加重视移动营销。移动互联网最主要的特点是比传统的互联网更加即时、快速、便利，不会有任何地域限制。据 CNNIC 数据显示，截至 2021 年 6 月，我国手机网民数量为 10.07 亿，手机上网比例达 99.6%，其第一大上网终端的地位非常稳固。很多企业也开始进入移动营销这片市场，而二维码营销、App 营销、移动新闻客户端营销等营销方式成为企业尝试移动营销的新模式。

第一节　二维码营销

一、二维码营销概述

（一）二维码的定义

二维码是将特定的几何图形按照一定的规律，在二维方向上分布的黑白相间的图形。二维码指向的内容十分丰富，包括产品资讯、促销活动、礼品赠送、在线预订等。二维码不仅为用户提供了便利的服务，还给企业带来优质的营销途径。

二维码营销是移动营销背景下商户和企业竞相使用的一种营销方式。与其他营销方式一样，二维码营销也需要提前进行营销定位，明确营销目标和营销渠道，才能取得理想的营销效果。

（二）二维码营销的优势

从企业的角度看，二维码营销有以下五个比较明显的优势。

1. 便捷

用户只需扫描二维码即可随时随地浏览、查询、支付等，十分便捷，在企业产品展示、活动促销、客户服务等方面都具有不错的效果。

2. 易于修改

二维码营销内容可以根据企业的营销策略实时调整，而且只需在系统后台更改，无须重新制作投放，有效减少了营销成本。

3. 易于进入商业市场

随着移动营销的快速发展及二维码在人们工作和生活中的广泛普及，功能齐全、人性化、省时实用的二维码营销策略将更容易打入市场，企业可以通过二维码便捷地为用户提供扫码下单、活动促销、礼品赠送、在线预订等服务。

4．利于制订更精准的营销内容

企业通过对用户来源、路径、扫码次数等进行统计分析，可以制订出更精准、细分的营销策略，提高营销效果。

5．更好地融入人们的工作和生活

二维码为人们的数字化生活提供了便利，能够更好地融入人们的工作和生活。企业进行二维码营销时，可以将视频、文字、图片、链接等植入一个二维码内，并通过名片、报刊、展会、宣传单、公交站牌、网站、地铁墙、公交车身等线下途径进行投放，也可以通过社交平台、媒体平台、门户网站、企业网站等线上途径进行投放，从而实现线上、线下的整合营销。

二、二维码营销的线上渠道

随着二维码越来越深入人们的生活，二维码的应用场所和营销渠道也越来越多。总的来讲，二维码营销的渠道分为线上渠道和线下渠道，通常企业会同时在线上渠道和线下渠道进行营销定位和实施营销策略。

二维码营销的线上渠道比较多，大多为基于社交平台的渠道。社交平台是二维码营销最常用的线上渠道。将二维码植入社交平台，利用社交平台的强社交关系和分享功能，可实现二维码快速、广泛传播。企业或商家通过二维码可提供各种服务，为用户带来便捷、有价值的体验。微博和微信是用户定位比较精准或用户基数比较大的通用平台。

（一）微博

微博上的热门话题通常可以在短时间内获得非常多的关注。企业在微博上推广和宣传二维码，可以获得不错的效果。如图 10-1 所示为微博上的二维码推广。

图 10-1　微博上的二维码推广

（二）微信

微信具有二维码扫描功能，方便用户读取二维码信息，可以迅速达到传播目的。通过微信，企业可以将二维码快速传播到具有相同特征的精准人群，因此微信是企业进行二维码营销的主要场所之一。此外，利用微信可实现扫码骑车、扫码支付等新型的二维码营销及应用模式。微信公众平台也是二维码营销的一种重要载体，在微信公众平台上推送文章时附带二维码信息，也能获得非常好的营销效果。如图 10-2 所示为微信公众号上的二维码推广。

图 10-2　微信公众号上的二维码推广

二维码的线上传播渠道比较多样，除了比较热门的社交应用和相关网站，SNS 社区、新闻网站、视频网站、社群等均可实现二维码的有效传播。

三、二维码营销的线下渠道

与其他营销方式相比，二维码对线下传播渠道具有非常强的适应性。二维码营销的线下渠道主要有线下虚拟商店、实体包装、传统媒介和企业服务引导四种。

（一）线下虚拟商店

线下虚拟商店是电商平台最先进行二维码营销的地方，如 1 号店的地铁虚拟商店、京东的楼宇框架广告牌等都曾应用批量展示商品的方式，在每个商品下面设置相应的二维码，用户可直接选择产品并扫码购买。此类二维码营销一般阶段性地推出，如一些中小型超市在店庆日或其他活动期间，会对某些产品进行特惠销售，这些产品常常附有二维码，用户扫码即可查看产品详情。

（二）实体包装

在产品的实体包装上张贴二维码也是一种流行的线下营销渠道，可以激发用户进行二次购物。如一些淘宝卖家会在快递包装或产品包装上贴上链接到店铺的二维码，并承诺扫描二维码再次购物或给予好评可享购物优惠，以此鼓励用户再次购物。

（三）传统媒介

在新型网络营销模式的冲击下，传统营销模式虽然受到一定影响，但仍然具有非常强大的营销效果。整合传统营销模式与网络营销模式是未来营销的新趋势。近年来，很多企业和商家开始结合二维码和平面广告、户外广告以及印刷品等传统媒体两种媒介，制定出整合式的线上线下营销策略。捆绑二维码与传统媒体的新型方式，可以将传统媒体的传播价值和互联网共融，累积来自更多不同渠道的新用户。如图 10-3 所示为宣传单上的二维码推广信息。

（四）企业服务引导

图 10-3　宣传单上的二维码推广信息

企业服务引导依托于企业服务，在向用户提供服务时，企业线下工作人员引导消费者扫描二维码或下载相关应用，以加强品牌与客户之间的联系。例如，游乐园进行网上售票时，可引导用户通过扫描二维码下载相应 App 并查看相关营销信息，达到营销目的等。

第二节　App 营销

一、App 营销概述

（一）App 营销的定义

作为目前较流行的移动营销方式，App 营销是基于智能手机和无线电子商务的发展而兴起的移动营销活动。App 营销的核心对象是手机使用者，企业将开发的 App 投放到手机或其他移动设备上，用户通过下载并使用 App 来获得信息或达到其他目的。企业则以 App 为载体，以期达到推广品牌、挖掘新用户、开展营销的目的。

（二）App 营销的特点和优势

随着移动互联网的快速发展，人们对智能手机的依赖性越来越强，各类手机 App 进入人们的日常生活中。从事 App 开发的企业越来越多，App 营销成为企业移动营销不可或缺的一种方式。App 营销的特点和优势如下。

1. 丰富的流量源

App 可应用的场景丰富多样，包括学习、游戏、购物、社交等不同领域，能够给企业提供各种不同类型的网络用户和大量的平台流量。为了提高客户对企业的忠诚度，实现企业品牌的传播，可以有效挖掘这些用户和流量。

2. 信息展示全面

App 中展示的信息可以包含图片和视频等类型，用户可以全方位地体验产品，快速、全面地了解产品或企业品牌，企业可利用 App 打消用户对产品的顾虑，增强用户对企业的信心和依赖，提高用户的忠诚度与转化率。

3. 方式灵活

App 的营销方式较为灵活，用户可以通过多种方式搜索、下载安装 App。企业则可以通过手机或计算机后台发布、管理 App 中要展示的内容。同时，企业可以获取用户在 App 中的注册、信息浏览及活动等信息，方便更好地进行用户行为分析，从而改善营销策略。

4. 良好的用户体验

在用户体验方面，App 的设计重点在于符合手机用户的视觉习惯，界面简洁清晰，开发的功能是为了展示 App 的核心功能和特点。App 除可以满足各种生活、娱乐的需求外，还能通过用户的评论、分享等行为进行互动，从而提升用户的使用体验。

5. 精准度高

App 一般是用户根据自己的需求搜索并下载的，这意味着用户在下载 App 时，可能已经对这款 App 或其代表的企业有了初步的了解。而且用户对 App 的使用往往与即时的需求直接联系，只有当他们准备消费时，才会点开相应的 App。因此，App 营销是一种双向选择的营销。

二、App 的推广优化

App 是手机上的应用程序。搜索排名越靠前的 App，其品牌曝光机会越多，自然流量越大。要想获得较好的排名，首先需要对 App 的展示信息进行优化升级。其中，App 的名称、关键词、描述、应用截图及预览视频、下载量、用户评价等都会影响其排名。

（一）App 的名称

影响 App 排名的核心要素是其名称。App 的名称由主标题和副标题组成，主标题是 App 名，副标题则用于介绍 App 的作用。一个好的标题会带来较靠前的排名，因此，通常会将核心关键词放在标题上。注意，副标题不宜过长，否则审核不好通过，还有可能导致 App 直接下架。

（二）App 的关键词

据统计，60%以上的用户是通过搜索查找来下载 App 的。因此，关键词优化是 App 提高自然流量的关键。查找竞争对手使用的关键词和潜在用户关注的关键词是挑选关键词最有效的方法。如研究搜索排名前 5 位的 App，找到并优化与 App 相关性高的关键词，以此建立自己的热词库。

（三）App 的描述

除了优化标题和关键词，还可以通过优化 App 的描述大幅度提高 App 的下载量。描述的内容一般控制在 300~500 个字符，对功能的描述应简明扼要，便于阅读理解。一定要让用户知道 App 的价值，能够给用户带来哪些好处，帮助处理哪些问题。如果这些是用户迫切需要的，那么用户就会选择下载 App。描述的时候，不要出现毫不相关的关键词，否则会被限制下载。在内容的末尾可以添加公司的联系方式，如公司官方联系方式、微信公众号、微博昵称等。

（四）App 的应用截图及预览视频

应用截图和预览视频可以向用户展示 App 的功能和界面，以及核心操作。明确清晰的预览界面能够体现出 App 的操作体验，对用户是否选择下载产生引导的作用。因此，App 最重要的功能或特点应该体现在前两幅应用截图中。

（五）App 的下载量

App 的下载量是影响 App 排名的一个重要因素，在一定程度上表现了 App 在市场上被认可、受欢迎的程度，也是关乎 App 成败的关键因素。优化名称、描述、关键词等可以提高用户体验，带来一定下载量的同时，影响后续的下载量。

（六）用户评价

使用过 App 的用户的评价也会对其他用户的下载起决定作用。评论量少，会让用户觉得该 App 缺乏大众吸引力；如果差评过多，在不了解 App 时，用户会直接选择不下载。在设计 App 时，可设置弹窗，提示已下载用户对 App 做出的评价，借此提高 App 的欢迎度。

三、App 的推广方法

App 需要通过各种渠道进行宣传推广才能获得更多的用户。App 的推广方法主要有以下几种。

（一）首发申请

App 首发是指 App 的新品或最新版本在一段时间内仅在首发市场上出现，不在其他应用市场提供下载服务。首发应用市场会给首发 App 免费展位，可在一定程度上提高 App 的曝光度。

首发是性价比较高的推广方式，目前大多数应用商店免费支持首发申请，如应用宝、小米、魅族、OPPO、华为等。其中，应用宝、华为等应用商店需要通过后台系统申请首发，小米、魅族、OPPO 等应用商店则需要通过邮件申请首发。小米的邮件申请地址为 shoufa@xiaomi.com，OPPO 的邮件申请地址为 developer@keke.cn。首发申请的预约时间一般为一周左右，首发周期大部分情况为半个月或一个月，具体可参考各应用商店开发者中心的详细介绍。

目前，首发分为 App 新品和最新版本两种。新品首发是指产品还未在任何渠道上线，申请条件相对较低，可选择在 360 手机助手、应用宝等数据量大的商店首发；最新版本首发则是指每次更新版本时的首发，为了提高申请通过的概率，可以多申请几个应用商店的首发或在同一应用商店多次申请。

（二）新品自荐

新品自荐是应用商店为鼓励 App 开发者创新产品，使一些优质新品 App 也有展示的机会而设立的一条绿色通道。开发者可以按照要求推荐自己开发的新品，经过评估，对于质量优异的 App，应用商店将给予一定推荐位。目前，魅族、小米、360 手机助手、华为等应用商店都支持新品自荐申请。

（三）资源互推

微博和微信是很多营销团队的标配，或同时拥有其他线上媒体资源，可以将 App 在社交平台上与其他品牌进行资源互推，实现双赢，而互推模式也可以通过不断积累产生一定推广量。

（四）线下预装

有实力的企业可和手机厂商合作，在手机出厂前将 App 直接预装到手机里，这样购买了手机的用户就会直接成为该 App 的用户。

（五）限时免费

对于部分收费 App 来说，可通过开展限时免费等活动来吸引用户下载和使用 App，后续可通过功能、界面、服务等方面的优势引导用户付费体验。

（六）线下活动

线下活动也是一种常用的推广手段，如设置下载赢取小奖品活动等引导用户扫描二维码下载 App。

四、以 App 为载体的营销模式

随着移动互联网的兴起，越来越多的企业看重 App 并将其作为营销的主战场之一，App

成为用户和品牌之间形成消费关系的重要渠道和连接线上、线下的天然桥梁。目前，App
营销的应用也越来越广泛，需要重视以下几种模式以实现良好的营销效果。

（一）品牌模式

目前，大部分企业拥有自己的品牌 App。为企业量身定做的 App 更容易展示产品和品牌
特征，可以较好地宣传品牌，同时帮助企业深化品牌形象，为企业跨媒体整合营销打下基础。

（二）广告营销模式

功能性 App 和游戏 App 采用的最基本的一种营销模式是广告营销模式。广告主通过放
入动态广告栏链接进行广告植入，当用户点击广告栏时就会进入目的界面，了解广告详情
或参与活动。这种广告营销模式操作简单、适用范围很广，广告主只要将广告投放到与自
己产品用户匹配的热门应用上，就能取得良好的传播效果。但这种广告营销模式十分影响
用户对 App 的使用体验，容易影响 App 的持续发展。

为了保证广告的效果和 App 的持续发展，需要对广告内容进行规划，使广告植入更自然。

（三）内容模式

内容模式是指通过优质内容吸引精准用户和潜在用户，从而实现营销目的。在 App 中
进行内容营销时，需要对目标用户进行准确定位，才能策划出有效的营销内容。同时，还
需要进行市场调查，分析市场数据，确定内容主题、营销平台等。

另外，内容模式容易将流量变现，即部分内容或功能需要额外付费。

（四）用户模式

用户模式常用于网站移植类和品牌应用类 App。这种模式通常没有直接的变现方式，
主要是为了让用户了解产品，扩大品牌的影响力，提高用户的忠诚度。企业设计出对用户
具有一定价值和作用的应用供用户使用，为用户提供便利。用户通过该应用可以直观地了
解企业信息，与企业品牌产生更多的联系。

（五）购物网站模式

购物网站模式 App 多为购物网站开发，商家开发出自己网站的相关 App，投放到各大
应用商店供用户免费下载使用。用户可以利用该应用随时随地浏览产品等信息，并完成下
单和交易。购物网站模式 App 是移动电商营销的主要趋势。对于用户而言，移动应用的特
性更加方便了产品的选购；对于购物网站而言，移动应用的便捷性大大增加了流量，提高
了转化率，促成了更多的交易。

五、App 营销与顾客

与传统营销模式不同，App 营销不再受时间和地点的限制，也不再是信息单方面地流

通，可以只在 App 这一个小小的端口内发生从接触顾客、吸引顾客、黏住顾客，到管理顾客、发起促销，再到最终达成销售的整个营销过程。

（一）黏住顾客

最先善用 App 的传统企业之一是美特斯邦威（见图 10-4）。2010 年 5 月，美特斯邦威找到成立不到两个月的耶客网络，希望能够为新品牌 ME&CITY 做一个移动端的 App。美特斯邦威将 ME&CITY 定位为毕业生进入社会的服装，从而将整体产品生命周期延长。

图 10-4　美特斯邦威网站

耶客网络 CEO 张志坚认为，这款 App 有很多值得传统厂商学习的地方。首先，该 App 与 ME&CITY 的品牌精髓和国际化的定位相契合。在设计师用线条所描绘的伦敦街景中，不仅有游乐场、可以看 Fashion Show 视频的电影院、音乐喷泉，还有驻足在店铺门口的 ME&CITY 代言人奥兰多·布鲁姆，画面精致到美特斯邦威将其制作为明信片。虽然精美图片可以吸引用户，但是怎么才能让用户每天主动打开该 App 呢？这个 App 的主旨就是要成为消费者生活的一部分。在 iPhone 日历比较简陋的情况下，ME&CITY 的 App 既有精美的日历、准确的天气预报等日常小工具，还有丰富娱乐生活的大量小游戏，如换装、连连看等。此项目让 ME&CITY 更加国际化，也让 App 制作方耶客网络获得了爱慕、马克华菲等传统品牌的青睐。耶客网络认为，要树立自我风格，而不是随大众、千篇一律，别出心裁有时才能吸引顾客的目光。

（二）管理顾客

吸引顾客目光之后，还有什么是 App 能为传统厂商做的呢？

一家大型鞋企一直被一笔账所烦恼，该企业在全国有 6000 家门店，每年至少有 2500 万人买该品牌的鞋子，由于该品牌历史悠久，在中国的累计顾客已经数以亿计，但是会员数却只有 20 万。在零售行业里，争取到新客户的成本比留住老顾客的成本高出好几倍，那么如何保持和老顾客的紧密关系呢？在传统会员管理方式中，大多数是发会员卡，通过电话、电子邮箱或短信等方式跟会员沟通。可是企业不知道顾客是否会随身携带会员卡，沟通时是否会认真听，信息是否会被仔细阅读。App 的便利之处就是顾客可以及时收到优惠信息、新品介绍等，也能通过 App 将对产品的意见反馈给厂商，一个优秀的厂商会依据客户需求及时修改产品相关服务。多数 App 有定位功能，厂商可以对每个顾客的生活习惯、行为踪迹有所了解，这在传统营销模式中是无法做到的。管理顾客关系是传统企业做 App 的重要目的，这种例子在汽车领域比较多。作为国内第一家做 App 的车企，长安福特的 App "福享连篇" 给车主提供了经销商查询、救援查询、保养查询等售后服务，目前该 App 每月都有近千人次的下载量。

（三）达成销售

达成销售是营销的最终目的。在传统营销模式中，除终端零售门店的现场促销和电视购物可以直接转换成销量之外，其他一切营销手法都无法看到最终的效果，可是 APP 却能直接为传统企业带来真金白银。

图 10-5　Benefit 品牌

LVMH 集团旗下品牌 benefit（见图 10-5），于 2012 年 2 月上线了 App 客户端，从而拥有直接下单支付购买的功能。短短几个月里，此 App 就有数十万下载量，活跃用户人数达 5 万以上。关于下单量，对方表示不便透露。国航上线前两年 App 效果良好，仅通过手机端形成的销售额就达 1 亿多元，虽然这在国航一年 600 多亿元收入看起来非常不起眼，但这都是没有折扣的全价销售。此外，对于拥有零售终端的传统企业来说，App 实现销量转换的关键是 Online 和 Offline 之间的自由转换。首先是 Online 到 Offline 的促销功能，星巴克 App 的闹钟功能在响铃后，如果顾客能在限定时间内到达最近的星巴克，就可以获得一杯打折的咖啡。类似的模式还有：服装品牌用 App 推送信息的方式提示消费者，如果在工作日的某个时间段内来到店内，可以获得限时打折优惠。

其次是 Offline 到 Online 的账单转换。消费者在购买商品时经常会遇到这样的情况：在某个门店买不到适合自己尺码的鞋子，但总仓是有货的。按照传统的电话调货方式，如果缺码的情况同时出现在 2000 家门店，该鞋企就需要建立一个客户中心为此协调。如今的解决方式是店员指导顾客下载 App，顾客直接通过 App 购物，总仓将产品快递给顾客。

零售的优点是可以极大地方便客户进行选择，也降低了成本。App 恰恰做到了这一点。当然，App 上的促销活动也不能一直守旧，传统品牌可以借鉴电商 App 的思维和促销方式。例如，利用移动互联网的品牌交叉营销特性，乐淘推出过 "愤怒的小鸟" 和 "水果忍者" 鞋；因为人们早上不太可能用电脑进行购物，凡客诚品的移动 App 便特地推出针对公交车广告的 "秒杀" 功能，该功能曾让凡客诚品的日单上升好几倍。事实证明，App 正在改变传统营销模式，这不再是空想，而是事实。

第三节　移动新闻客户端营销

一、移动新闻客户端的发展

随着移动互联网的兴起以及移动智能设备的发展，企业纷纷将目光转移到移动端。不同类别和功能的移动客户端层出不穷，涉及新闻资讯、生活百科、娱乐休闲等众多领域，并慢慢占据主导地位。很多大型网络媒体以及广播、报纸等传统媒体纷纷转战移动互联网市场，不断开辟新的媒介领域。而移动新闻客户端成为其中的一匹"黑马"。2015年，移动新闻客户端开始呈现井喷式发展趋势。

在新的网络环境中，移动新闻客户端以服务用户为核心，采用信息订阅和个性化内容推送模式。用户可以依据自己的爱好订阅感兴趣的新闻内容，后台则会根据用户的浏览习惯和数据记录进行个性化推送，实现精准传播。同时，移动新闻客户端增加了社交平台的功能，用户可以通过跟帖、点赞的方式，评阅移动新闻客户端丰富的资讯资源，实时进行信息推送、低成本的社交互动。这种形式被更多用户所认可，也成为人们获取新闻资讯的主要渠道。基于用户流量大、精准化推送和社交化属性，移动新闻客户端逐渐成为常用的营销阵地。

二、移动新闻客户端的分类

目前，市场上比较主流、用户基数较大的移动新闻客户端包括互联网媒体客户端和聚合信息客户端两大类。

（一）互联网媒体客户端

互联网媒体客户端主要是由大型门户网站推出的新闻客户端，按照新闻频道划分内容，如网易新闻、搜狐新闻、新浪新闻、腾讯新闻、凤凰新闻等。其中，所占用户资源比重较大的是网易新闻、搜狐新闻、新浪新闻、腾讯新闻这四大门户网站。

（二）聚合信息客户端

聚合信息客户端主要根据用户的阅读习惯定向推送内容。主流的客户端有今日头条、一点资讯、天天快报等。其中，今日头条的发展势头最为迅猛。

三、广告投放方式

广告投放是移动新闻客户端的主要营销手段，企业可以此推广品牌。在 PC 端，由于屏幕较大，网站上下方、左右两侧等处都可以成为平台广告的发布地。而在移动端，由于屏幕较小，广告位不如 PC 端丰富。同时，广告的投放应考虑用户的阅读体验。

根据用户阅读新闻内容的习惯，在当前的移动新闻客户端产品中，主要有开屏广告、信息流大图广告、内容页广告三种广告形式。这三种广告投放形式一般按点击量或千人展示计费，广告投放精准。

（一）开屏广告

开屏广告即用户打开新闻客户端时出现的几秒钟的广告，这种广告形式在目前的几大移动新闻客户端中都有出现。开屏广告的优势是品牌效应强，利于企业的品牌信息传递；广告时间短，不影响用户体验。其缺点是广告费用高。如图 10-6 所示为网易新闻客户端的开屏广告。

（二）信息流大图广告

信息流大图广告一般被嵌入新闻信息流中，用户浏览新闻时通常会下拉刷新，在下拉过程中，与新闻风格相近的大图文广告将在信息流中显现。内容贴近、生动有趣的广告可以引人注意，但随着新闻信息流的滚动更新，广告可能会被快速覆盖或被用户忽视。如图 10-7 所示为今日头条的信息流大图广告，左侧为图文广告，右侧带有下载链接。

图 10-6　开屏广告

图 10-7　信息流大图广告

（三）内容页广告

内容页广告一般出现在文章的末尾，主要以图片、图文链接以及下载链接形式出现。虽然广告成本相对较低，但对于长篇幅内容，用户可能很难有耐心将文章看完，如果广告没办法在短时间内吸引用户，那么广告就没有意义。如图10-8所示为不同展示效果的内容页广告。

图 10-8　内容页广告

<h1 style="text-align:center">习　　题</h1>

一、选择题

1．移动商务促使移动营销和（　　　）的整合。

   A．网络营销　　　　　　　　　　　　B．传统营销

   C．精准营销　　　　　　　　　　　　D．绿色营销

2．二维条码应用（　　　）。

   A．基于光学识读图像的编码技术　　　B．无线射频技术

   C．蓝牙技术　　　　　　　　　　　　D．近距离非接触技术

3．以下有关App营销的说法正确的是（　　　）。

   A．手机App是整个App营销的核心内容

   B．App是营销工具

   C．App是品牌与用户之间形成消费关系的重要渠道

   D．App是最重要的营销工具

4．App 与 PC 端软件相比，优势是（　　）。

　　A．用户体验更好　　　　　　　　　　B．设计更优秀

　　C．登录方式更简便　　　　　　　　　　D．互动性强

5．App 平台具有（　　）特点。

　　A．浏览时间碎片化　　　　　　　　　　B．手势搭配化

　　C．屏幕与输入受限　　　　　　　　　　D．耗费流量

6．App 营销互动的三个模式为（　　）。

　　A．提供详尽信息　　　　　　　　　　　B．虚拟产品体验，帮用户决策

　　C．给予社交服务，协助情感传递　　　　D．视频互动

7．App 的有效优势有（　　）。

　　A．持续性强、成本低　　　　　　　　　B．促进销售、商流融合

　　C．信息全面、灵活度高　　　　　　　　D．传播广泛

8．二维码营销具有（　　）特点。

　　A．对设备及网络环境要求高

　　B．展现方式多样化

　　C．用户教育成本高

　　D．二维码图形不能直接识读，消费者难以记忆

9．App 营销模式包括硬推广、软推广、微博推广、后部推广、合作推广和（　　）。

　　A．付费推广　　　　　　　　　　　　　B．数据库推广

　　C．口碑传播　　　　　　　　　　　　　D．软文推广

10．App 营销效果不包括（　　）。

　　A．营销受众面较小　　　　　　　　　　B．营销持续稳定

　　C．营销影响力强　　　　　　　　　　　D．营销效果好

二、简答题

1．什么是二维码营销、App 营销、移动新闻客户端营销？

2．移动二维码该如何营销？

3．你对移动新闻客户端营销有何看法？

第十一章　其他网络营销方式

本章知识点

（1）了解博客与博客营销的区别，理解博客营销的定义、形式、特点。

（2）理解 IM 营销的定义、类别、特点与优势。

（3）理解论坛营销的定义、特征、要素。

（4）理解电子杂志营销的定义、优点。

本章技能点

（1）掌握博客营销的设置、策略。

（2）掌握 IM 营销的应用。

（3）掌握论坛营销的操作步骤。

职业核心能力

自我学习、与人交流、信息处理、数字应用、与人合作、解决问题

知识导图

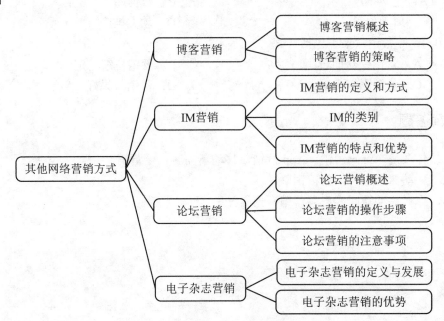

 引例

《时尚芭莎》杂志社有限公司于 2002 年 4 月 2 日在东城分局登记成立。其推出的《时

尚芭莎》网站为追求完美的女性用户，打造一个只有美好价值观、美好新闻、美好时尚的线上精品阅读网站，一个使用户能够不断获得美好能量、看到美好物质和美好生活向往的时尚服务伙伴。让用户在这里，不断看到、买到、用到、感受到最美的物质和精神，为她们树立"一切只买最好"的消费观和审美，改变盲目消费、不追求品质、品牌、物质内涵的消费现状，让女性免于纷杂的过度信息，只获得每日必需的精神给养。营造为美物买单，为好文打赏，一切追求完美的女性社群文化和强价值观属性的女性兴趣聚合平台。

顺应时代阅读趋势，《时尚芭莎》推出了时尚芭莎的线上版本，包括时尚芭莎 App（见图 11-1）、MiniBAZAAR 电子杂志（见图 11-2）和时尚芭莎明星电子刊（见图 11-3）。线上版本的内容针对手机阅读习惯，涵盖时装、美容、人物、文化、生活方式等诸多方面，除文字故事和精美大片以外，视频、音频、游戏、互动……玩法更多，让阅读杂志成为一件更快乐的事。其中 MiniBAZAAR 电子杂志囊括了时装、美容、明星、家居、旅行、艺术等丰富内容，是新媒体时代延续的最佳载体，链接物质消费与精神生活的最佳介质。此外，时尚芭莎明星电子刊打造移动端电子杂志，将高清大片、精美视频、音乐语音、弹幕互动等多媒体形态融合为一体，便于手机用户随身携带和粉丝互动交流。时尚芭莎明星电子刊占据明星电子刊市场的 70% 以上，拥有最热、最有流量的明星，最有创意的策划，形成了最好的口碑。

图 11-1　时尚芭莎 App

图 11-2　MiniBAZAAR 电子杂志网站

图 11-3　时尚芭莎明星电子刊

资料来源：时尚芭莎杂志社有限公司．关于 MiniBAZAAR 你需要知道的事[EB/OL]．http://www.minibazaar.com.cn/#．

第一节　博客营销

一、博客营销概述

（一）博客的含义

博客又称为网络日记，用户可以发表自己的网络日记，也可以阅读别人的网络日记，因此可以将博客理解为一种把个人思想、观点、知识等在互联网上的分享。由此可见，博客具有知识性、自主性、共享性等基本特征。常见的博客网站有新浪博客、CSDN、博客园、简书、Github，也可以通过 CMS（内容管理系统）程序搭建个人博客，其中常用的 CMS程序有 WordPress、TypeCho、VuePress。

（二）博客营销的定义

博客营销作为一种网络营销手段，是一种基于个人思想、体验等表现形式的知识资源，通过博客网站或博客论坛接触博客作者和浏览者，利用博客作者的知识、兴趣和生活体验的分享等方式传播商品信息的营销活动。

博客的性质决定了博客营销是一种通过网络形式传递信息并基于思想、体验等表现形式的个人知识资源共享平台。博客营销是利用博客这种网络应用平台展开网络营销的工具。利用博客这种网络交互性平台，发布并更新个人或企业的相关概况及信息，通过密切关注并及时回复平台上客户对于个人或企业的相关疑问以及咨询，且依托较强的博客平台，帮助企业以小成本获得搜索引擎的较前排位，以达到宣传目的。

博客营销是以知识信息资源作为创作基础的内容营销模式,通过提高企业信息的网络可见度来实现品牌或产品推广,其实质就是结合了知识信息载体和一定量的营销信息,即博客营销是内容营销的形式之一。

(三)博客营销的常见形式

不同行业、不同规模企业所采用的博客营销模式不尽相同,事实上博客营销可以有多种不同的模式,从企业博客的应用状况来看,企业博客营销有下列六种常见形式。

- ❑ 企业网站博客频道模式。
- ❑ 第三方 BSP 公开平台模式。
- ❑ 建立在第三方企业博客平台的博客营销模式。
- ❑ 个人独立博客网站模式。
- ❑ 博客营销外包模式。
- ❑ 博客广告模式。

(四)博客营销的设置

进行博客营销要注意以下几点。

1. 博客地址的选择

尽量选择在大型门户网站注册博客,因为大型门户网站的流量庞大,有利于品牌推广。

2. 博客的设置

博客名称可写主推产品,再完善需要的其他信息。注意资料的真实有效性,为了提高可信度,需注册公司电话号码及相关信息,最好选择与主推产品相关的个性化产品模板。此外,可以建立与行业相关的圈子,邀请更多的相关者参与该圈,聚集圈内人气。

3. 博客内容

博客内容要具有真实性、相关性、可读性、高质量等特点,最好图文并茂。博客内容要结合最新时事及目标消费者群体关心的热门话题,尽量原创,这样才具有独特性,为博客、企业带来流量,甚至有可能被网站编辑推荐到首页。

4. 博客宣传

通过软文或者使用软件来推广博客。

5. 博客互动

多参与其他博客下面的评论,给别人留言互动。在其他博客的热点文章下发表自己的评论和见解,进行品牌推广,从而小成本地增加品牌曝光度。

(五)博客营销的特点

博客营销本质在于通过专业化的原创内容进行知识分享以争夺话语权,建立起官方权威,形成个人品牌,进而影响读者的思维和购买决定,其营销过程有如下几大特点。

1. 广告定向准确

博客是个人网络作品，拥有其个性化的细化属性，因而每个博客都代表不同的受众群体，其读者一般是一群特定的人，细分的程度远远高于其他形式的媒体。而细分程度越高，广告的定向性也就越精确。

2. 口碑效应好

每个博客都拥有许多兴趣爱好相同的博客圈子，而在这个圈子内的博客之间会相互影响，可信程度相对较高，用户互动传播性强，因此可创造的口碑效应和品牌价值非常大。即使单个博客的流量不一定很大，但是受众群明确，针对性非常强，单位受众的广告价值较高，所能创造的品牌价值突破了传统广告的界限。

3. 影响力大

随着多起博客事件的陆续发生，证明了博客形成的评论意见影响力越来越大，博客成为网民意见的交流地，引领着网民舆论潮流。在互联网上，网友所发表的评价和意见传播速度快，对企业品牌造成巨大影响。

4. 传播成本低

最常用的网络营销方法是在门户网站上通过网络广告的形式进行推广，但是营销人员无法主动掌握这些资源，只能委托网站或代理机构代为操作文章或者广告，并需要支付高昂的广告费，较大程度地限制了传播信息和方式。从成本层面上来说，博客营销几乎是零成本的，企业只要在提供博客营销的网站上开设账号即可发布文章，而且目前发布博客文章都是免费的。同样，可以通过博客网站免费获得很多有价值的信息。

如果企业在用博客营销产品的过程中能巧妙地运用品牌口碑，可以达到很多常规广告所不能达到的效果。例如，博客规模赢利和传统行业营销方式创新是社会热点议题，广告客户通过博客口碑营销在获得显著的广告效果的同时，会因大胆利用新媒体进行营销创新而吸引更大范围的不同层次人群的高度关注，引发报道，达到远高于普通广告投入的效果。

二、博客营销的策略

（一）选择博客托管网站和注册博客账号

选择功能完善、稳定、适合企业自身发展的博客营销平台，并获得发布博客文章的资格是开始博客营销的第一步。如果需要使用博客托管网站，可以根据全球网站排名系统等信息进行分析判断，选择访问量比较大而且知名度较高的托管网站。对于某一领域的专业博客网站，要考虑其访问量和行业影响力。影响力较大的博客托管网站，其博客内容的可信度也相应比较高。

（二）选择优秀的营销推广人员

在营销的初始阶段，用博客来传播企业信息的首要条件是拥有具有良好写作能力的营销推广人员。营销人员可以原创博客内容，在发布自己的生活经历、工作经历和某些热门话题的评论等信息的同时宣传企业，用丰富的内容吸引大量潜在用户浏览，为大众提供了解企业信息的机会。

（三）坚持博客的定期更新并不断完善

企业应坚持长期利用博客，不断地更新内容，才能发挥其长久的价值。因此进行博客营销的企业有必要创造良好的博客环境，采用合理的激励机制，鼓励博客的创作，促使企业博客营销人员有持续的创造力和写作热情，从而提高企业相关信息在网络上的曝光度，经过长期积累，被潜在用户发掘的可能性也就大大增加。

（四）协调个人观点与企业营销策略之间的分歧

从事博客写作的是个人，但网络营销活动属于企业行为，因此博客营销必须正确处理两者之间的关系。企业应该培养一些有良好写作能力的员工围绕企业和自身认识进行创作，既能推广企业信息，又能保持自己的观点性和信息传播性，这样的博客文章能凭借其真实性和可参考性吸引用户的关注。

（五）建立自己的博客系统

当企业在博客营销方面取得一定成果时，则可以考虑凭借自己的服务器，建立可以向员工、客户以及其他外来者开放的博客系统，从而避免由于第三方博客网站服务方不承担任何责任，服务得不到保障，积累的博客资源无法找回而无法继续经营的情况。如果开设博客系统，可以由企业专人管理、定时备份，保护博客网站的安全性和稳定性。同时，可以凭借开放的博客系统吸引其他企业加入，扩大企业影响力。

建立自己的博客系统的好处如下。

❑　寻找营销资源，确定方向。
❑　知识搭桥，营销企业价值。
❑　营销企业，先从营销人开始。
❑　完善博客资料，架起博客营销的起点。

第二节　IM 营销

一、IM 营销的定义和方式

1. 定义

IM（instant messaging）营销又叫即时通信营销，是指企业通过即时通信工具向潜在客户进行有针对性的营销。

即时通信工具有很多，如微信、QQ、陌陌等常用的社交软件。此外，各大网站的在线交流咨询等功能也可被用于 IM 营销。

2. 方式

IM 营销主要有网络在线交流和广告两种方式。

（1）网络在线交流。中小企业建立网店或者企业网站时，一般会有即时通信在线，这样潜在的客户如果对产品或者服务感兴趣，便能在线与商家沟通需求。

（2）广告。中小企业可以通过 IM 营销通信工具发布一些产品信息进行促销，或者发布产品图片，让用户直接观察产品的外在形态。发布广告时注意加上企业的宣传标志。

二、IM 的类别

即时通信工具种类繁多，使用不同的工具可以获得不同的营销效果。根据工具的属性，可以将其分为以下几类。

1. 个人 IM

个人 IM 一般用于个人交流和沟通，具有较强的隐私性，多用于社交和娱乐，如微信、QQ、MSN、移动飞信等。这类应用通常以软件为主、网站为辅，增值为主、免费使用为辅。

2. 商务 IM

此处的商务泛指买卖关系。商务 IM 通常以阿里旺旺贸易通、阿里旺旺淘宝版为代表。商务 IM 的主要作用是寻找客户资源或便于商务联系，以低成本实现商务交流或工作交流。商务 IM 用户以个人、中小企业实现交易为目的，此外，外企也可以凭借商务 IM 实现跨地域工作交流。

3. 企业 IM

企业 IM 有两种，一种是以企业内部办公为主，旨在建立员工交流平台，其集各种企业工作功能于一身，如钉钉、企业微信等；另一种是以即时通信为基础，能够系统整合各种实用功能，如企业通等。

4. 行业 IM

行业 IM 依赖于单位购买或定制软件，主要局限于在某些行业或领域使用，不被大众所知，如盛大圈圈主要在游戏圈内盛行。行业 IM 还包括行业网站所推出的 IM 软件，如化工类网站推出的 IM 软件。

三、IM 营销的特点与优势

1. IM 营销的特点

IM 营销是网络营销的重要手段，具有商机挖掘、在线客服、病毒营销等功能，是继电子邮件营销、搜索引擎营销后的又一重要营销方式。它克服了非即时通信工具信息传递滞后的不足，达到企业与客户无延迟沟通的效果。

出于便利性考虑，有一半以上的用户是通过 IM 来进行工作业务往来的。IM 最基本的特征就是即时传递信息，具有高效、快速的特点，无论是品牌推广还是常规广告活动，通过 IM 都可以取得良好的营销效果。其中，IM 营销的重要作用如下。

- ❑ 在线咨询及时解决问题，提高交易的可能性。
- ❑ 充当最优接触点和最综合营销平台角色。
- ❑ 是病毒营销的助推器。

2．IM 营销的优势

2008 年，刘翔因伤退出北京奥运会赛事引发热议。就在群众对此议论纷纷之时，刘翔代言的品牌耐克向全国各大报纸推出了连夜赶制的"爱运动，即使它伤了你的心"公关广告。广告不再使用刘翔奔跑形象的大幅照片，而只是刘翔的平静面孔及"爱比赛，爱拼上所有的尊严，爱把它再赢回来，爱付出一切，爱荣耀，爱挫折。爱运动，即使它伤了你的心"这样一句广告语，以淡化刘翔退赛所带来的社会热度和公众压力。耐克的举措向世人表明，原来广告营销也可以走温情路线。

然后，凭借腾讯强大的 QQ 受众人群，通过即时通信工具，一个星期之内就有两万人直接参与"QQ 爱墙——祝福刘翔"活动，且页面浏览量超过 37 万。耐克凭借快速的公关反应和悲情式广告，推广适合人们对体育精神的追求和渴望的内容，或网络参与者口口传播，或直接表达，促进了在短时间内的病毒营销和二次传播的效果，超越了简单广告代言的价值，成为一个比较成功的整合 IM 营销案例。

通过这个案例，我们可以得出，IM 营销具有以下营销优势。

（1）互动性强。

IM 营销的即时在线交流方式可以让企业掌握主动权，摆脱被等待关注的局面，主动将品牌信息展示给消费者。这种主动不是广告轰炸，而是巧妙利用 IM 的各种互动应用，借用 IM 的虚拟形象服务秀或 IM 聊天表情，将品牌不露痕迹地融入，降低大众对隐形广告的抗拒，让用户乐于参与互动，并把信息推广到身边的人，有利于促成未来的购买。

（2）营销效率高。

一方面，通过对用户的注册信息（如年龄、职业、性别、地区、爱好、个人群组等）加以分析，针对特定目的群体发送特定的品牌信息，能够引导用户在日常沟通时主动传播品牌信息，使营销效果达到最佳。另一方面，由于 IM 传播不受空间、地域的限制，可以通过 IM 在第一时间内将实用信息（如促销活动等）通知消费者。

（3）传播范围大。

IM 工具聚集有大量的人气，且 IM 工具随开随用、不占空间，用户的在线率非常高。而 IM 工具庞大的关系网，使得任何有价值的信息都能迅速传播。

综上可知，IM 营销是一种较为精准、高效的营销方法，其使用方便、成本低廉，是企业网络营销中很常见的一种手段。IM 平台具有庞大的用户基础和及时、灵活的沟通互动功能，可以通过在线服务及时解决问题，实现病毒式营销，提高交易的可能性和成功率。

第三节　论坛营销

一、论坛营销概述

（一）论坛营销的定义

论坛营销就是企业利用论坛，以文字、图片、视频的方式发布企业产品和服务的信息，从而让目标客户更加深刻地了解企业产品和服务，最终达到企业宣传品牌，加深市场知名度的网络营销活动。

论坛营销经常需要软文支持，它是实现事件营销、精准营销、口碑营销、病毒营销的重要手段之一。

（二）论坛营销的特征

论坛营销主要有以下几个特性。

1. 针对性强

论坛是互联网上最早的产品形态之一，随着 Web 2.0 概念的兴起与迅猛发展，网络论坛遍地开花。据不完全统计，互联网上至少有几十万个论坛，而且论坛的种类繁多，既有综合性的大众化社区，也有专注于各个领域的垂直论坛。论坛的细化程度越高，其用户群越具有共性，这表示论坛营销可以通过这些平台进行非常有针对性的营销活动。

论坛营销的适应性也非常强，既可以作为普遍宣传活动手段使用，也可以针对特定目标进行重点宣传活动，应用场景广泛。

2. 氛围好

社区最大的特点是互动性强。一个好的社区，里面的交流学习氛围会非常浓厚，用户之间的交流深度与感情也会比较高。在这种氛围浓厚的社区做宣传，可以达到很好的效果。由于论坛用户之间信任感强，营销的信息更容易被大家接受，得到用户的认同，在心理上引起共鸣。

3. 口碑宣传效应好

用户产生内容是 Web 2.0 网站与 Web 1.0 网站的最大区别。而论坛作为 Web 2.0 的典型代表，只是一个展示平台，其所有内容都是由用户的内容发布产生的。如果企业传递的信息与产品能够成功激起广大用户的讨论，就会在用户的不断流传之下，产生非常好的口碑效应。

4. 投入少，见效快

论坛具有即时发布信息的特点，因此论坛营销的投入成本较低。而由于论坛推广的周期性非常短，可以快速实施，检验论坛营销的效果。

5. 掌握用户反馈信息

用户会快速响应在论坛中发布的信息，营销人员可以即时了解用户的反应，收集用户的需求与心理的数据。而当营销人员掌握反馈信息后，可以及时调整宣传策略及战术，优化营销方案，避免走弯路。

（三）论坛营销的要素

论坛营销有以下三个必备的要素。

1. 人

论坛社区是一个网络交流平台，聚集了成千上万的用户，其社区内容由用户发表的文字构成。营销人员想在这样的平台得到好的宣传效果，就一定要参与进去并能够互动传播。所以社区营销的第一个要素是"人"，要想尽一切办法吸引社区用户，要引导用户参与到营销人员的帖子中来，重点要抓住社区中主动发表领先意见和喜欢互动传播的用户。

2. 引爆

有了人气后，还需要引爆用户的情绪。在论坛营销中，通常以话题为主要的引爆点，通过策划一个或多个爆点，激起用户的积极性，让用户主动成为病毒式传播的关键，从而将营销信息传播出去。

3. 渠道

在渠道方面，只有占据有利地位，才能取得先机。所以需要营销人员占据各大相关论坛的话题源，组建论坛推广队伍，深度持续传播。如果资金允许，可以适当地在各大论坛做一些置顶帖、首页推荐等，进行公关活动。

二、论坛营销的操作步骤

（一）了解需求

论坛营销的第一步是进行基础工作。营销人员要认识清楚以下几个问题。

1. 了解目的

在做任何营销活动之前都要明确营销目的。很多人根本不知道最终想要达到什么营销效果，盲目跟从使用营销方法，最后没有效果是必然的。

首先要明确营销的产品品类是什么，是虚拟用品还是实物，是车子还是衣服？

其次要明确营销的目标是什么，是为了增加网站流量、注册量，还是提高品牌知名度，带动销售？

2. 了解产品

了解营销目的后，还要透彻地了解产品，这样在后期的营销活动中才可以将产品全方位地展现给用户。在了解产品时要厘清以下几个问题。

❏　产品的优势是什么？劣势是什么？

❏　产品的用户是哪些群体？

❏　产品的亮点是什么？哪些亮点能够打动用户？

❏　产品能帮用户解决什么问题？

3．了解用户

只有了解用户、摸透用户心理，才能做到有效营销。在网络营销中，真正的核心是用户。在了解用户时需要清楚以下几个问题。

❏　用户聚集在哪些论坛？

❏　用户在论坛里做什么？

❏　用户喜欢什么样的话题？什么样的资源？什么样的内容？

❏　用户群中具有共性的话题有哪些？哪些是最需要解决的？能被解决的有哪些？

4．了解对手

所谓知己知彼，百战不殆。只有透彻了解竞争对手，才能做到进可攻退可守。要在以下方面了解对手。

❏　竞争对手有没有做过类似的营销？

❏　如果做过，效果如何？大概是如何操作的？

❏　整个过程投入了多少资源成本？

❏　有没有值得借鉴和学习的地方？

（二）找到最佳的卖点

卖点很重要，没有卖点，论坛用户对企业营销的信息内容就不会有兴趣，而没有了人气，论坛营销也就无法成功。在论坛社区中，应抓住以下卖点。

1．人

与名人有关的事情，总会成为人们茶余饭后的谈论焦点，所以搭名人的顺风车，是一种最常用也非常简单有效的方法。此处的名人，可以是大众明星、行业名人、商业领袖等，也可以是草根英雄、网络红人等。

2．话题

社区的核心就是话题，所以在进行网络营销时一定要学会制造话题，而社区营销最大的卖点就是具有争议性的话题。在论坛中制造争议话题的最常用的策略是：在帖子下留下一些比较有争议的破绽，让网友可以提出质疑，最终形成讨论点。若没有网友发现这些破绽，则营销人员可以循步引导。需要注意的是，这些破绽应该是话题破绽，而不能是产品破绽，而且这个话题破绽在最后一定要能够圆回来。

3．事件

通过事件来进行论坛炒作是非常不错的选择，可以借助热门事件，也可以直接策划一个事件。如果策划的事件本身争议足够大，还可以引发事件营销。

4．故事

故事人人爱看，特别是发生在别人身上的故事，更会引起大众的兴趣，所以如果营销人员能够编撰出好的故事，也会获得非常不错的效果。

进行论坛营销时，使用的文字一定要符合社区文化的特色，要有网络道德，引导正确的价值观。

（三）制造不同阶段的话题

如果想使论坛营销的效果持续，需要像策划电视剧一样，针对不同的阶段制造不同的话题，而且这些话题应该牵动人心，出人意料，让用户像看电视剧一样过瘾。只有不停地设计新话题，效果才能延续放大。

（四）设计互动

论坛营销最理想的状态是"帖子一出，回复无数"，但是由于实际操作时不可控因素太多，想让用户主动参与、积极互动并不那么容易。因此，需要营销人员提前设计好帖子的互动情节，必要时，主动出击，制造氛围，引导话题，以此来提高用户互动积极性。

在具体设计时，主题尽量紧贴社会热点，要直触用户心灵深处，足够吸引用户。内容设计一定要与推广的产品有关，加入能引起用户共鸣或讨论的话题点，然后围绕主题，设计出有故事、有情节的内容，以便产生不同的观点与评论。而且设计出来的回复应该激烈而自然，一步一步展开，引出产品，最终引导用户围绕既定的话题进行讨论。注意避免让用户讨论偏离产品的情况发生。

（五）策划阶段性的手段和方案

论坛营销的项目一般周期比较长，且由若干个不同的阶段组成，所以在策划论坛营销方案时，营销人员需要提前设计好不同阶段的方案及相应的手段，包括不同阶段的传播点、传播平台、传播手段和需要用到的资源等。

（六）监控数据

在进行论坛营销时，除了监测咨询量或销售量等常规数据，还要监控点击量、回复量、参与 ID 数、传播量等方面的数据。

三、论坛营销的注意事项

在实际操作中，事倍功半的事情常有发生，策划阶段的计划非常完美，但在实施过程中反响一般。在论坛营销的执行过程中，应注意以下问题。

（一）标题

用户在论坛浏览帖子时第一眼看到的即是标题，标题能决定用户是否会深入观看话题，所以标题是极为重要的一部分。

（二）话题

审核完标题，第二个要检查的是话题设计的争议性和话题的可谈论空间度。如果设计的话题激不起用户的讨论兴趣，那么这是一个失败的话题。因此，营销人员需要吸取经验和教训，事先深入到用户当中，了解用户的需求与喜好，才能策划出能够引发用户兴趣、激起互动的话题。

（三）内容

内容一定要符合网络文化的特点，用网络语言说话的同时，不能脱离实际生活。内容中的卖点也要足够吸引人，才有市场。

（四）发布的平台

不同用户群的喜好和需求或许天差地别，所以在话题和内容没问题的情况下，还需要找到与用户匹配度最高的平台发布信息。

（五）发布的版块

每个论坛都由若干个主题不同的版块组成，所以在同一个论坛下，用户的关注点也可能会有很大的不同。论坛越大，论坛内的用户越多，用户之间的差异性越突出，这种现象则越明显。因此在选对论坛的前提下，还需要找到论坛内最精准和最适合的版块发布信息，否则也会是无效发布。

（六）传播的渠道

对于论坛营销来说，仅凭借将信息发布在一个论坛肯定是不行的，仍需要考虑渠道的问题，尤其是在配合事件营销、口碑营销等其他活动时，更需要注重匹配到合适的渠道。例如是选择全方位、大众化的论坛，还是专注于具体领域的论坛；是选择几个点重点出击，逐一攻破，还是全面出击等。

第四节　电子杂志营销

一、电子杂志营销的定义与发展

电子杂志营销是一种以电子杂志为载体的营销方式。电子杂志是一种非常好的新型媒体媒介，它同时具有平面与互联网的特点，融入了图像、文字、声音等，能将内容动态地呈现给读者。

　　读者阅读报纸和阅读杂志的目的是不同的，阅读报纸更趋于获取信息，阅读杂志更多的是娱乐休闲。人们需要一定的时间来阅读一份自己喜欢的杂志。随着网络技术的不断发展，互联网突破了带宽的网速瓶颈，电子杂志也更具杂志特征。电子杂志采用的是下载的方式，这就方便了读者阅读的随意性，同时，各大电子杂志网站还设计出相应的下载软件，解决网络传输的速度问题。这样，电子杂志丰富的展示空间和展示形式得以体现出来，视频、音频、动画、游戏等各种方式都可以在电子杂志中找到最好的位置。

　　网速瓶颈的突破和多种方式的融合体现充分迎合了网络人群的休闲阅读心境，让读者得以在自由的时间内以一种主动阅读的心态接触电子杂志的广告，由此，企业采用电子杂志营销则可以更好地达成企业理念、产品属性与目标顾客认知态度的契合。

　　电子杂志除了以动态效果为主导的展示效果，还可以实现与读者的互动，可以直接插入游戏，或者插入交互性的广告。网络的互动性特征在电子杂志这一媒介上体现得淋漓尽致，这是电子杂志营销的另一大亮点。

　　企业运用电子杂志的互动性特征，在营销上使用互动沟通策略，还可以自行制作和传播企业电子杂志。企业电子杂志是用多媒体的形式，融合视频、数码相片、卡通动画、音乐等，制作而成的电子阅读物。在计算机中打开电子杂志，可通过上面的按钮控制翻页、音量大小，点击链接可进入相关网站。与传统的杂志及平面媒体相比，企业电子杂志具有覆盖面广、读者细分准确、拥有庞大的读者数据库及精准的后台数据分析系统等优势。利用互动沟通策略进行营销，不仅使企业能够借此建立顾客数据库，同时大量即时反馈的信息有利于企业在市场监控、营销战略调整上做出迅速的反应，在激烈的市场竞争中占据主动地位。

　　走过以靠卖内容实现赢利这一不现实的路径，如今的电子杂志已经形成靠强大的发行来拉动广告，创造利润，如 POCO、Xplus、ZCOM 三大平台早已摒弃了靠卖内容赢利的经营方式，而是免费提供内容。电子杂志融合了多种营销传播的优势，可以达成和广告主的紧密结合，已经形成强劲的发展势头。在如何利用人气以及如何挖掘电子杂志的商业价值方面，活跃在这个市场上的众多企业需要思考不同的电子杂志营销策略，只能是"八仙过海、各显神通"，而不同的模式对广告销售的影响也是不尽相同的。

二、电子杂志营销的优势

　　电子杂志是一个精准、快捷的传播媒体媒介，它能直接把资讯以网络传播的方式呈现给目标群体及潜在客户。权威网站的访客流量统计系统能精确统计出企业电子杂志的下载量、用户查阅的时间分布和地域分布等相关数据，非常便于企业准确评估广告效果和随时完善广告投放策略。电子杂志营销具有以下优势。

1. 最好的企业品牌传播渠道

　　电子杂志通过网络传播，以丰富和高科技的多媒体技术得到了众多网民的垂青，因其不受时间和空间限制，可以在短时间内迅速聚集庞大的阅读群体。它的无偿获取性是其最吸引人的特点。广大网民无须支付任何费用，即可免费从网络上下载或者在线欣赏。

2. 最好的企业展示工具

企业电子杂志周期性推出，全方位、多角度介绍产品和企业文化，达到其他方式无法达到的推广、宣传效果。

3. 超强的感染力和体验感

电子杂志不仅拥有传统杂志信息丰富、画面精美、触角深广等特点，还整合了动画、声音、视频、超链接及网络交互等多种信息传递方式，将完整充盈的阅读快感展现在读者眼前。这种新型媒体极大丰富了网络媒体传播的呈现效果，让人的视觉、听觉和触觉同时成为信息受体，让读者真正感受到一种酣畅淋漓的阅读快感。

4. 提升企业形象

电子杂志有鲜明的时代特征和敏捷的时尚感受等特点，在满足现代人网络生活与网络商务需求的同时，能充分表现出企业追求卓越的良好品牌形象。电子杂志具有高尚浓厚的营销内涵，能体现企业的高品牌气质，是高质量营销的最好选择。

5. 提升营销档次与效果

虚拟效果设计的强化是电子杂志营销的最大特点，这让一些传统媒体营销所无法实现的过程和细节表现得淋漓尽致。营销人员可以凭借行业领先的制作技术和独到的创意，让客户看到一种不一样的、惊艳的传播方式，实现全方位反映企业的生产方式、产品品质和品牌文化。

6. 对接未来传媒趋势

电子杂志营销对企业有着更长久、深远的营销意义。随着技术以及运营模式的整合发展，电子杂志可以往手机、PDA（个人数字助理）、数字电视等终端延伸，以此实现忠实读者的稳定增长，这种新推广方式将给企业带来越来越多的机会和价值。

习　题

一、选择题

1. 下列选项属于论坛特点的是（　　　）。
　　A. 采用关键词搜索模式　　　　　　　B. "先精英，后大众"
　　C. 真实的网络问答社区　　　　　　　D. 以上都不是论坛的特点
2. 博客营销的工作内容不包括（　　　）。
　　A. 在博客门户或频道中做广告　　　　B. 请优质博主发表专业文章
　　C. 使用明星进行宣传　　　　　　　　D. 打造博客团队
3. （　　　）被认为是继电子邮件（E-mail）、电子公告牌（BBS）、即时通信（IM）之后呈现的第四种沟通工具。
　　A. 微博　　　　　　　　　　　　　　B. 电子邮件

  C. 博客   D. QQ

4. 下面选项不属于博客营销的特色的是（   ）。

  A. 影响范围广   B. 受众不安稳

  C. 互动性   D. 受众相对安稳

5. 下面选项不属于微博的特色的是（   ）。

  A. 快捷性   B. 创新交互方式

  C. 非原创性   D. 草根性

6. 微博营销与博客营销的不同包括（   ）。

  A. 以内容为根底   B. 信息传达形式

  C. 非原创性   D. 草根性

7. 博客营销常见的形式有（   ）。

  A. 企业网站博客频道   B. 第三方 BSP 公共平台模式

  C. 博客广告模式   D. 博客营销外包模式

  E. 个人独立博客网站模式

8. 博客文章必要的声明为（   ）。

  A. 保密   B. 禁止转载

  C. 免责   D. 原创

9. （   ）是博客与博客营销的桥梁。

  A. 超链接   B. 搜索引擎

  C. 博客文章   D. 广告

10. 论坛营销需要注册 ID 时，以下做法正确的是（   ）。

  A. 用毫无意义的数字或字母

  B. 每个 ID 的头像和签名都一模一样

  C. 对主要 ID 进行特殊设计

  D. 随便找个同类 ID 的头像来设置自己的头像

二、简答题

1. 什么是博客营销、IM 营销、论坛营销、电子杂志营销？

2. 博客营销与论坛营销的区别是什么？

3. 你认为未来电子杂志营销的走向是怎么样的？

三、操作题

  根据自己的实际情况或产品特点，至少选择一个精准的目标论坛，并在里面策划实施一个小型的论坛营销活动，要求主题帖的回复数不低于 80，参与 ID 数不低于 40。

第十二章 整合营销

本章知识点

（1）理解整合营销的目标。
（2）理解整合营销的4I原则。
（3）理解整合营销的策划思路。
（4）掌握整合营销的策划技巧。
（5）熟悉整合营销的效果评估。

本章技能点

（1）能够明确整合营销活动的目标。
（2）能够在整合营销活动中灵活应用4I原则。
（3）能够实施整合营销，并对其效果进行评估。

职业核心能力

自主学习、创新思维、人际沟通、团队合作、信息处理、整合策划

知识导图

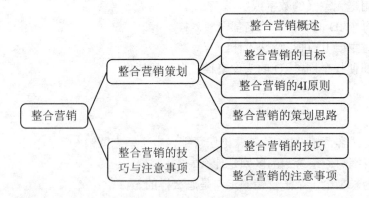

 引例

全真光学斩获中国国际广告节2020年度整合营销金奖

2020年11月15日—17日，第27届中国国际广告节在厦门举行。江苏全真光学科技股份有限公司（简称全真光学）凭借"网络全线整合的营销活动"斩获2020年度整合营销金奖（见图12-1）。

图 12-1　全真光学荣获 2020 年度整合营销金奖

中国国际广告节始办于 1982 年，是集专业奖项评比、媒体展会、设备展会、商务交流、高峰论坛等为一体的国家级专项活动。

全真光学是目前国内专注于生产光致变色树脂镜片的制造商之一，也是一家真正掌握了光致变色树脂镜片核心技术的专业制造商。在中国变色眼镜的发展历程中，全真光学始终是行业共赢共进最重要的力量之一。

资料来源：网络整理。

第一节　整合营销策划

一、整合营销概述

简单来说，整合营销就是为了建立、维护和传播品牌，以及加强客户关系，而对品牌进行计划、实施和监督的一系列营销工作。整合营销把各个独立的营销工作综合成一个整体，以产生协同效应。这些独立的营销工作包括广告、包装、直接销售、销售促进、人员推销、公共关系和客户服务等。

二、整合营销的目标

整合营销针对明确的目标消费者，以直接影响消费者的购买行为为目标。它并不是针对所有的消费者，而是根据对特定时期和一定区域的消费者的了解和掌握，并根据这类目标消费者的需求特点而采取措施进行传播。

案例

全真光学"致敬未来色彩"营销活动，传播时代主流正能量

2020 年年初，新冠疫情爆发，突如其来的挑战让行业内外都面临着不同程度的冲击。正所谓"磨难压不垮，奋起正当时"，全真光学必须承担起行业责任，充分发挥行业龙头企业的作用，传递积极进取的正能量，以引领同行业直面挑战，共渡难关，彰显中国品牌应有的格局与担当。

为此，全真光学跨界携手同样勇于挑战的正能量明星，扩大影响力，共同发起"不拘眼前黑白，致敬未来色彩"（见图 12-2）的主张，通过话题、互动短视频等形式，将"不拘黑白""直面挑战"的正能量传递给所有人，鼓励身处困境的人，带动全民鼓起勇气向未来致敬。全真光学也坚信创新变革是企业发展的加速器，是品牌营销的新能源。此次"致敬未来色彩"营销活动，希望能整合媒体资源，把握营销风口，紧抓时代主流，承担企业责任，助力品牌营销。

图 12-2　全真光学"致敬未来色彩"活动宣传页面

三、整合营销的 4I 原则

4I 原则是网络整合营销的核心原则，兼容了网络化及多样化营销理论，强调从消费者角度出发，更好地满足互联网时代下企业对营销活动的新需求，且已经在企业营销实践中得到广泛应用和良好反馈。

1．趣味原则

趣味（interesting）原则是指企业通过在网络上发起具有趣味性和娱乐性的话题吸引大众眼球，引导消费者深度参与话题的制造和传播。

2. 互动原则

互动（interaction）原则是指企业在网络上组织具有互动性和游戏属性的活动，使消费者主动参与到活动中来，并引导消费者在互动体验中了解产品情况、关注品牌，最终接受企业的产品和品牌理念。

3. 利益原则

利益（interests）原则是指企业采用的网络营销方式要注重考虑是否能给消费者带来利益（包括有价值的信息、功能、服务、心理满足、荣誉、优惠等），同时考虑是否能提高消费者的体验满意度。

4. 个性原则

个性（individuality）原则是指企业首先要明确品牌定位，注重差异化营销，提供个性化的服务和产品，然后选择恰当的网络营销方式，以引发目标消费者内心共鸣，培养忠实用户。

案例

全真光学发起"致敬"话题

全真光学作为国内眼镜行业的佼佼者，20 年来专注于变色镜片研究，也一直积极承担起行业领航者的责任，在提高产品品质、性能以及消费者体验上持续发力、不断创新，引领中国眼镜及变色镜片走向技术创新的高地，在 2020 年整体环境不乐观的情况下，通过发起"致敬"话题互动（见图 12-3），与眼镜同行、其他领域的企业乃至全国网友互勉互励，积极应对挑战。

图 12-3　"致敬未来色彩"抖音全民任务宣传页面

全真光学相关负责人表示，"致敬未来色彩"话题强调自律自强、不畏挑战、敢于追求的精神，非常适合新冠疫情影响下的民众讨论，激发并传递正能量。

资料来源：搜狐网. 神秘明星揭晓：多平台大联动，全民携手致敬未来[EB/OL].（2020-09-17）https://www.sohu.com/a/419111433_692987.

四、整合营销的策划思路

1．以整合为中心

整合营销着重以消费者为中心，并把企业所有资源综合利用，实现企业的高度一体化营销。整合既包括企业营销过程、营销方式以及营销管理等方面的整合，也包括对企业内外的商流、物流及信息流的整合。

2．讲求系统化管理

整体配置企业所有资源，企业中各层次、各部门和各岗位，总公司、子公司，产品供应商、经销商及相关合作伙伴协调行动，形成竞争优势。

3．强调协调与统一

企业营销活动的协调性不仅是企业内部各环节、各部门的协调一致，而且强调企业与外部环境的协调一致，共同努力以实现整合营销。

4．注重规模化与现代化

整合营销十分注重企业的规模化与现代化经营。规模化能使企业获得规模经济效益，为企业有效地实施整合营销提供客观基础。整合营销也依赖于现代科学技术和现代化的管理手段，现代化可为企业实施整合营销提供效益保障。

案例

全真光学"致敬未来色彩"营销活动内容

随着自媒体时代的来临与短视频媒介的加入，"双微一抖""媒体社群"等成为线上传播的主要途径。怎样整合媒体资源，最大化利用和转化流量，成为营销过程中最大的难点和关键。全真光学"致敬未来色彩"营销活动致力整合全线媒体资源，包括微博话题抽奖、微博话题广场、微博热搜、微信社群、微信朋友圈、官方公众号、微信视频号、抖音全民任务、抖音创意短视频等，多平台同步联动，凝聚最大化流量。此次活动时间集中在2020年9月中下旬，主要利用新浪微博和抖音短视频平台进行话题引爆、互动、参与，其他新媒体手段加以配合。主要活动内容如下。

（1）新浪微博。时间为9月15日—9月21日，参与微博话题有奖互动，转发微博并关注@全真光学变色镜片，可赢取价值千元的全真光学变色眼镜一副。

（2）抖音短视频平台。时间为9月18日—9月27日，在短视频平台搜索"致敬未来色彩"进入话题挑战页面，拍同款视频，关注并@Maatoptical，就可参与瓜分10万元现金大奖。

资料来源：艾瑞网．全真光学斩获中国国际广告节2020年度整合营销金奖[EB/OL]．（2020-12-22）https://news.iresearch.cn/yx/2020/12/353325.shtml．

第二节　整合营销的技巧与注意事项

一、整合营销的技巧

在互联网大潮的影响下，企业营销手段更加多样化，而对营销工具的整合也成为企业面对市场竞争的一种必然选择。因此需要更加精准地定位与切入，才能够引起人们的关注，产生共鸣。

（一）任何营销方式都要融入搜索营销的思想

软文、论坛、微博、视频、社会化媒体、网络公关等营销都要融入搜索营销的思想，因为无论哪种营销方式都需要搜索。

（二）社会化媒体营销要融入网络公关的思想

社会化媒体可以与客户产生互动，迅速地传播信息，因此要时刻监控客户的反应，一旦发现客户有不良反应，就要及时处理，消除隐患。

（三）新闻营销和社会化媒体相结合

一个事件发生后，可以先采取新闻报道的形式加以推广，之后再以新闻为切入点在社会化媒体传播，而社会化媒体的言论又可作为新闻营销的内容源头。

（四）视频营销和硬广告营销相结合

视频营销可以采用"润物细无声"的方式传播信息，而硬广告则相反。将这两种方式相结合，则会给客户带来巨大的冲击力。

案例

"致敬未来色彩"营销活动的实施

1. 微信营销

"致敬未来色彩"活动充分运用了微信工具的多种功能进行营销，具体包括微信社群、微信朋友圈、官方公众号、微信视频号等。

（1）官方公众号。

全真光学的官方公众号是其官方客户服务平台，为用户提供最新产品资讯、公司动态及在线下单、销售礼包等增值服务，微信号为 maatlens。全真光学官方公众号在此次营销活动中发挥了重要作用，特别是前期阶段，为配合微博平台的"神秘明星"揭晓倒计时活动，做了两次"神秘明星联动"（见图 12-4），给出关键信息，引发网友对"神秘明星"

的猜想与讨论，起到了很好的预热效果。

图 12-4　全真光学官方公众号截图

（2）微信视频号。

全真光学市场部官方视频号对此次营销活动进行了多次视频的发布，获得较多的关注、点赞与转发。

2. 微博营销

（1）全真光学官方微博"神秘明星"揭晓倒计时。

在微博话题活动开展前，全真光学就在官方微信平台通过"神秘明星联动"释放出台球、独立女性等关键信息，吊足网友的胃口，并引发了网友对"神秘明星"的猜想与讨论。微博平台的倒计时活动如图 12-5 所示。

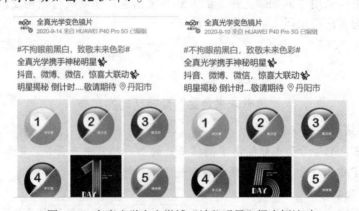

图 12-5　全真光学官方微博"神秘明星"揭晓倒计时

（2）全真光学官方微博揭晓"神秘明星"。

9 月 15 日，全真光学官方微博揭晓"神秘明星"，正式开启"致敬未来色彩"活动，引发网友分享无畏宣言，带话题转发微博。随着"神秘明星"身份的揭晓，网友纷纷表示

"双方的气质满分契合"。该条微博获得9664次转发、319条评论与438个点赞。

（3）全真光学官方微博高热话题释放正能量，掀起"致敬"浪潮。

积极向上的话题内容不断发酵，吸引了大批粉丝群体的加入，在ChinaJoy、朗姿、向佳教育、ASUS华硕华东、同程出行等多家知名企业蓝V品牌以及微博KOL的联合助推下，话题热度不断提升。

越来越多的网友加入"致敬"行列，踊跃分享自己的宣言，为自己打气加油。

（4）全真光学官方微博与抖音平台齐发力。

全真光学官方微博为配合抖音短视频平台9月18日—9月27日的营销活动，持续发布了参与抖音、搜索话题、话题互动、全民任务等相关内容（见图12-6和图12-7）。通过有趣的短视频互动，全真光学将"致敬"浪潮扩散至抖音平台，为需要鼓励的网友提供了又一个互相加油、打气的平台，撬动全网发挥自强不息、团结互助的精神，携手创造彩色未来。

图12-6　全真光学官方微博9月18日发布内容　　图12-7　全真光学官方微博9月26日发布内容

3. 抖音短视频营销

（1）合作明星在抖音号发出创意手势舞邀请。

9月16日，在活动开启之际，拥有近千万抖音粉丝的合作明星率先在其抖音号发布创意手势舞视频，向海量网友发出邀请。任务话题迅速在抖音引爆，网友纷纷应战，通过与其合拍、创意模仿的方式参与互动，为不畏困难、勇于挑战与追求的自己应援。

（2）联合数百位达人，大秀全真光学致敬手势舞。

为了在更广泛的层面激活用户的参与热情，全真光学"致敬未来色彩"活动发出全民任务邀请并推出10万元现金奖励。网友只需添加指定话题"致敬未来色彩"，拍摄同款手势舞创意视频，就能参与瓜分10万元现金大奖。富有趣味性的互动、低门槛的参与方式、极具吸引力的奖金奖品，瞬间引爆全民的参与热情。

手势舞以"困境中更要自律自强"为切入点，赋予简单的手势动作不一样的内涵，在强节奏感的音乐下，完美诠释了全真光学"不拘眼前黑白，致敬未来色彩"的主张，如"拍拍肩膀挥走阴霾""握紧双拳迎接挑战""以飞吻动作表达积极心态""双手打开迎接色彩未来"。

（3）全真光学变色眼镜在抖音互动中最出圈。

在这场全民狂欢互动中，最出圈的当属全真光学变色眼镜，它不仅是重要的道具，更是颜值担当。眼镜在室内、室外的场景切换中快速、稳定变色，充分展示了全真光学变色眼镜的优势。"戴眼镜"动作的设置，将眼镜巧妙融入互动中，大幅提升全真光学变色眼镜的全民关注度与记忆点。

"致敬未来色彩"短视频互动打响后，吸引了不少抖音达人参与其中，涌现出近千条优质的视频。达人的加入和推广进一步扩大了活动的覆盖范围，将活动推向高潮。全真光学更通过官方抖音号发声，打造正能量宣传矩阵，凭借眼镜行业标杆的优势，迅速带动眼镜行业制造商、经销商等加入，并辐射至其他领域和企业，各类优质的 UGC 创意短视频燃爆全网。

统计数据显示，从 9 月 18 日活动发起到 9 月 27 日活动结束，"致敬未来色彩"抖音互动上线 10 天，播放量达 1 亿，涌现出 4400 多条优质短视频。

此次营销活动通过传播正能量话题，整合了网络资源，收获了很好的效果，也得到了许多网站的报道，进一步扩大了全真光学的品牌影响力。

资料来源：新浪微博. 全真光学变色镜片[EB/OL]. https://weibo.com/u/7491673053?refer_flag=1001030103_&is_all=1.

搜狐网. 用手势舞为自己打 call，变色镜片领航者全真光学再夺 C 位 [EB/OL]. （2020-09-29）https://www.sohu.com/a/421674533_120123346.

搜狐网. 潘晓婷高能互动，助力全真光学变色眼镜爆红网络 [EB/OL]. （2020-09-30）https://www.sohu.com/a/421856123_119038.

二、整合营销的注意事项

（一）做一份有效的整合网络营销计划

每一个企业在进行网络营销活动时都有明确的网络营销目的，网络营销策划人员要根据企业的网络营销目的做好执行计划，对整合网络营销中的每一个单项营销手段做好分析及实施方案，使各项网络营销手段的网络营销效果为总体的营销目标服务。

（二）把握每个网络营销平台的网络营销方向

整合网络营销服务的特点就是整合各种网络营销手段，为达到企业总体的网络营销目标而发挥各项网络营销手段的作用。所以，在整合网络营销服务时，监控人员要把握每项网络营销手段的营销方向。

（三）注重网络营销的细节

把握网络营销的方向需要通过对网络营销信息的有效监控来实现。细节决定营销成果，切莫让网络营销信息成为企业负面信息的导火索。

（四）定期做好网络营销总结

定期做好网络营销总结，既可以总结前期网络营销活动的经验，又能有效调整后期的网络营销方向，保证整合营销活动的顺利进行。

习　　题

一、选择题

1. 整合营销的 4I 原则，包括趣味原则、互动原则、利益原则与（　　）。
   A. 优惠原则
   B. 个性原则
   C. 单一原则
   D. 平等原则

2. 关于网络整合营销的策划技巧，应注意：社会化媒体营销要融入（　　）的思想。
   A. 新闻头条
   B. 高曝光度
   C. 网络公关
   D. 销售促进

3. 关于网络整合营销的策划技巧，应注意：新闻营销要和（　　）相结合。
   A. 社会媒体
   B. 财经媒体
   C. 网络媒体
   D. 体育媒体

4. 关于整合营销目标的说法，不恰当的是（　　）。
   A. 应针对特定时期的消费者
   B. 应针对一定区域的消费者
   C. 应了解和掌握消费者的需求特点
   D. 应针对所有的消费者

5. 企业需整合的资源中，一般不包含（　　）。
   A. 企业营销过程
   B. 企业营销方式
   C. 企业固定资产
   D. 企业内外的商流、物流及信息流

6. 整合营销着重以（　　）为中心并把企业所有资源综合利用，实现企业的高度一体化营销。
   A. 竞争对手
   B. 供应商
   C. 服务机构
   D. 消费者

7. 整合营销策划思路，包括以整合为中心、讲求系统化管理、强调协调与统一和（　　）。
   A. 注重规模化与传统化
   B. 注重规模化与现代化
   C. 注重速度化与传统化
   D. 注重速度化与现代化

8. 关于网络整合营销的策划技巧，应注意：任何营销方式都要融入（　　）的思想。
   A. 搜索营销
   B. 搜索引擎
   C. 社区推广
   D. 视频营销

9. 关于网络整合营销的策划技巧，应注意：视频营销要和（　　）相结合。
   A. 电视广告
   B. 杂志广告

  C．硬广告　　　　　　　　　　　　　　D．广播广告

 10．关于整合营销的注意事项，下面描述不恰当的是（ ）。

  A．做一份有效的整合网络营销计划

  B．把握每个网络营销平台的网络营销方向

  C．注重网络营销的细节

  D．不需要定期做好网络营销总结

二、思考题

  搜索一份典型的整合营销案例，根据该案例资料，说明其整合营销的目标；归纳其整合营销实施的思路与技巧；结合数据信息对其营销效果进行评估。

参考答案

参 考 文 献

[1] 段建. 网络营销实训[M]. 北京：机械工业出版社，2018.

[2] 瞿彭志. 网络营销[M]. 5 版. 北京：高等教育出版社，2019.

[3] 汪永华. 网络营销[M]. 2 版. 北京：高等教育出版社，2019.

[4] 周小勇，程国辉，网络营销理论、方法与实践[M]，北京：清华大学出版社，2017.

[5] 肖进. 网络营销与推广[M]. 北京：机械工业出版社，2017.

[6] 包金龙，邵嫣嫣. 网络营销：工具、方法与策划[M]. 苏州：苏州大学出版社，2020.

[7] 刘冰. 网络营销策略与方法[M]. 北京：北京邮电大学出版社，2019.

[8] 李琳. 网络营销与案例分析[M]. 西安：西安电子科技大学出版社，2019.

[9] 陈雨. 网络营销[M]. 重庆：重庆大学出版社，2017.

[10] 陈建明，李元花. 网络营销实务[M]. 青岛：中国海洋大学出版社，2018.

[11] 刘兵. 直播营销：重新定义营销新路径[M]. 广州：广东人民出版社，2018.

[12] 马莉婷. 网络营销理论与实践[M]. 北京：北京理工大学出版社，2017.

[13] 陆兰华. 网络营销[M]. 南京：东南大学出版社，2017.

[14] 杜延庆. 网络营销[M]. 西安：西北大学出版社，2017.

[15] 商玮，段建. 网络营销[M]. 2 版. 北京：清华大学出版社，2015.

[16] 江礼坤. 网络营销推广实战宝典[M]. 北京：电子工业出版社，2012.

[17] 陈德人. 网络营销与策划：理论、案例与实训（微课版）[M]. 北京：人民邮电出版社，2019.

[18] 黎雨. 网络营销之实战密码解读[M]. 北京：清华大学出版社，2014.